化粧にみる日本文化

だれのためによそおうのか？

Ryuen Hiramatsu

平松隆円

目次

第二章　化粧の変遷——その動態的理解

第三章　化粧するこころ——その構造的理解

おわりに

あとがき

はじめに

化粧は、日常的な行動の一つである。それも、男女を問わずにおこなわれる。日本だけではなく、世界中で化粧はおこなわれる。

男女を問わずに、と書いた。しかし、「私は化粧をしない」という者もいるだろう。はたして、本当にそうだろうか。朝起きて顔を洗う、寝ぐせの髪を整える、歯を磨く、顔にクリームを塗る、ファンデーションを塗る、口紅を塗る、など。これらすべてが化粧である。

一日の活動がはじまってから終わるまでに、顔面に何も手を加えないという者は、ほとんどいないだろう。人は何かしら、顔面に手を加えるのである。

研究対象とその意義

化粧について語られるなかで、それが社会的にも文化的にも特別なリアリティであることについて、深く語られてはこなかった。

なぜ、人は化粧をするのか。

基本となることは、日々の生活を過ごすうえで自信をもちたい、他者と積極的にかかわりたい、自分を他者に伝えたいというおもいである。

あるがままの自分を、他者に伝えることは非常に難しく、また同様に、他者の情報を正確に読み取ることも難しい。場合によっては、意図しない情報を伝え、また受容することも少なくない。だからこそ、容易に伝達されうる情報を利用して、伝えたいものを強調し、また隠しもする。

この場合、容易に伝達される情報とは、化粧によって表現される外見情報である。やさしい、かわいい、明るい、など。これらのイメージは、操作された個人の魅力の情報として、他者に伝達される。

魅力とは、たんに個人的な嗜好のあらわれではない。人が何かを魅力的に美的に感じるのは、それを人が理解しうるような生活が、それらのうちに存在しているからである。

たとえば、農民の生活には労働が何よりも重要であり、その労働をともなう生活の結果、がっちりとした、健康的なイメージが魅力となる。

そのため、貴族の生活のような、たおやかな色白さは魅力とはならない。しかしながら他方、貴族のように肉体労働が生活の中心ではない者にとって、健康的な頰の紅色や艶をもつ肌よりも、蒼白な肌のほうが華奢《きゃしゃ》なイメージとして好まれる。人が何に魅力を感じ、なぜそれを化粧により操作するのか。化粧は、社会や文化と無関係ではない。

また、魅力としての外見情報は他者だけではなく、自己にもフィードバックする。他者を意識するとき、できるだけよい自分をあらわしたいという気持ちが働く。

顔は、個人のセルフ・イメージを代表し、そしてセルフ・イメージはアイデンティティとも深く関連している。そのため、化粧は肯定的な自己表現の手段・技法として有益である。また、自分と他者との関係性をとり

図1　維新前の日本の衣服

図2　稲こきする農婦・天秤棒で荷を担ぐ農夫

もつ役割を果たす。

アイデンティティは個としての自分のみではなく、「○○にとっての自分」といった社会や他者との関係性のなかでも発達する。

> ひとは顔を作ることによって自分を（別のだれかとして）偽装するのではなく――もちろんそういうケースもしばしばあるが――、むしろまずは、顔を作ることによって自分自身を作る。顔と人称の深いかかわりはそこに根ざしている
>
> （鷲田清一　一九九八『顔の現象学』講談社、九五頁）

素顔を覆い隠すほどに、とまではいかなくとも、化粧をほどこした顔は素顔ではなく仮面と考える者は少なくない。しかしながら、そもそもありのままの自分の顔としての素顔とは、存在するのだろうか。

私の前に存在する顔は、まぎれもなくその人物を象徴している。

顔は人間の手形に違ひない。其人には其顔より外にありやうがない

（高村光太郎　一九五七「手形」『高村光太郎全集：九』筑摩書房、二五三頁）

彫刻家であり詩人の高村光太郎は、一九四〇年に発表した『手形』のなかで、人間の顔は各人の「らしさ」をあらわす手形に違いないとのべている。

ほかにも、一八世紀の鍋島藩士の山本常朝《つねとも》は武士としての心得についての見解を「武士道」という用語で説明した『葉隠《はがくれ》』（一九〇六、丁酉社）で、明治の思想家の福沢諭吉は『福翁《ふくおう》百話』（一八九七、時事新報社）で、大正・昭和の哲学者の和辻哲郎は『面とペルソナ』（一九三七、岩波書店）で同様の指摘をしているが、これらは心の作用や状態に顔が離れがたく強く結びついていることを意味している。

外見の魅力は社会からの反応に影響し、これがつぎに、個人の性格の発達に影響する。すなわち、心の作用が顔にあらわれる。そして、顔も心に作用をもたらし、顔が心にあらわれる。

「将来は、何々になりたい」や「何々のようにはなりたくない」といった自己のあり方は、人が現在の時点で自分をどのようにみせるかを決める重要な要素となり、「みせる自分」が「本当の自分」として内面化する。内面が外面を規定し、外面が内面を規定する。「みせる自分」をつくる化粧は、心と無関係ではない。

人を意味する「person（パーソン）」という言葉の意味に容姿や仮面があり、また仮面を意味する「persona（ペルソナ）」には人の意味がある。これは、誰もが、いつでも、どこでも、多かれ少なかれ意識してある役割を演じているという事実、また自分自身を知るのは、この役割を演じているときだという事実を物語っている。

化粧は、抽象的なものではなく、具体的な社会的、文化的現象の一つである。また、社会や文化や心理のあらゆるものと関連している行動の形式や価値基準、それにもとづく習慣でもある。

人間の個人的性格と社会的生活は、表情や魅力に関係する。そして、それらを強調し、意図的に操作をおこなう化粧は、その社会や文化がつくりだす一つの結果であり、投影図でもある。そして、人は社会や文化を通じて自己の外面がどのようにあるべきかを学習し、行動する。

化粧が、その社会、その文化の所産である事実は、化粧を対象とする研究がたんなる興味本位のものではなく、社会や文化の将来の発展を見通すうえに価値ある課題であることをしめしている。

「文化」—かりにこれを、「culture」としてとらえるならば、その語源は、ラテン語の動詞「colere」にたどりつく。「気をつける」「心を煩わす」「世話をする」「守る」「養育する」「耕す」「住む」と、「colere」の土地を耕すという意味が動植物の世話や育成となり、やがて人間の心の養成すなわち人格の陶冶《とうや》や修養、また教養という意味になっていく。そして、「colere」に語源をもつ「cultivated（教化された）」が、「enlightened（啓蒙された）」「polished（礼儀正しい）」「refined（洗練された）」、そして「educated（教育された）」と同義に扱われていく。

左右田《そうだ》喜一郎、桑木巌翼《げんよく》、土田杏村《きょうそん》、田辺元《はじめ》などの大正文化主義者たちは、「文化」を主体としての人格の完成、すなわち人格ある人としてのすべての能力を自由に発達せしめることと主張している。

文化には、人間としての主体性の発見を思想の表象だけにとどまらせず、実践の形態である身体性へと読み深めていく意味が含まれている。その意味で、化粧について考察することは、価値あることとして、その意義が十分に認められる。にもかかわらず、従来その認識が軽んじられてきた。

本書の目的が、これまで深く語られることのなかった化粧を社会的・文化的な特別のリアリティとして、その人間としての主体性の発見であり、解明であるとみなおして考察することにあるとするならば、その研究方法は、社会学、歴史学、考古学、民俗学、教育学、医学、化学、心理学など、じつに広汎《こうはん》な領域にまたがることを意味している。いわば、それ自体が研究対象として、孤立して存在する学問領域ではない。

化粧の考察には、総合的な見地が必要である。そのため、化粧の「構造」的研究と「動態」的研究という研究域・研究軸を設定したい。

「構造」的研究とは、時間の流れにあっても比較的変わらない性格をもちつづけている「心理・行動」の側面に焦点をあてた研究である。また「動態」的研究とは、時系列的な変化を繰り返す「文化・風俗」の側面に焦点をあてた研究である。

この両側面から研究をおこなうことにより、化粧の全体像を把握しながら、化粧についての詳細な分析を試みたい。

なお、化粧は、特定の気候的生活環境・地理的生活環境をはじめとする必然的な制約をもって発生し、そこに社会や文化の影響を受け、世界中に分布している。そのため、ある特定の一群の社会現象、文化現象として化粧を抽出し分析する必要があり、それにより、その社会・文化の系統や性格を知ることができる。

そこで、本書では広く世界の社会や文化を対象とするのではなく、日本に限定して化粧を考察する。

研究史

これまで、化粧について、どのような研究がおこなわれてきたのだろうか。化粧についての先行研究は、日本はもちろんのこと、世界的にもほとんど存在しない。

その理由について心理学者のエレン・バーキッド（Ellen Berscheid）は、*An overview of the psychological effects of physical attractiveness*（一九八一、University of Michigan Press）で、身体的外見の真のインパクトを認めたくないという集団的意志が研究に影響し、過去そして現在も、研究や実践に影響を与えつづけていると指摘する。

身体的外見、すなわち「顔」に手入れをおこない、顔料を塗抹する化粧が、美醜《びしゅう》の問題と関係する以上、それを対象に研究をおこなうことが避けられてきた。

純粋に、顔や化粧を対象としながらも、それが与える社会へのインパクトは「何を美とし何を醜とするのか」、そして「美となるにはどのようにすればよいのか」といったことだけに焦点があてられてしまう。研究内容、そして研究者への批判の懸念から、研究が往々にして進展してこなかった。

しかしながら、少ないながらもいくつかの興味や関心から一九五〇年代以降、研究がおこなわれている。それら化粧に関する学問的研究の関心や興味をおおまかに分類すると、一．化粧行動の理解に関する研究、二．化粧の心理的・生理的効果に関する研究、三．化粧品・化粧方法の歴史的研究、の三つとなる。これらの主だった研究を、順にみていくことにしよう。

化粧行動の理解に関する研究

化粧行動そのものを理解しようとする研究は、主に社会心理学の分野において女性を対象に研究がおこなわれている。化粧の動機を探るため、化粧をよくおこなう者とそうでない者との比較のなかで、パーソナリティといった性格特性にどのような違いがあるのかについて研究がおこなわれた。当然のことながら、化粧をするのは、何らかの効果があると期待するからである。

松井豊・山本真理子・岩男寿美子は、化粧の効果期待について調査した「化粧の心理的効用」（一九八三、『マーケティングリサーチ』）で、化粧をすることの喜びや満足感、他者に対して適切なイメージが呈示できる、社会適応や心の健康が得られると感じることが化粧の動機になっているとあきらかにした。山本純子・加藤雪枝は、化粧に対する意識を調査した「化粧に対する意識と被服行動」（一九九一、『椙山女学園大学研究論集』）で、化粧とはおしゃれのための重要な要素であると同時に、生活習慣の一つであることをあきらかにした。笹山郁生・永松亜矢は、化粧行動を規定する要因を検討した「化粧行動を規定する諸要因の関連性の検討」（一九九九、『福岡教育大学紀要』）で、職業や年齢という属性の違いにより、学生はおしゃれとして、専業主婦は生活習慣としての意識が高いことをあきらかにした。

また、化粧をすることに影響を与えるのは効果の期待だけではない。性格特性といった、個人差要因によって規定される部分も多い。

リン・ミラーとキャサリン・コックス（Lynn Carol Miller & Cathryn Leigh Cox）は、自分自身の内面と外面への注意の向けやすさである自意識と化粧行動について検討した「For appearance's sake: Public Self-consciousness and makeup use」（一九八二、*Personality and Social Psychology Bulletin*）で、自己の外面への関心の高さが化粧と関連していることをあきらかにした。トーマス・キャッシュとジョン・リッシとリーズ・チャップマン（Thomas Cash, John Rissi & Rees Chapman）は、男女それぞれがどのように行動すべきかについての社会からの期待である性役割と化粧行動を検討した「Not just another pretty face: Sex roles, locus of control, and cosmetic use」（一九八五、*Personality and Social Psychology Bulletin*）で、社会的な性役割である女らしさや物事の結果を自分でコントロールできると考える意識の高さが、化粧行動と関連していることをあきらかにした。

菅原健介は「化粧」（一九八八、『ワードマップ・セックス』新曜社）で、他者にみられる自己への関心が低い者ほど化粧に対するこだわりが強いこと、化粧をした顔に自信がない者は、化粧への気後れや評価懸念をしめし自然で地味な化粧をおこなうこと、その逆に化粧をした顔に自信のある者は演出的な化粧や儀礼的な化粧をおこなうことを指摘している。大坊《だいぼう》郁夫は、対人関係を円滑におこなうことのできる社会的スキルと化粧との関連を検討した「外見的印象管理と社会的スキル」（一九九一、『日本グループ・ダイナミクス学会第三九回大会発表論文集』）で、化粧をよくおこなう者ほど対人関係に積極的でかつ適応的であることをあきらかにした。

化粧に対する行動や意識は複雑であり、年齢、性別、ライフスタイル、性格特性などによって大きく異なる。また、それぞれの要因が個別に影響を与えているのではなく、要因同士も複雑に絡み合い、関連しあって影響を与えている。にもかかわらず、どのような要因により、化粧の行動や意識が規定されているのかについての研究は、まだまだ十分におこなわれているとはいいがたい。

このほかに、文化史家の米澤泉は『電車の中で化粧する女たち』（二〇〇六、KKベストセラーズ）で、哲学者の石田かおりは『化粧せずには生きられない人間の歴史』（二〇〇〇、講談社）で哲学的視点から、動物学者であるデズモンド・モリス（Desmond Morris）は *Man watching*（邦題：マンウォッチング、一九七七、Jonathan Cape）や *The Naked Woman*（邦題：ウーマンウォッチング、二〇〇四、Jonathan Cape）で動物行動学の視点から、化粧をする理由について論じることを試みている。

化粧の心理的・生理的効果に関する研究

化粧の効果に関する初期の研究は、一九五二年のウィルバート・マッキーチ（Wilbert James McKeachie）による「Lipstick as a determiner of first impressions of personality: an experiment for the general psychological course」（一九五二、*The Journal of Social Psychology*）である。化粧の心理的・生理的効果に関する研究は、口紅が対人印象に与える効果を測定することからはじまっている。

その後、ジャドソン・ミルズとエリオット・アロンソン（Judson Mills & Elliot Aronson）は、印象が他者への説得力にどのような影響があるのかについて検討した「Opinion change as a function of the communicator's attractiveness and desire to influence」（一九六五、*Journal of Personality and Social Psychology*）で、化粧をほどこした場合はほどこしていない場合より、他者への説得がより成功すると指摘するなど、印象管理の手がかりとしての化粧の効果に関する研究が、わずかにおこなわれた。

日本では一九六五年に、労働科学研究所が『BGの化粧の有無と疲労に関する実験調査報告書』（一九六五、労働科学研究所）をまとめている。

これは、鐘淵紡績株式会社化粧品研究所が労働科学研究所労働心理学研究室に依頼しておこなった、有職女性を対象とする化粧と疲労との関連についての研究の報告書である。

一九七〇年代に入ると、慶應義塾大学が植皮の術後状態の補完を化粧により試みる研究を、一九八〇年代には岩手医科大学・オリリー学術部・東北新生園が疾病により損傷した外見の化粧による補完と精神状態の安定に関する研究を、同志社大学・京都府立大学・資生堂が精神分裂病（統合失調症）やうつ病に対する化粧の臨床心理学的効果の研究などをおこない、大学の心理学教室などで本格的な化粧研究がはじまった。

一九八五年には、ジーン・グラハムとアルバート・クリッグマン（Jean Ann Graham & Albert Montgomery Kligman）によって、世界で最初の化粧行動に関する専門書 *The Psychology of Cosmetic Treatments*（邦題：化粧の心理学、一九八五、Praeger）が出版された。化粧行動に関する最初の専門書が、そのタイトルに示されるように「治療」に関するものであったことは興味深い。

この本は、一九八三年九月二〇日に「化粧による外見修正は心理学的な幸福にいかに効果があるか」を統一テーマとして、ペンシルヴァニア医科大学皮膚科学教室と皮膚科財団の援助のもと、ペンシルヴァニア医科大学で開催された化粧の心理学的研究に関するシンポジウムの報告書でもある。

ジーン・グラハムらは、一九七八年にオックスフォード大学において、化粧品によって外見を良くみせることは心理学的効用を生むということを中心課題に、経験的研究に対して理論的構成を提供した文献的考察によって、化粧の研究をスタートさせていた。その集大成として、シンポジウムが開催された。

このシンポジウムは化粧を主たるテーマにしていたという点だけではなく、社会科学者、心理学者、化粧学者、皮膚科学者、形成外科医が一堂に会して開催されたという点で、医学と化粧学の連合において大きな意味をもつものとなった。

> 化粧品を使用することによりどのような恩恵が得られるかはほとんど知られていなかった。いくつかの独立した研究はあったが、化粧品使用の心理学的側面をそれ自体学問的研究分野として系統的にしかも完全に取り扱った研究はまったく行なわれていなかった。我々は化粧品の数多くの心理学的有用性を証明するための研究を、オックスフォード大学（英国）とペンシルヴァニア大学（米国）でこれまで行なってきた。皮膚の老化の問題にも焦点を当て、顔がやや魅力に欠ける、あるいは日焼けしすぎていたり、傷が残っているなどによって引き起こされる種々の問題に対処するために「COSMETIC THERAPY」（化粧療法）の概念を導入した
>
> （Graham, J.A.　一九八七　「化粧品の心理学」『資生堂インフォメーションレター：六二〇〇二』資生堂、一頁）

ジーン・グラハムはシンポジウムが開催された当時を、化粧を用いた治療方法として化粧療法の概念を導入したと回想している。

化粧を用いた治療法であり、化粧が心理学的な過程を介して心理・生理的な治療効果をもたらすことを期待して行われるもの

（宇山侊男・阿部恒之　一九九八「化粧療法の概観と展望」『フレグランスジャーナル』二六（一）』フレグランスジャーナル社、九九〜一〇一頁）

化粧療法とは、化粧が個人に与える心理的な効果を利用した心理的または生理的な治療のことと定義される。この定義にしたがうならば、ジーン・グラハムの導入した化粧療法に関する研究の萌芽は、一九七〇年の火焔《かえん》状母斑《ぼはん》に対して、「カバーマーク」という化粧品を用いて外見を改善しようと試みた研究である「Dekorative Behandlung beim Naevus flammeus」（一九七〇、*Cosmetologica*）に求めることができる。

「カバーマーク」とは、一九二八年にリディア・オリリー（Lydia O'Leary）により、医学的に消しにくいアザ、傷痕《しょうこん》、皮膚の変色を隠すことにより、精神的な安らぎを与えることを目的に開発された化粧品である。

化粧療法の臨床的な試みとしては、一九七〇年代からイギリスの赤十字病院で患者の社会復帰の一環として、「カモフラージュメイク」とよばれる損傷した外貌を回復させる手段として、化粧が採用されていた。また、一九八九年より、アメリカにおけるがん患者などの容貌や容姿に配慮することを目的に、パーソナル・ケア・プロダクト・カウンシル財団（The Personal Care Products Council Foundation）によって「The Look Good… Feel Better Program」（http://www.lookgoodfeelbetter.org/、二〇〇七年九月三日確認）が展開された。

このプログラムには、アメリカがん協会（American Cancer Society）や全米コスメトロジー協会（National Cosmetology Association）が協力している。大手化粧品メーカーの寄付により化粧品が無料で提供され、ボランティアのメイクアップアーティストによって、がん治療における化学療法の影響で脱毛してしまった際の工

夫や化粧のアドバイスをおこなうのである。二〇〇八年には、その活動はカナダ、デンマーク、シンガポール、オーストラリア、南アフリカなど世界一八カ国にまで広がっている。

日本では一九八八年ごろから、かづきれいこ（本名：内田嘉壽子）が、リハビリテーションをおこなうように、外貌に損傷を負った人が社会に踏み出すために習得する技術とされる。

リハビリメイクの目的は、傷やアザを隠すことではありません。「隠せる」という自信を持つことで、自分の顔を受け入れ、堂々と元気に生きていく力をつけること。いわば、社会復帰の支援なんです

（読売新聞社　二〇〇五『読売新聞：六月一四日』）

このリハビリメイクをもとに、二〇〇四年四月に東京女子医科大学付属女性生涯健康センターに「リハビリメイク外来」が開設された。そして、大阪市立大学付属病院形成外科、日本医科大学付属病院形成外科・美容外科でも化粧が医療に導入され、化粧が医療現場で積極的に活用されつつある。

これらの研究結果や実践を概観すると、化粧が外見改善のために用いられたというよりも、自己と社会の関係についての認知や、自己認知そのものがゆがんでいる症状の改善として、化粧の効果があったと考えることができる。

このほかに、松井豊が「化粧の心理学」（一九九〇、『衣生活研究』）で、化粧とコミュニケーションをとる相手との物理的距離であるパーソナルスペースに関する研究をおこない、余語真夫が「情動と身体兆候パターン：喜び、悲しみ、怒り、恐れ、羞恥について」（一九九四、『文化学年報』）で、化粧と状態不安の低減に関する研

究をおこなった。そして、土居泰子・中内敏子・矢野保子が「老人病院における化粧の効果」（一九九四、『月刊福祉』）で、うつ病患者や老人性認知症患者の症状改善の手がかりとして、化粧を活用する臨床的研究をおこなった。

また、化粧のリラクセーション効果に関する研究として、平田忠・阿部恒之・丸山欣也による「美粧行為の心理的効果に関する研究：（一）問題・一般的方法と行動観察の結果」（一九八六、『日本心理学会第五〇回大会発表論文集』）、互恵子・岡崎晴子による「エステティックシステムの生理心理学的効果：事例研究」（一九九三、『化粧心理学：化粧と心のサイエンス』フレグランスジャーナル社）、阿部恒之による「スキンケアへの期待の変遷と心理学的効果：容貌の演出・肌の健康・リラクセーション」（二〇〇一、『化粧行動の社会心理学』北大路書房）などがある。

リラクセーションに関連して、化粧の重要な要素の一つである香りに注目した研究もある。芳香精製油を塗ったり飲んだりする民間療法としてのアロマテラピーが、若者のあいだで人気であるが、心理学的研究ではアロマコロジーとして、香りを利用した健康増進や快適性の向上を目的とした研究がおこなわれている。たとえば、小森照久・藤原良一・谷田正弘・野村純一の柑橘系香料を用いて、うつ症改善を試みた「香りによるうつ病治療の試み：科学的検証と臨床応用」（一九九五、『日本神経精神薬理学雑誌』）や、庄司健・菊地晶夫・小森照久による不眠傾向のある者への調合香料の効果に関する「健常人の不眠傾向に対する香りの影響」（一九九六、『日本味と匂学会誌』）、中野良樹・畑山俊輝・菊池明夫による香りによる快・不快感が心的作用に及ぼす効果に関する「香りによる快・不快感が心的作用に及ぼす効果」（一九九七、『感情心理学研究』）などの研究がある。

このように、化粧療法に関する研究が相対的に多くおこなわれているものの、問題点も少なくない。とりわけ問題なのは、化粧療法に対する学問的な知見の蓄積がないまま、その効果を期待して予測的に実践されていることである。

その方略が根拠（理論）にもとづいて一定の治療目標を設定し、特定の対象者にある特定の手段をもって介入した場合に一定の成果（目標達成）が期待でき、さらにある程度それを持続させることが可能であるという、いわば治療のためのストーリーをもつ必要がある

（伊波和恵　一九九九「高齢者と「化粧療法」研究に関する考察および展望」『フレグランスジャーナル』二七（九）フレグランスジャーナル社、五二～五三頁）

社会心理学者である伊波和恵は、化粧療法を医学・福祉分野に導入するには、理論と実践の更なる知見の蓄積を必要とすることを指摘している。

このような状況にあって、心理学と化粧品関係の研究者が集まって『化粧心理学：化粧と心のサイエンス』（一九九三、フレグランスジャーナル社）が出版されたことは意義深い。これは、一九九一年に東北大学で開催された日本心理学会第五五回大会における資生堂ビューティーサイエンス研究所ヒューマンサイエンスグループが開催したワークショップ「化粧心理学のパラダイム」の報告をもとに執筆された。

このワークショップは、生理心理学、認知心理学、社会心理学、臨床心理学などでおこなわれていた化粧に関する研究を相互に結びつけること、また多くの心理学者に化粧研究を紹介するという目的のもと開催された。

これをきっかけに、社会心理学者を中心として、高木修・大坊郁夫・神山進により『被服と化粧の社会心理学』（一九九六、北大路書房）が、大坊郁夫により『魅力の心理学』（一九九七、ポーラ文化研究所）が、高木修・

大坊郁夫により『化粧行動の社会心理学』（二〇〇一、北大路書房）が出版されるなど、少しずつではあるが、化粧に関する研究が体系的に論じられはじめている。

化粧品・化粧方法の歴史的研究

化粧の起源は、人類の誕生にまでさかのぼることができるといわれるほど古く、長いものである。にもかかわらず、日本だけをみた場合でも、化粧の歴史に関する書物はあまりにも少ない。

主だったものは、風俗史家である江馬務《えま》の『装身と化粧』（一九七六、中央公論社）、歴史学者である久下《くげ》司《つかさ》の『ものと人間の文化史　化粧』（一九七〇、法政大学出版局）、『日本化粧史考』（一九五三、黒龍堂）、『国文学上より見たる詳説日本化粧文化史の研究』（一九九三、ビューティービジネス社）、詩人でありながらも博物誌に精通していた春山行夫の『おしゃれの文化史』（一九七六―一九七八、平凡社）、風俗史家である高橋雅夫の『化粧ものがたり　赤・白・黒の世界』（一九九七、雄山閣）、化粧文化研究家である村澤博人の『美人進化論』（一九八七、東京書籍）、『顔の文化誌』（一九九二、東京書籍）などである。

これらの多くは、中国や西洋の化粧史研究に重きが置かれ、日本の化粧史がその付随でしかないこと、「結《けっ》髪《ぱつ》」「紅《べに》」「歯黒《はぐろ》」といった個々の化粧品を対象にそれが使用されていた時代、製造されていた場所、エピソードなどを紹介する辞典的解説にとどまるものとなっている。そのため、化粧の歴史的な必然性や流動性については語られていないのはもとより、ある化粧がその社会や文化において人々に採用された理由について注目した研究は、ほとんどされていない。

このような、従来の化粧に関する歴史研究が学問的にかたよったものとなった背景には、化粧そのものを主だった関心としておこなわれた研究がほとんどなかったこと、また化粧の歴史的な研究が歴史学だけではなく、考古学、民俗学、国文学など多岐にわたるものであるにもかかわらず、旧態依然として学際研究・共同研究がおこなわれてこなかったという問題がある。

これまで、化粧品や化粧法の歴史については主に化粧品メーカーが社史としてまとめてきた。

たとえば、一八二五年に紅の製造卸業として創業し、江戸時代から今日まで続く化粧品メーカーである伊勢半は『紅：伊勢半百七十年史』（一九九八、ゆまに書房）を、一八七二年に洋風調剤薬局として創業した資生堂は『資生堂社史：資生堂と銀座のあゆみ八十五年』（一九五七、資生堂）、『資生堂百年史』（一九七二、資生堂）、『創ってきたもの伝えてゆくもの：資生堂文化の一二〇年』（一九九三、資生堂）を、一八八七年に洋小間物商として創業した花王石鹸は『花王石鹸五十年史』（一九四〇、花王石鹸）、『花王石鹸七十年史』（一九六〇、花王石鹸）、『花王石鹸八十年史』（一九七一、花王石鹸）、『花王史一〇〇年（一八九〇年―一九九〇年）』を、一九二七年に香水輸入販売業として創業したマンダムは『マンダム五十年史』（一九七八、マンダム）を、一九〇三年に化粧品卸業で創業したクラブコスメチックスは『クラブコスメチックス八十年史：創業中山太陽堂』（一九八三、クラブコスメチックス）などをまとめている。

これらは、一社の企業としての歴史をまとめているだけではなく、その企業が主力としてきた化粧品の歴史、社会や消費者との関係などがまとめられており、非常に興味深い。だが、やはりその中心が、各企業の経営史であり、主力製品の開発史であり、化粧の歴史を体系的にまとめているとはいいがたい。そのようななかで、一企業の枠を超えて、化粧の文化史がまとめられようと試みられたこともあった。

「化粧文化」という言葉がある。むろんこれは、化粧の文化という意味で用いられる、化粧と文化の合成語であり、珍しくはない。しかしながら、これが化粧に専門的にかかわる者だけではなく、広く一般に知られるようになったのは、化粧品メーカーであるポーラ化粧品本舗が一九七六年に文化研究所を設立すると同時に、「化粧と文化研究会」を立ち上げ、化粧に関連する各学問分野の研究成果をもとに研究をはじめ、その成果の発表の場として機関誌『化粧文化』(一九七五―二〇〇五、ポーラ文化研究所)を発行したことに由来しているといわれる。

従来であれば、化粧品メーカーの研究とは化学的なものが中心であり、またその成果は企業内のみでの公開であった。たとえ外部に公開されたとしても、その内容は広報程度あった。また、多くの企業から発信される情報は、自社製品の消費者に対する広告宣伝の場であった。

だが、この『化粧文化』からは自社製品の広告が一切省かれ、さらには隣接領域からの成果を加味して発表するなど、学術的に価値あるものとなっていた。そして、それは専門家だけを購読者として対象とするのではなく、一般に向けて書店で販売された。

にもかかわらず、『化粧文化』は二〇〇五年の通巻四五号で休刊となっている。この休刊には、化粧を対象とする研究の蓄積が少ないこと、またさまざまな専門領域の研究者が学際的に化粧を対象として研究をおこなっておらず、研究成果を横断的に活用することが難しい現実を理由としてあげることができる。

このほかにも、浮世絵を素材に歴史学者である陶智子《すえ》は『江戸美人の化粧術』(二〇〇五、講談社)で、川柳を素材に江戸庶民文化研究者の渡辺信一郎は『江戸の化粧』(二〇〇二、平凡社)で、江戸時代の化粧品や化粧法について論じている。

これらは当時の、庶民生活に深く関係していた浮世絵や川柳を素材としており、庶民文化を知るうえで貴重な示唆を与えている。

また、東宝の映画脚本家であった廣澤栄は『黒髪と化粧の昭和史』(一九九三、岩波書店)で、マーケティングに従事していた三田村蕗子《ふきこ》は『夢と欲望のコスメ戦争』（二〇〇五、新潮社）で、自らの体験をふまえるかたちで化粧についてまとめている。

これらは、史料にもとづく調査だけでは知ることのできない、時代の雰囲気を著者の体験にもとづき論じている点で、それ自体が貴重な史料となっている。

本書の構成

ここで、本書の構成をのべておきたい。

第一章では、化粧の語義や語源をたどり、化粧という言葉がいつから使われるようになったかをのべていきたい。そして、化粧という言葉がしめす行動は、どのようなものなのかをみていきたい。

また、化粧の目的や機能についてものべる。この章において、化粧というものの意義について理解を深め、化粧とはどのようなものであるかを確認しておきたい。

第二章では、対象を日本に限定し、化粧の文化的変遷を再構成していく。ここでは、化粧に用いる道具や顔料または方法ではなく、化粧とそれをおこなう者との関係性、社会や文化における化粧の位置づけなどに注目し、新たな角度から化粧の変遷をとらえ直したい。

レイモンド・ウイリアムズ（Raymond Williams）は、著書 *THE LONG REVOLUTION*（邦題：長い革命、一九六一、Chatto and Windus）のなかで、「感情の構造」という語により文化を新しく定義づけようと試みている。レイモンド・ウイリアムズによれば、どんな時代もある特定の生活感覚、ある特定の抽象的な「色彩」をもっており、そこにある「感情の構造」がその時代の「文化」である。文化が日常生活に意味を与えるものであるならば、化粧を分析することで、それぞれの時代における化粧にはどのような意味があったのか、またどのような文化生産のプロセスが存在したのかをあきらかにすることができるだろう。

ここでは、第一章で確認した化粧の意味や目的を参考にし、政治史の時期区分が援用され語られてきた従来の化粧の歴史的考察とは異なる新たな時期区分を提案し、再構成することを通じて化粧を動態的に理解し、新たな「化粧史」の立ち上げを試みたい。

第三章では、第二章で再構成した化粧の変遷をふまえたうえで、現在の若者の化粧を対象とすることで「化粧行動」や「化粧意識」を中心に考察する。とりわけ男性と女性といった男女の違いや、性格特性といった個人差要因が、どのように化粧と関連しているのかを統計的手法を用いて考察することで、化粧を構造的に理解することを目指したい。

これまでは、化粧を俯瞰的にとらえることで、日本における化粧について「文化的」に考察してきた。第三章では、統計的な手法を用いることにより、現在の化粧を切り取ったかたちで、「心理的」な分析をおこなうこととする。

最後に、本書の記述の注意事項をあげておく。

引用文における漢字や仮名の旧字体については、現在一般に使用されている漢字に適宜改めた。翻刻されたものについては、基本的に原文通り引用するが、句読点などがない場合は、読みやすさを考慮し、それらをおぎなった。また、二字以上にわたる繰り返し記号は、ワードプロセッサーソフトに該当する記号がないため使用せず、その音にあたる文字を用いた。

また、引用文中に、現代では差別・偏見ととられる不適切な表現がある。しかし、あくまで歴史的な史資料として、そのまま用いている。

実施したアンケート調査は、すべて四年制私立大学の学生を対象に、学生たちに集まってもらい、会場で一斉に回答してもらう集合法による質問紙調査によっておこなった。その場合、倫理的配慮として、調査票に研究の目的を明記し、調査への回答は任意であり、無記名で個人が特定されることがないことを事前に口頭で説明した。

第一章

化粧とは何か

本章では、化粧とは何かということについて考えてみたい。

化粧の辞書的な意味

一般に化粧とは、化粧品を用いておこなわれる行動である。薬事法は、その第二条で化粧品をつぎのように定義している。

人の身体を清潔にし、美化し、魅力を増し、容貌を変え、又は皮膚若しくは毛髪を健やかに保つために、身体に塗擦、散布その他これらに類似する方法で使用されることが目的とされている物で、人体に対する作用が緩和なもの

（厚生労働省　二〇〇六『薬事法』改正平成一八年六月二一日法律八四号）

しかしながら、厳密にいえば化粧には化粧品だけではなく、医薬部外品も用いられる。これについても、薬事法は定義している。

人体に対する作用が緩和な物であって機械器具等でないものおよびこれらに準ずる物で厚生労働大臣の指定するもの

（厚生労働省　二〇〇六『薬事法』改正平成一八年六月二一日法律八四号）

化粧品と医薬部外品を区別することは難しい。口臭・体臭・あせも・ただれ・脱毛の防止、育毛や除毛に用いるのは、医薬部外品であり化粧品ではない。だが、化粧品の「毛髪を健やかに保つ」と医薬部外品の「育毛」の違いなどは明確ではない。

法律の運用上、効能効果を広告宣伝で訴求できないものが化粧品であり、制限的にではあっても効能効果を訴求できるものを医薬部外品と考えられている。むろん、化粧品や医薬部外品だけではない香料や顔料が用いられる場合もある。

いずれにしても、化粧とは現代的には外面、とくに顔面の健康を維持し、容貌を美しく演出するための化粧品や医薬部外品などを用いた行動の総称である。

しかしながら、この定義は化粧にまつわる現代的な法的定義の一つにすぎない。有史以来おこなわれてきた化粧のすべてを、この定義にまとめることはできない。そこで、化粧という言葉の辞書的な意味をさぐってみたい。

まずは、言語学者の新村出《しんむらいずる》が編纂した現代の代表的な国語辞書である『広辞苑』（二〇〇八、岩波書店）をみてみることにしよう。

紅・白粉などをつけて顔をよそおい飾ること。美しく見えるよう、表面を磨いたり飾ったりすること。おつくり。けそう

（新村出（編）二〇〇八『広辞苑：第六版』岩波書店、八七六頁）

「けしょう」とは、顔料を塗抹して身を飾ることを意味している。「けしょう」に、「化粧」だけではなく、「仮

粧」の字句もあてている。そして、「おつくり」や「けそう」と同義だという。「けそう」とは化粧や仮粧のことであるが、では「おつくり」とは、何か。

化粧、みじまい

（新村出（編）二〇〇八『広辞苑：第六版』岩波書店、四〇四頁）

化粧・仮粧と同義として、「御作り」の字句をあてている。さらに、「おつくり」は「みじまい」と同義とする。では「みじまい」とは、何か。

身なりをつくろい整えること。化粧し、着飾ること。身支度《みじたく》

（新村出（編）二〇〇八『広辞苑：第六版』岩波書店、二六八七頁）

化粧・仮粧だけではなく、着飾るという意味がしるされている。「身支度」とは、身なりをつくろい整えることである。つまり、『広辞苑』における化粧・仮粧には、顔料を塗抹して美しくよそおうことだけではなく、身なりをつくろい整えるという身だしなみの意味がある。

しかし、『広辞苑』の化粧・仮粧の意味は、過去においても同様であったのか。ここで、いくつかの辞書からその意味をみてみることにしたい。

国文学者の中村幸彦・岡見正雄・阪倉篤義が編纂した『角川古語大辞典』（一九八二―一九九九、角川書店）をみてみよう。『角川古語大辞典』は「けはひ」に化粧の字句をあてている。

気配の転義したもの。容姿をことさら作って、様子ありげに見えるように、顔や姿をつくろうこと

（中村幸彦・岡見正雄・阪倉篤義（編）一九八四『角川古語大辞典：二』角川書店、三五七頁）

化粧・仮粧とは、顔だけではなく容姿全体をつくることとある。そして、それは「気配」が転義したものだという。

では「気配」とは、何か。

様子。それとなく感じられる、そのものの雰囲気。「けしき」が対象の性格が外面に現れていて、感覚によってとらえうる場合についていうのに対して、その性格が外面に現れず、直観によって感得しうる場合に用いるといわれる

（中村幸彦・岡見正雄・阪倉篤義（編）一九八四『角川古語大辞典：二』角川書店、三五七頁）

化粧・仮粧をする者の外面にあらわれない本質を、それとなく表現するための手段が化粧・仮粧なのである。そして、それは顔だけに限らず体全体までもが含められている。なお、『角川古語大辞典』には仮粧の項目がなく、化粧の字句で名詞の「けはひ」と動詞の「けはふ」をあてている。

国語学者の大槻文彦が編纂した『大言海』（一九三二—一九三七、冨山房）では、化粧・仮粧に「け志う」の字句をあてている。

紅、粉《おしろい》、ニテ、顔ヲヨソホフコト。カタチヅクリ。ケハヒ。オツクリ。オシマヒ

（大槻文彦　一九三三『大言海：二』冨山房、一六五頁）

ここでは、顔料を塗抹して飾ることが化粧・仮粧であるとしている。「ケハヒ」とは、化粧・仮粧のことである。

顔ノ気色ヲ粧フ意

（大槻文彦　一九三三『大言海：二』冨山房、一八二頁）

では「気色」とは、何か。
「気色」をよそおうのを「ケハヒ」、すなわち化粧・仮粧としている。

けハ、気ナリ、はひハ、業はひ、過はひノはひニ同ジク、事ノ、広ガルヲ云フ語ナリ。ミエ。気色《けしき》。ソブリ。ケブリ。ケブラヒ。容子《ようす》

（大槻文彦　一九三三『大言海：二』冨山房、一八二頁）

すなわち、『角川古語大辞典』の「気配」に相当する。「ケブリ」「ケブラヒ」とは「容子」、今日の「様子」と同様の意味である。
「ソブリ」は「素振」であるが、一般に用いられる動作にあらわれた「様子」の意味だけではない。

顔色《がんしょく》、動作の気色《けはい》

（大槻文彦　一九三四『大言海：三』冨山房、一四四頁）

それは、顔の表情を意味している。また、「ミエ」は「見」のことである。

外目《よそめ》の飾。ウハベヲ飾ルコト

（大槻文彦　一九三五『大言海：四』冨山房、四六一頁）

すなわち、外面の装飾であり、「けはひ」には顔の様子をよそおう意味がある。このように考えると、『大言海』と『角川古語大辞典』の違いは、『大言海』では顔料の塗抹に重点がおかれ、そして対象が顔に限定されていることにある。

さて、『大言海』には「け志ぅ」の意味に、『広辞苑』と同様の「オツクリ」があった。「オツクリ」とは「御作」のことであり、『広辞苑』では「化粧、みじまい」の意味であった。しかし、『大言海』では、少し意味が違う。

假粧ノ婦人語。かたちづくりノ略ナリ。オシマヒ

（大槻文彦　一九三二『大言海：一』冨山房、四九九頁）

『大言海』では、化粧・仮粧の女性が使う言葉として、「御作」をあげている。「御作」は「かたちづくり」の略だという。大槻文彦は同じ「御作」であっても、魚軒《つくりみ》の略であれば「おさしみ」の意味だともしるしている。

では、「かたちづくり」とは何か。これは、「容作」としてしるされている。

カタチヅクルコト。カホカタチ。容貌。カホヅクリ。假粧

（大槻文彦　一九三二『大言海：一』冨山房、六三二頁）

おそらく、「御容作」が略され「御作」となったのであろう。

「かたちづくり」のかたちとは、「顔」であり、それを化粧・仮粧によってつくるという意味である。ということは、化粧・仮粧をしない顔は、顔ではないことになるのか。

また、化粧・仮粧・御作の項目に共通してある「オシマヒ」とは、「御仕舞」のことである。

假粧ノ、婦人語

（大槻文彦　一九三二『大言海：一』冨山房、四九一頁）

「御仕舞」を、婦人語とことわっている。「御作」「御仕舞」を女性が用いる語とことわることとは、すなわち化粧・仮粧は、男性が用いる言葉であったことを意味している。これは、化粧・仮粧は女性だけがおこなうものではなく、男性もおこなうものであったということである。

なお大槻文彦は、「御仕舞」は物事が終わることの「終い」ともしるしている。

さて、少し時代をさかのぼって、国文学者の藤井乙男《おとお》・草野清民《きよたみ》が編纂した、和漢古今の雅言俗語が収録されている『帝国大辞典』（一八九六、三省堂）をみてみよう。

それには、「けはひ」の項目がある。

現はれたる様子なり、けしき、そぶり、みえ、などいふが如し
（藤井乙男・草野清民（編）一八九六『帝国大辞典』三省堂、六〇三頁）

前條の轉《てん》にて、化粧なり。おつくりに同じ
（藤井乙男・草野清民（編）一八九六『帝国大辞典』三省堂、六〇三頁）

「けはひ」が気色に由来し、顔にあらわれた内面の様子をよそおうこととしている。では、「おつくり」の意味を確認してみよう。

よそほひ、粧飾などいふにおなじ
（藤井乙男・草野清民（編）一八九六『帝国大辞典』三省堂、一〇二四頁）

『帝国大辞典』では、とくに「けはひ」と「おつくり」に違いはない。ただ「おつくり」のほうが「粧飾」に同じとしており、装飾的意味が強い。「けはひ」の項目に、「化粧」としるされているものの、「化粧」自体の項目は『帝国大辞典』にはない。

『広辞苑』には「みじまい」という項目があった。だが、『角川古語大辞典』にも『大言海』にも「みじまい」の項目はない。『広辞苑』などは、たいてい『大言海』の説明がそのまま引き写しとなっているといわれる。

そのなかで、『大言海』にはない「みじまい」が『広辞苑』にあったことは、興味深い。
その「みじまい」が、『帝国大辞典』にはしるされている。

假粧なり、男女に通じていふ

（藤井乙男・草野清民（編）一八九六『帝国大辞典』三省堂、一二九四頁）

『帝国大辞典』によると、男女に共通する化粧・仮粧が「みじまい」である。

一八九六年に編集された『帝国大辞典』に「みじまい」の項があり、意味として「男女に通じて」としるされている。そして、その項目が一九三〇年代の『大言海』にはしるされず、戦後の『広辞苑』にある。国語辞書に掲載される言葉は、その辞書の編集者の意向や執筆された時代が反映される。そのため、すべての言葉やその意味が等しく網羅されるということはない。ということは、大槻文彦にとって、「みじまい」は一般的ではなかったか、あるいは重要な字句として扱われなかったということになる。

いずれにしても、化粧・仮粧とはもともとは顔料を、顔をはじめとする身体に塗抹し飾ることではなく、それをおこなう者の内面や雰囲気のあらわれであり、その方法としての顔料の塗抹であった。

現代では、「けしょう」といえば「化粧」の字句を一般的に用いるが、近代以降の辞書には、「化粧」と「仮粧」が併記されている。それは、今日の『広辞苑』にいたっても、同様である。とりわけ、辞書によっては「仮粧」の項目が「化粧」とは別に、独自にあることも少なくない。

江戸時代には「化粧」と「仮粧」は、ほぼ同様に書かれた。だが、太田全斎が編纂し、江戸時代の俗語や諺《ことわざ》を取りあげている『俚言集覧《りげんしゅうらん》』（一八九九―一九〇〇、皇典講究所印刷部）には「仮粧」を、国学者の谷川士清《ことすが》が編纂し、古語・雅言・口語を広く集めた『倭訓栞《わくんのしおり》』（一八九八、皇典講究所印刷部）には「化生、仮相」をあげ、どちらも「化粧」をあげていない。なお、九三一年から九三八年に源 順《みなもとしたごう》により編纂された『和名類聚抄《わみょうるいじゅうしょう》』（一九一七、渋川清右衛門）には、「化粧」や「仮粧」を含めて、それに関連する語は登場しない。

一九七八年に学習研究社から刊行された『学研漢和大字典』（一九七八、学習研究社）によると、「化」とは姿を変えてもとと違った形になることを意味している。また「仮」とは永久的ではなく、一時的な状態を意味している。「粧」とは白粉や紅をつけたり、衣服を整えたりして身づくろいをすることである。

したがって、「化粧」は身づくろいをしてもとは違った姿になることであり、「仮粧」は一時的な身づくろいを意味している。顔料を塗抹して一時的に飾るという意味では、「化粧」よりも「仮粧」のほうが適しているだろう。

だがどちらも、ほぼ同様の意味であることから、とくに「けしょう」にどのような漢字をあてるかについては、定まった意味づけがなかったのではないだろうか。

明治に入ってからも、夏目漱石は一九〇八年に朝日新聞で連載した『夢十夜』（一九一〇、春陽堂）のなかの「御化粧」に、「おつくり」とルビをふっている。

> 芸者が出た。まだ御化粧《おつくり》をしていない。島田の根が緩んで、何だか頭に締りがない
>
> （夏目漱石　一九八六『夢十夜』岩波書店、三二頁）

この場合の「御化粧」とは「よそほひ」、粧飾の意味である。

なお、『倭訓栞』の「化生、仮相」であるが、「相」とは姿や形、そして「生」とは生かすの意味である。し

たがって、「化生」はもととは違った姿で生きることであり、「仮相」は一時的な姿を意味している。「化生」は「化粧」に近く、「仮相」は「仮粧」に意味が近い。しかし、「化生」や「仮相」の場合は、「化粧」や「仮粧」の身づくろいという意味が薄まり、変身の意味が強まる。

国文学にみる化粧

辞書で確認した「けしょう」をはじめ「けわい」「みじまい」「おつくり」が、実際どのように使い分けられていたのか。国文学史料のなかで、どのように登場するのかみてみよう。するとも、『古事記』や『万葉集』といった八世紀頃の文献史料には、登場しない。

人の有様を見知り給ふまゝに、いとゞ、様ようなよびかに、化粧なども、心してもてつけ給へれば、いとゞ、あかぬ所なく、花やかに、美しげなり

（山岸徳平（校注）一九六五『源氏物語：三』岩波書店、二二頁）

かしらあらひ、化粧じて、かうばしうしみたる衣などきたる

（渡辺実（校注）一九九一「枕草子」『新日本古典文学大系：二五』岩波書店、三七頁）

歯黒つけなど、心のどこかに、我身の化粧をし、みがくもあり

（三条西公正（校注）一九三四『栄花物語：下』岩波書店、四二頁）

髪が上方風で化粧まですっぱり上方さ

（中村通夫（校注）一九五七「浮世風呂」『日本古典文学大系：六三』岩波書店、二一七頁）

比較的古いもので確認できるのは、一一世紀初めの紫式部による『源氏物語』「胡蝶」や、清少納言による『枕草子』「心ときめきする物」である。

このほかにも、同時期の『栄花物語《えいが》』や、さらに時代がさがると一九世紀初めの式亭三馬による『浮世風呂』などにみられる。これらは、顔料を塗抹するなど、美しくよそおう意味で用いられている。では「けわい」の場合は、どうであろう。

人ノ前ニ出ム時ハヨクヨク鏡ヲミ、着タル物ヲヒキツクロヒ、エモヌヲカキイレ、何度モツクロウベシ。サテ出ム後ハ聊モケハイシ、ザセキニテ躰ヲツクロヒ、若ハキソクツク事、アルベカラズ

（筧泰彦　一九六七「六波羅殿御家訓」『中世武家家訓の研究：資料編』風間書房、四四頁）

脂粉ヘニシロイモノヲツケテケワイクスルヲ日本ノ公卿若俗ノケワイヲセラルヽハイワレヌ

（岡見正雄・大塚光信（編）一九七一「史記抄」『抄物資料集成：一』清文堂出版、五五二頁）

一三世紀に、北条重時が惣領《そうりょう》の長時に与えた『六波羅殿御家訓《ろくはらどのごかくん》』が古い。また、一四七七年の五山の禅僧である桃源瑞仙《とうげんずいせん》が司馬遷《しばせん》の『史記』を注釈した、片仮名交じりの抄物《しょうもの》『史記抄』などにみられる。

「けわい」とは、辞書において、ある様子をつくるという意味であったが、国文学史料のなかでは、「けしょう」とほぼ同様に使われている。

たしかに、「けわい」は「けはひ」に語源を求めることができる。しかしながら、調査したなかでは「けわい」は「けしょう」に先出することはないことから、「けはひ」に「けしょう」の意味が援用され、「けわい」として用いられたのではないかと考えられる。

つぎに、「みじまい」である。

身じまひ常にいそがはしく

（廣谷雄太郎（編）一九二七「色道大鏡」『続燕石十種：二』廣谷国書刊行会、四六六頁）

大夫さまも身仕舞にお宿へござつたが

（八文字屋本研究会 一九九二「けいせい色三味線」『八文字屋本全集：一』汲古書院、九五頁）

一風呂這入てざつとでも、化粧《みじまい》せうと釣らされて

（国民国書株式会社（編）一九二六「清談若緑」『近代日本文学大系：二一』国民国書株式会社、二八二頁）

一六七八年の畠山箕山《きざん》による遊郭評判記『色道大鏡《しきどうおおかがみ》』が古く、また、一七〇一年の江島其磧《きせき》による浮世草子『けいせい色三味線』にもみられる。さらには、一九世紀の曲山人《きょくさんじん》による人情本『清談若緑《せいだんわかみどり》』では、身づくろいや身だしなみの意味で用いられている。

「けしょう」にくらべ「みじまい」は、新しい語である。多くは、遊女や男色を売った陰間《かげま》などにまつわる国文学史料にみることができる。『清談若緑』では、化粧の字句に「みじまい」とよませている。では、「おつくり」の場合はどうだろうか。

ヲヤ、ほんにねへ。若い作りだね

（中村通夫（校注）一九五七「浮世風呂」『日本古典文学大系：六三』岩波書店、一八七頁）

「おつくり」は、一九世紀初めの式亭三馬による滑稽本《こっけいぼん》『浮世風呂』などにあり、「けしょう」「みじまい」にくらべ、厚化粧や若づくりなどの化粧をした人をさげすむ場合に用いられていることが多い。

「けしょう」が「けわい」「みじまい」に対して、古い言葉であることがわかる。また、『夢十夜』や『清談若緑』のように「化粧」という字句に対して「けしょう」ではなく「おつくり」や「みじまい」とよませるなど、表記とよみと意味は流動的である。つまり、「化粧」という同じ漢字を用いた場合であっても、そのよみは異なり、それにともない意味も変わる。

一八一三年に佐山半七丸《はんしちまる》によって書かれた『都《みやこ》風俗化粧伝』には、「けしょう」「けはい」「みじまい」の三つのよみ方がある。そして、佐山半七丸は意図的にそれらを使い分けてルビをふっている。『都風俗化粧伝』において、「けしよう」とは顔料を顔にほどこすもの、顔に限定する場合に用いられている。「けはい」は顔を対象とした部分的なものではなく、顔料を身体全体にほどこす場合に用いられ、「みじまい」は身だしなみを意味する場合に用いられている。

確認したように、「けしよう」は『源氏物語』や『枕草子』など平安文学のなかで、みることができる。そして、「けはい」は、鎌倉時代に入り『六波羅殿御家訓』にみられるように、身だしなみや身づくろいの意味として登場する。室町時代に入ると、「けはい」のなかに「けしょう」が含まれる。

師、彼がけわいて、色好衣装を重著たるを見て、曰、後世の望にて我に逢玉はんには、大に相違したる様子也。殊に歳半に過たる人の、其化粧は何の為ぞや。其相は、若き時、人を化かさん為に作所也。今日は曾て用無き事也

（宮坂宥勝（校注）一九六四「反故集」『日本古典文学大系：八三』岩波書店、三四五頁）

一六七一年に、仏教僧である鈴木正三《しょうさん》の法語や書簡がまとめられた『反故《ほご》集』のなかでは、「けわい」と「けしょう」を同一の文章のなかで使い分けている。その理由は、「けわい」が「けしょう」とは異なり、身づくろいや身だしなみとして発達したからである。

「みじまい」とは、身だしなみを意味し、江戸時代以降の『色道大鏡』や『けいせい色三味線』などの遊女や男色文学に登場する。

ちなみに、化粧・仮粧を意味する英語に「COSMETIC」があるが、これの語源であるラテン語の「kosmetike」についても、「kosmêtikê technê」と「kommôtike technê」という二つの意味がある。

「kosmêtikê technê」とは、「美容術」のことであり、医学の一部として健康な体を維持する技術を意味している。古代ギリシアではスパルタに代表されるように、体を鍛える体育が重んじられていたため、マッサージや清浄を保つなどの手入れだけで自然に美しい肉体をつくると考えていた。

また、「kommôtike technê」とは、「化粧術」のことであり、装飾的なよそおいの技術を意味している。この

技術は、遊女や陰間のための技術であり、古代ギリシアではみせかけ、うそ、ごまかしの美を与えるものと考えられていた。

どうやら化粧・仮粧には、洋の東西を問わず、装飾と身だしなみの二つの意味があるようである。そのため、本書においても「化粧」について、美しくよそおうことと、身だしなみの二つの意味を含むものとして考えていく。そして、意味の統一として、また化粧・仮粧の字句の統一として特別に指示する場合を除き、両者の意味を含め化粧の字句を用いることにする。

化粧の目的と機能

外貌を加工し、形や肌理《きめ》、色を変えたいという強い欲望は有史以来、今日まで存在する。これは人間に特有の欲求と考えることができる。

人間以外の動物、たとえそれが高等な霊長類であっても、皮膚を変えることに興味や関心を示すことはない。いや、サルたちは相互にグルーミングをおこなっているではないかという指摘があろう。

しかしながら、サルなどにみられるグルーミングは全く違った目的でおこなわれる。仲間への親愛、異性への愛情、ボスへの忠誠心をあらわすことが目的であり、美しく形づくることが目的ではない。その意味において、化粧は人間に特有の行動である。

静岡県の登呂遺跡発掘などに関係した考古学者の樋口清之《きよゆき》は、民俗学や考古学における先行研究を整理し、化粧の目的をつぎのようにまとめている。

F.Ratzel の如きは、身体装飾の起源は信仰的意義を有する護符（amulet）に在り、その信仰的意義以外に、実用的、表示的意義をも含めて用ゐられると考へてゐる。又、彼の民俗学の碩学《せきがく》N.Wundt はその大著 Völker-Psychologie に於て、身体装飾は元来信仰的な呪（Zauber）のために用ゐられたものであり、之が変化して審美的意義を持つて来る様になつたと説明する一種の信仰的起源説を持つて居り、更に又、E.Grose はその労作 Origin of Art に於て、身体装飾に対する嗜好は人類が最初より所有する最大の美的要求の一つであると言ふ一種の美的本能説を採用してゐる。この外 E.Westermark は History of marriage に於て、特に衣服の使用意義に関して、全く被覆を目的とするものではなく、性的魅力を強く印象せしめるために作られたものであると云ふ性的本能説を提唱し、B.Spencer、W.d：Hambly 等も、一種の表示的目的を以てなされたものと説いてゐる

（長坂金雄（編）一九三九「日本先史時代人の身体装飾：上」『人類学・先史学講座：一三』雄山閣、四頁）

樋口清之によると、化粧の目的は四つに大別される。すなわち、本能、実用、信仰、表示である。本能とは、美的欲求、性的欲求などである。実用とは、防衛、保温、保護などである。信仰とは、呪術、禁《きん》忌《き》などである。表示とは、名誉、勲功、経歴、階級、知能、社会的地位、年齢、職業、種族などである。しかしながら、化粧はこの四つのどれかに明確に区分されるものではなく、いくつかの組合せのうちに存在する。もっとも、これらはその起源においては単独に意味をもっていたものもあるかもしれない。だが、多くはいくつかの目的が複合している。とくに、実用そのものが、本能的欲求からおこなわれる保護に美的欲求、性的欲求が複合したものとも考えられる。そのため、化粧の目的を何か一つに求めることは難しい。

> それぞれの生まれついた素顔の容貌に対し、化粧品を用いて、美容術により、その容貌にもとづいて創造される美的標準に照らして、その美しさを修正補短して美化することが化粧の目的である
>
> （久下司　一九七〇『ものと人間の文化史・化粧』法政大学出版局、二頁）

歴史学者の久下司は、化粧を社会や文化、個人的属性などにより規定される美的概念により、自己をより美しく変容しようとする行動であると指摘する。これに対してポーラ化粧品本舗の菅千帆子は、化粧の心理学的な機能に注目する。

> 化粧は、何気なく繰り返される行為である。そこからちょっとした喜びや心地よさ、快適感が得られることは、女性であれば誰もが一度は経験したことがあるだろう。そんな心の変化が免疫系の亢進につながることが明らかとなった今、女性にとっての毎日の化粧は、単に美容のためという目的を超え、もっと大きな役割を担い、また深い意味を持つものに変わっている。最近の化粧品や化粧法を概観すると、いまだ女性の肌質や肌性あるいは肌の悩みにターゲットを絞ったものが多く占めているが、このことに対して私はこう考えている。肌は単体ではなく、こころや体からの影響を多分に受けた複合体として存在すると考えたほうが自然である。それゆえ、化粧は肌に有効であることは大前提として、やはり肌をとりまくこころや体といった環境にも有用である
>
> （菅千帆子　一九九九「こころ・体・化粧」『化粧文化：三八』ポーラ文化研究所、三五頁）

すなわち、菅千帆子は化粧による直接的な皮膚の健康や維持改善ではなく、化粧を通じての皮膚への接触で

もたらされる心理的な効果に注目し、期待をよせる。

化粧がすでにみたような意味をもつとするならば、久下司の指摘も、菅千帆子の指摘もけっして誤りではない。化粧の目的や機能は、多様であり、複雑に絡み合っている。だが、基本的には二つに大別される。

一つは「変身」である。変身とは、素顔に色彩を施したり、眉を描き直したり、まつげを長くするなどして、構造的には容易には変えられない顔の特徴を操作し、印象を変えようとすることである。

化粧は自己の生活を抹殺否定し、全く別の人間を、新たなる精神、いや全人を創造することにあった。そして、仮面をかぶることも同じ意味であった。仮面も化粧もケからハレへの転換をするためにおこなったものだった。また仮面は、日本においては精霊の姿をあらわし、神々に対する忠誠と服従を誓うものであった。同じく化粧も、自己を殺し、神に仕える証であったと思われ、神の言葉を伝え、神の姿をして舞う巫女や、神霊を迎える尸《かたしろ》としての童児は、化粧をほどこし祭りの場に望まなければならなかった

（石上七鞘　一九九九『化粧の民俗』おうふう、一一頁）

民俗学者の石上七鞘《ななさや》は、化粧が人々を褻《け》から晴へと転換させることに注目している。すなわち、日常の自分と特別な自分との切替え、日々の自分からの抜け出し、抑制されている自分の別な側面をさらけ出すことを意味している。仮面舞踏会やハロウィンの仮装などは、日常の褻から離れ、祭の晴のときに、この変身を定例化したものである。

時間の長短はあるものの日々の生活が前提であり、晴は一時的で非日常のものだ。仮面舞踏会やハロウィンの仮装という意味では、化粧は仮面と同様な働きをもつ。

そして、他方は「よそおい」である。よそおいとは、いつもの自分に手を加え、恒常的に一定の効果を目指す意図が込められている。いわば自己の改善である。

自分の特徴を強調したり、魅力を増すために頬紅をさしたり、口紅をひいたり、肌色を明るくするなどの作業をすることによって、日々の自分のみえ方・みられ方を管理しようとする。

女性たちにとって「化粧」とは、何かに化けることではなくて、「磨かれた素顔」を引き立てる脇役なのだ。勝負は中身でしているのよ、という姿勢である
（実川元子　一九九九「化粧する男としない女」『化粧文化：三八』ポーラ文化研究所、一八頁）

男の子は外見を磨くことも自己表現のたいせつな手段の一つだと気づき始めた。化粧することで、社会的制約に縛られない自分を発見する楽しさに目覚めつつある
（実川元子　一九九九「化粧する男としない女」『化粧文化：三八』ポーラ文化研究所、一九頁）

女の子には、仕事や社会の中での活動で自己表現できるチャンスが与えられるようになった。女の子が見た目だけでなく、中身まで評価の対象となる時代になったのだ。そうなると、素顔でも勝負できる実力が必要になる。化粧っ気なしで、腕まくりして一生懸命何かに打ち込んでいる女性たちにも、高い評価が下されるようになって、「自分を磨く」ことの本当の意味を女の子はわかりだしている
（実川元子　一九九九「化粧する男としない女」『化粧文化：三八』ポーラ文化研究所、一九頁）

ファッションやライフスタイルに関するフリーライターの実川元子は、化粧がたんなる装飾として自分とは異なる何かになることではなく、自己の延長であると指摘する。

日常とは異なるという意味では、変身と同様とも考えられる。だが、変身が自分とは異なる何かになるために入念な化粧、また極端な場合には美容整形などの身体加工もおこなわれるのに対して、よそおいは自己の延長として「このように認めて欲しい」という承認欲求や評価懸念が前提として存在し、印象操作という側面が強い。字句から目的や機能をみると、「化粧」は変身に近く、「仮粧」はよそおいに近いといえる。

樋口清之の整理を、変身とよそおいの二つに大別すると、変身は、マジック、タブー、護符や呪の信仰的象徴としての化粧であり、防衛、カモフラージュ、隠蔽などの実用としての目的や機能が含まれる。また、よそおいは、美的欲求や性的欲求などの本能、名誉、勲功、経歴、階級、知能、勇気、地位、経済力、年齢、婚否、職業、姓氏、性別、種族などの表示としての目的や機能が含まれる。

しかしながら、二つに大別されるとはいえ、両者を厳密に区別することはできない。変身が強く、よそおいが弱い場合や、またその逆もある。そこで本書では、変身とよそおいを区別する場合を除き、両方を含む語として、「粧い」を用いることにしたい。

さて、心理学者の飽戸《あくと》弘は『経済心理学：マーケティングと広告のための心理学』(一九八二、朝倉書店)で、化粧の起因に関する研究から「対自的機能」と「対他的機能」の二つの機能を指摘している。「対自的機能」とは、化粧の行動者自身の効果をめぐる化粧の機能のことであり、自己満足や気分などである。また「対他的機能」とは、同性か異性かにかかわらず、他者や社会を意識することによって生じる化粧の機能のことであり、個性化、美化欲求、身だしなみなどである。

つまり、「化粧をすることが楽しい」や「気分がよくなる」という化粧行動の主体的な楽しみとしての側面と、

「男性からも女性からもきれいだと思われたい」という他者からの目を意識しての、印象管理の側面を指摘している。

さらに、同じく心理学者の松井豊・山本真理子・岩男寿美子は「化粧の心理的効用」(一九八五、『マーケティングリサーチ』)で、「人に良い印象を与えたい」「肌の色などの欠点カバー」「肌を守るため」などをあげ、化粧の役割を他者への印象管理と自己補完と指摘している。

いずれにせよ、化粧の基本は、自分が他者に認めてほしいという期待のあらわれであり、また他人からどのように評価されるかという懸念が存在している。

これを化粧の「けしよう」「けわい」「みじまい」からみると、「けしよう」は期待のあらわれであり、「みじまい」は評価の懸念にあてはまるであろう。だとすると、「けわい」は期待と評価の両者を含むといえる。

化粧の分類

これまで、化粧について、「けしょう」にまつわる言語的な意味、また化粧そのものの目的や機能についてみてきた。では、化粧についてさらに理解を深めるために、化粧の分類について考察してみたい。

化粧は大きく分けると、基礎化粧と装飾化粧とに分けられる。基礎化粧には、日々のよそおいとしての意味が強く、また皮膚の手入れや健康維持も含まれている。他方、装飾化粧には、変身としての意味が強く、強調的な表現の演出が含まれている。

日本歯科大学の矯正学教室教授を務めていた山﨑清は、医学や人類学の視点からつぎのように化粧を分類している。

段階	化粧の内容
第 *1* 段階	顔や身体に色を塗る、ペインティング、メイクアップ、など
第 *2* 段階	被服を身にまとう、装身具を身につける、など
第 *3* 段階	皮膚に入れ墨をいれる、皮膚に傷をつける、切除、毀損、など
第 *4* 段階	美容整形、形成外科手術、など
第 *5* 段階	健康美、精神美、教養美、など

表 *1*　山﨑清の化粧分類

第一段階は、顔や身体に色をぬること。第二段階は、さまざまのかざりものをとりつけること。第三は、入れ墨やきずをほどこすこと。第四は、現代の医学と美容整形。第五段階は、自然のままの健康美、そして顔は心の反映だとするいわゆる精神美のことである

（山﨑清　一九五五　『人間の顔』読売新聞社、一五二頁）

第一段階や第二段階は、顔料を落とし、もとの状態に戻すことが可能な化粧であるのに対し、第三段階や第四段階は、直接に身体を着色し加工するため、もとの状態に戻すことが難しい化粧である。山﨑清の分類は、第一段階から第四段階へと順次上昇するにつれ、痛みや行動の難易など肉体的、精神的負担が上昇していることに特徴がある。すると、第五段階の精神美が最もコストが高いことになる。だが、第五段階は一般的に考える化粧とは異なり、身体に施すものではなく個人の内面を加工し、加工された心の影響があらわれた顔の美を意味している。気配から転義した化粧の意味に近い。直接的に外面を変化させる第一段階から第四段階のいずれの化粧とも、第五段階は異なる。

なぜ、山﨑清は第五段階まで化粧を分類したのか。

この第五化粧の基盤のないかぎり、第一から第四にいたる化粧のすべては未開野バンの民族風習にすぎない

（山﨑清　一九五五　『人間の顔』読売新聞社、一六二頁）

図3　ムルシ族の女性

図4　メーホンソーンのカヤン女性

山崎清は、化粧は健康な肉体や心の教養美などが基盤とし存在し、単純に化粧に用いる顔料や装飾品、また身体加工の奇抜さに人々が惹きつけられているのではないという。そして、コストの高い第五段階の精神美がすべての化粧の基盤となり、それがなければ「未開野バンの民族風習」と主張している。山崎清の指摘の賛否は別として、この第五段階が化粧の基盤という指摘は、化粧が安易な表面的な装飾ではないことを物語っている。

だが、山崎清の分類は、コストの段階にもとづく分類であり、化粧の装飾性に注目がおかれすぎている。化粧の身だしなみという意味が欠落しており、基礎化粧の部分が含まれていない。

もし、山崎清の分類に身だしなみという要素の基礎化粧を加味するならば、第一段階が「手入れ」として入り、精神美は第六段階になるであろう。

山崎清はコストの高さで化粧を分類した。類似するものに社会心理学者であるスーザン・カイザー（Susan Kaiser）の分類がある。

スーザン・カイザーは、*The Social Psychology of Clothing*（邦題：被服と身体装飾の社会心理学、一九九〇、Macmilon）のなかで、装飾の形態を身体的なものと外部的なもの、そしてそれぞれに対して一時的あるいは永続的かに分類した。

一時的な装飾は、より永続的なものにくらべ洗い落とすことができるなど簡単に取り除くことができる。外

	身体的	外部的
一時的	ペインティング、メイクアップ、脱毛、など	被服、宝石、など
永続的	皮膚に傷をつける、皮膚に入れ墨をする、切除、毀損、割礼、ピアス、頭蓋骨の変形、纏足、首の引き伸ばし、など	該当なし

表2　スーザン・カイザーの装飾分類

意味	分類	化粧品
維持	ケア	化粧水、乳液、美容液、保湿液、日焼け止めクリーム、など
演出	メイクアップ	ファンデーション、コンシーラー、パウダー、アイシャドウ、マスカラ、アイライナー、ケーキライナー、アイブロウマスカラ、アイブロウペンシル、リップペンシル、口紅、グロス、チーク、など
維持・演出	フレグランス	香水、デオドラント、など

表3　阿部恒之の化粧品分類

部的なものは、そのすべてが一時的なものであり、一時的で身体的なものは、日常的でなじみの深いものが多い。

スーザン・カイザーの分類も、一時的が永続的かというコストにもとづく分類である。

資生堂に勤めていた阿部恒之は「化粧の心理学」(一九九二、『Fregrance Journal』)で、化粧品メーカーの視点から、化粧の意味を「維持」と「演出」に、化粧品の種類を「ケア」「メイクアップ」「フレグランス」とにそれぞれ分類している。そして、「維持」と「ケア」が、「演出」と「メイクアップ」が、「維持」や「演出」と「フレグランス」が関連すると指摘している。

一般的には、「ケア」に関する化粧品には洗顔料、化粧水、乳液、美容液、保湿液、日焼け止めクリームなどが該当する。「メイクアップ」に関する化粧品とは、ファンデーション、コンシーラー、アイシャドウ、マスカラ、アイライナー、アイブロウマスカラ、口紅、グロス、チークなどである。さらに、「メイクアップ」に関する化粧品は、肌の欠点を隠したり陰影や艶を与えたり、といったように顔面の肌全体に対するベースメイクアップと、口紅やアイシャドウといった顔の各部位に限定して用いるポイントメイクアップに分類できる。「フレグランス」には、香水、デオドラントなどが該当する。

ケアが基礎化粧であり、メイクアップが装飾化粧と考えると、「維持」と「ケア」、「演出」と「メイクアップ」が関連するという指摘は当然のことと考えられる。だが、阿部恒之によると、香りである「フレグランス」は「維持」と「演出」のいずれにも関連するという。

香水類は、可視的ではないことを除けば、基本的にはメイクアップ系列に入る
（大坊郁夫 一九九七『魅力の心理学』ポーラ文化研究所、六二頁）

社会心理学者の大坊郁夫は、阿部恒之の分類から香水などの香りをメイクアップに分類している。これは、化粧のもたらす心理学的な効果としては、「メイクアップ」化粧品も「フレグランス」化粧品も同じであることを意味している。

だが、化粧の意味でもみてきたが、装飾的な意味での化粧には、香りは含まれない。むしろ、どのような意味であろうと化粧のなかには、香りは含まれていなかった。それは歴史的にみた場合、日本で香りとは薫香であり、肌に直接つけるものではなかった。伽羅《きゃら》や白檀《びゃくだん》といった香木を燻《いぶ》し、衣や髪に匂いを移すのである。

香りの利用は、入浴しないことによる体臭の除去が目的であると考えることが一般的である。しかしながら、日本における香りには、魔除や清めといった宗教的意味が強い。香木の日本への流入が、仏教の伝来とも関連しているからである。

いわゆる蒸留法によって液体化した香水が登場するのは、一五〇八年にサンタ・マリア・ノベラ修道院ドミ

ニコ派の修道僧によってつくられた香水製造所が最初である。このとき、修道士が香水を製造した理由は、宗教儀式に利用するためではなく、体臭を紛らわすことが目的であった。

つまり、香りが液体化することによってはじめて、化粧となったのである。そして今日では、体臭の除去だけではなく、香りを変えることにより日常から非日常へと、気分の転換を図る場合も少なくはない。

また、ケアとメイクアップに関する化粧品を大まかに列記してみたが、それらは阿部恒之の分類のように明確に区別できるものではない。日焼け止め成分の入ったファンデーションや美容液成分の入ったリップクリームなど、いくつかの機能や目的が期待された化粧品も存在する。そのため、ケアとメイクアップに、化粧品の種類から化粧を分類することは難しい。


化粧というと、一般的には顔料を塗抹する行動を想起させる。現代では、外面の健康を維持し、容貌を美しく演出するための化粧品などを用いた行動の総称として定義されている。

しかしながら、化粧の語源をさかのぼってみた場合、そこには、ただ「色彩豊かに彩り、飾ること」だけを意味しているのではなく、「身なりをつくろい整えること」という身だしなみの意味が含まれている。また今日用いている化粧に相当する言葉として、「けわい」「おつくり」「みじまい」などがあり、「けわい」が身づくろいや身だしなみとして発達してきたことにより、「けわい」のなかに「けしょう」が含まれるようになる。

また、辞書の「婦人語」「男女共通して」などの説明から、けっして化粧は女性だけのものではなく、歴史的にみても男性もおこなっていたことを知ることができる。

それでは化粧は、どのような歴史的変遷をめぐってきたのであろうか。次章では、ここに焦点をあててみていくことにしよう。

第二章

化粧の変遷——その動態的理解

この章では、化粧が日本文化のなかで歴史的にいかに変遷し、展開してきたかを検討し、新たなる「化粧の生活文化史」を再構成し、化粧の動態的理解を深めたい。

これまでにも、化粧に関する歴史学的な研究はいくつか存在する。しかしながらその多くは、ある歴史的時点において普及していた化粧品や化粧法に関する、いわば化粧品の流行史や舶来史にすぎず、化粧水はどんなものが使われたのか、白粉はどんなものが使用されたのか、それら化粧品をどのように用いたのかなど、辞書的内容にとどまっている。

なぜ、人々がそのような化粧をおこなったのかといった、化粧と人や化粧と社会との関連については、ほとんど注目されてこなかった。

ここでは、史料における化粧品や化粧法に関する記述ではなく、化粧と人とをめぐる記述、すなわち当該の時代において語られてきた化粧に関する言説に注目し、その角度から歴史的展開を再構成することで、日本における文化や社会とどのように化粧が関連し展開したかをみたい。

化粧史の時期区分

そのためにはまず、化粧の歴史をどのような時期的枠組み、すなわち時期区分でとらえるかという問題について考えておかなければならない。歴史学者の芝原拓自《たくじ》は、つぎのように指摘する。

著者	書名	時期区分
久下　　司	ものと人間の文化史 化粧	原始時代、大陸農業伝来、上古、中世、江戸
江馬　　務	装飾と化粧	固有風俗時代、韓風輸入時代、唐風模倣時代、平安朝、鎌倉・室町時代、戦国・安土桃山時代、江戸時代
村澤　博人	美人進化論	古代から中世、江戸、近代、現代
山野　愛子	美容芸術論	古代、奈良、平安、鎌倉・室町から安土桃山、江戸Ⅰ、江戸Ⅱ、
石田かおり	化粧せずには生きられない人間の歴史	化粧の起源、縄文〜古墳、奈良〜平安初期（男性：平安中期、平安後期〜鎌倉、南北朝〜戦国 / 女性：平安中期〜平安後期、鎌倉〜戦国）、桃山〜江戸初期、江戸中期、江戸後期〜幕末、明治、大正〜太平洋戦争前、太平洋戦争中、太平洋戦争後
山本　桂子	お化粧しないは不良のはじまり	明治、大正〜昭和初期、戦時中、戦後、戦後復興期、高度経済成長期、*1970*年代、*1980*年代、*1990*年代前半、*1990*年代後半

表*4*　化粧の時期区分

時代区分の仕方こそ、認識を通しての史実の内的連関とその発展を論理的に再構成する、歴史認識に必然的な自己表現形態となる

（芝原拓自　一九七四「時代区分論」歴史学研究会（編）『現代歴史学の成果と課題：一』青木書店、一五頁）

時期区分の枠組みが、歴史認識のあり方と方法を映し出す役割を担っている。長い歴史の発展過程を把握するために、その過程のしめす段階性を表示する指標を設定する必要がある。それは、歴史の過程を要約し、誰もが俯瞰するために不可欠なものである。

しかしながら、その時期区分の方法は、政治、経済、文化といった社会の諸側面にあわせて、顕著な変化のあった諸時期に分けることや、ある一つの歴史的現象内部の諸段階を画するといったことが含まれ、多種多様な区分が可能である。いくつかの、化粧の歴史に関する文献における時期区分をみてみよう。

美容家で山野美容短期大学初代学長である山野愛子をはじめとする従来の化粧史の時期区分は、政治史における、奈良

時代、平安時代といった区分を援用したものが多い。たしかに、政治体制は独自の価値体系や政治様式を備えており、この方法によって時代の区分を物理的に特定することができる。

だが、これでは歴史の発展段階が表現できないという欠点をもち、社会の表相を構成する支配階級のものが中心となる危険をはらんでいる。実際、江馬務の研究は、支配階級による文献史料を中心に区分をおこない考察したため、それに記録されることがほとんどない庶民生活における化粧を、途絶えてしまったと誤っている。

また、美容ライターの山本桂子は一九四五年以降の化粧の歴史を、約一〇年単位で区分している。たしかに、化粧の流行史という側面からみた場合、さらに短い単位で区分することも必要になるであろう。しかしながら、細分化しすぎた区分は化粧史の総体のなかで、その区分がどのような意味の位置を担うのかを不明確にする。

久下司や村澤博人のように、原始、古代、中世、近代、現代と区分する研究も多い。この方法では、発展の序列という点には立つものの、厳密さが欠けており、あいまいである。

一般的には、鎌倉幕府の成立をもって古代の終わり、中世のはじまりとし、太閤検地をもって中世の終わり、近世のはじまりと区分される。しかしながら、どの時点で時代を区切るかについては研究者によって意見の分かれるところであり、歴史学の分野においても統一された時期区分は存在しない。

時間の流れは、政治や経済や文化などそれぞれの局面ごとに異なった速度で流れているため、政治史や美術史などの時期区分を化粧史に援用することは難しい。

本来、化粧など社会文化的事象を対象とする歴史的研究とは、ある時代、ある時期の多様な暮らしに目配りし、それぞれの社会や文化の諸相から時代や時期の固有性を描きだすことである。だとすると、化粧史の時期区分においても、政治や美術などを対象とする時期区分に依拠するのではなく、化粧史独自の時期区分が必要となってくる。

政治史的な区分をそのまま当てはめることは無理がある

（村澤博人　一九八七『美人進化論』東京書籍、五頁）

化粧の歴史を、古代から中世、江戸、近代、現代と区分した村澤博人自身が、その区分の方法の限界を指摘している。

そのため、本章では化粧の意味や機能を考慮し、化粧史独自の時期区分として便宜上、化粧の時代的流れを大きく三つに区分したい。すなわち、「基層化粧時代」「伝統化粧時代」「モダン化粧時代」である。

「基層化粧時代」とは、化粧の内容が社会や文化の形成とは関係なく、暑さや寒さ、太陽の光や乾燥といったさまざまな自然条件から肌を守るための実用的な目的、また魔除や治療といった呪術的な宗教行為、所属する集団の表象や性の信号などといった側面をもつ化粧の時代とする。

「伝統化粧時代」とは、文化や社会の発展とともに、地域や文化によって異なる気候風土、自然環境の違いに由来する美意識、化粧の原料の違い、さらには政治・経済・社会・文化・宗教とのかかわりにおいて、原始宗教から発展し定着した化粧の時代とする。

「モダン化粧時代」とは、技術の発展とともに進歩した化粧品や化粧法、それにともない創造された付加価値が付与し、また自己表現の手段として発展した化粧の時代とする。

以上のような、三つの区分にしたがい、日本の化粧の歴史的変遷をたどりたい。

基層化粧時代

男も女も化粧する

化粧は、洋の東西を問わず女性がおこなう、と考えられている。あたかも、それが女性の本能であるかのように。過去から現在、そして未来へと女性のあいだでのみ化粧がおこなわれていると、信じられている。現実は、化粧をおこなう男性もいるわけであるが、それは特殊な場合として位置づけられている。しかし、化粧は有史以来、女性のみを対象としてきたのであろうか。日本経済新聞社に勤めていた経営評論家の大和勇三は、つぎのように指摘する。

女性だけが今日化粧をしている理由は実は女性が男性に対して位置低くおかれているといふ屈辱の傷痕である

（大和勇三　一九五〇『顔』改造社、二七頁）

女性だけが化粧をおこなうことは、女性が男性に従属しているからであり、男性が女性に従属している社会では男性が化粧をおこなっている。たしかに、女性が男性に従属する、男性があらゆる生活の場面を支配するという父権社会以前には、女性が男性を支配し、男性が女性に従属する母権社会が存在している。

低い文化段階の諸民族においては男子が虚栄心をもつ

（草間平作（訳）一九七一『婦人論：上』岩波書店、二〇九頁）

高い文化段階の民族、とくにすべての文化民族においては、ほとんど例外なく男子は婦人に媚びない、むしろ婦人が男子に媚びる

（草間平作（訳）一九七一『婦人論：上』岩波書店、二一〇頁）

ドイツの社会主義者であるアウグスト・ベーベル（August Ferdinand Bebel）は、一八七九年の主著 *Die Frau und der Sozialismus*（邦題：婦人論、一八七九、Zürich-Hottingen：Verlag der Volksbnchhandlung）のなかで、虚栄心は社会経済的原因にもとづくものだと指摘する。すなわち、低い文化段階の民族には母権社会が続いており、たとえば、ポリネシアやマダガスカルなどの島々に住む民族では男性の虚栄心が強い。だが、父権社会では男性は女性に媚びる必要がないため、その身を女性以上に飾らない。

女たちは、活発で、飾りを身につけず、事務能力があって、勤勉であり、魚を釣って市場に出かける。男たちは、けばけばしく着飾り、しゃれていて、彫刻をしたり、絵をかいたり、ダンスのステップをふむ練習をするのが仕事

（田中寿美子・加藤秀俊（訳）一九六一『男性と女性：上』東京創元社、七五〜七六頁）

文化人類学者であるマーガレット・ミード（Margaret Mead）は一九四九年に出版した*Male and Female*（邦題：男性と女性、一九七七、Jonathan Cape）のなかで、ニューギニアの原住民であるチャンブリ族について、他地域の多くの文化において男性と女性の役割とされている事柄が、反対になっていると報告している。マーガレット・ミードのチャンブリ族論については近年、多くの批判があるものの、この主張は、性別により期待される役割、すなわち性役割は社会や文化により後天的に教育され形成されることを意味している。

ある文化では、女性が主に生産労働を担い、男性は子育てや音楽、祭りといった楽しみの活動をおこなう。年頃の男性にとっては、化粧や服装が主たる関心事である。生産労働という財産の支配層と被支配層という関係において、この文化をもつ社会は母権社会である。

極論をすれば、美しく粧うのは生きるための糧を得るために婚姻を生活手段とし、支配層に選択されるためである。母権社会では選択権は女性にあり、男性は選ばれる側である。美的な身体装飾としての化粧をおこなう者が男性か女性かといった問題は、所属する社会が母権社会か父権社会かによる。

動物行動学者のデズモンド・モリス（Desmond Morris）は、*Manwatching*（邦題：マンウォッチング、一九七七、Jonathan Cape）のなかで、化粧が積極的に異性を惹きつける性的ディスプレイをはたしていると指摘している。男性が社会的弱者の世界では、鳥類のオスが繁殖期になると美しい生殖羽を生やし求愛行動をおこなうのと同様に、男性が美しく粧い、女性が弱者の社会では女性が美しく粧う。

すなわち、化粧は経済的弱者が強者に対して優位に選択されるために存在している。このように、あるときは男性に、あるときは女性に身を粧わせるのは、社会経済が深く関連している。むろん、母権社会であっても、性的ディスプレイ以外の意味での化粧は女性もおこなっている。ではこのことを前提として、日本の化粧をみてみよう。

仲間である証し

明確に「化粧がなぜ、おこなわれるようになったのか」といった化粧の意識について探ることができるのは、文字として残された記録があるからにほかならない。

日本で最も古い代表的文献には、『古事記』『日本書紀』などをあげることができる。だが、日本における化粧に関する記述としては、それらより以前に中国で書かれた『魏志倭人伝《ぎしわじんでん》』にすでにみることができる。

男子無大小皆黥面文身

（石原道博（編訳）一九八五『新訂魏志倭人伝・後漢書倭伝・宋書倭国伝・隋書倭国伝』岩波書店、一〇八頁）

「男子は大小となく、皆黥面文身《げいめんもんしん》す」と、男性は顔や体にイレズミ（刺青《しせい》、入墨《いれずみ》、文身《もんしん》を総称する語としてイレズミを用いる）をほどこした。この「大小」については、大人と子どもと解釈されることが一般的である。

大小は年齢ではなく、身分の上下と解釈すべきである

（吉岡郁夫　一九九六『いれずみ（文身）の人類学』雄山閣、四七頁）

だが、吉岡郁夫は松本清張の解釈を紹介し、年齢ではなく身分だと指摘する。たしかに、今日に存在するさまざまな民族を概観すると、イレズミを成人となる通過儀礼と関連してほどこされることも少なくはない。そのため、成人は皆その身分にかかわらずイレズミをほどこす、と解釈できないこともない。

だが、中国語（この場合は主として北京語）として「大小」を解釈すれば、身分の上下ではなく年齢の大小、

すなわち大人と子どもと解釈するのが自然であり、吉岡郁夫の指摘を妥当とみなすことはできない。なぜ、吉岡郁夫や松本清張が「大小」を身分の差と考えたのか。その理由は、『後漢書倭伝《ごかんじょわでん》』にある。

男子皆黥面文身以其文左右大小別尊卑之差

（石原道博（編訳）一九八五『新訂魏志倭人伝・後漢書倭伝・宋書倭国伝・隋書倭国伝』岩波書店、一一八〜一一九頁）

「男子は皆黥面文身、その文の左右大小を以て、尊卑の差を別つ」と、男性はみなイレズミをほどこし、その模様の左右大小により尊卑の差をわけるとある。このことから、大小と尊卑を結びつけたのかもしれない。しかしながら、この場合の大小とは黥面文身の大きさであり、身分のことではない。

男女多黥臂黥面文身

（石原道博（編訳）一九八五『新訂魏志倭人伝・後漢書倭伝・宋書倭国伝・隋書倭国伝』岩波書店、一三一頁）

『隋書倭国伝《ずいしょわこくでん》』には、「男女多く臂《ひ》に黥《げい》し、面に点し身に文し」と、男女とも腕や肘、顔や体にイレズミをするという記述がある。つまり、男女関係なくイレズミがおこなわれていた。

今日の歌舞伎俳優のおこなう隈取《くまどり》と同じで、顔面の飾りであった

（久下司　一九七〇『ものと人間の文化史・化粧』法政大学出版局、三五頁）

黥面と文身について久下司は、文身をいわゆるイレズミと考え、黥面を顔面に顔料を塗抹する隈取のようなものと考えている。だが、これは誤りである。

滋賀県守山市の赤野井浜遺跡で黥面、すなわち顔にイレズミが施された弥生時代中期前半の土偶形容器の破片が出土している。これをみるかぎり、顔料を塗抹するような隈取とは異なる。『魏志倭人伝』をはじめとする『後漢書倭伝』『宋書倭国伝』『隋書倭国伝』などの古代中国の史書でイレズミを記述する場合、かならず「黥面文身」としるされる。

> 顔の文身を「黥面」、体のそれを「文身」とよんで区別している
>
> （吉岡郁夫　一九九六『いれずみ（文身）の人類学』雄山閣、四七頁）

図5　土偶形容器

吉岡郁夫は、イレズミがほどこされる部分によって名称が異なると指摘している。

「黥」とは、中国語では兵役に就いた者が逃亡しないように顔に印した認証であり、また刑罰の一つを意味し、「文」とは身体に何かを彫るという動作を意味する言葉である。すなわち、黥面文身を中国語として解釈するならば、「黥面」は顔にほどこすイレズミを、「文身」は顔以外にほどこすイレズミのことを意味しており、吉岡郁夫の指摘は正しい。

なぜ、顔とそれ以外の部分という、ほどこす部位によって黥面と文身という言葉を使い分けたのか。古代中国では一般的に顔にイレズミをほどこす習慣がなかった。顔にほどこす場合、それは犯罪者の表象であるのに対し、顔面以外へのイレズミは社会的地位の表象であったからだといわれている。

罪、死《しぬる》に当れり。然《しか》るに大きなる恩《めぐみ》を垂れたまひて、死《ころすつみ》を免《ゆる》して墨《ひたひきざむつみ》に科《おほ》すとのたまひて、即日《そのひ》に黥《めさききざ》む

（坂本太郎・家永三郎・井上光貞・大野晋（校注）一九九四『日本書紀：二』岩波書店、二九〇頁）

鳥官《とりつかさ》の禽《とり》、菟田《うた》の人の狗《いぬ》の為に喰はれて死ぬ。天皇瞋《いか》りて、面《おもて》を黥《きざ》みて鳥飼部《とりかいべ》としたまう

（坂本太郎・家永三郎・井上光貞・大野晋（校注）一九九四『日本書紀：三』岩波書店、六六頁）

『日本書紀』にも、刑罰としてイレズミがおこなわれていた記述が存在する。なぜ、イレズミが刑罰としておこなわれるようになったのか。

その理由を推測する前に、まずなぜ、イレズミをほどこしたのか。その理由を『魏志倭人伝』にしるされたものから考えてみたい。

断髪文身以避蛟龍之害　今倭水人好沉没捕魚蛤　文身亦以厭大魚水禽

（石原道博（編訳）一九八五『新訂魏志倭人伝・後漢書倭伝・宋書倭国伝・隋書倭国伝』岩波書店、一〇八頁）

「断髪文身、以て蛟龍の害を避く」「文身しまた以て大魚・水禽《すいきん》を厭う」と、蛟龍《こうりゅう》という龍の害や、また大きな魚や水鳥を避けるためにイレズミをするとある。

媛女《おとめ》に、直《ただ》に遇《あ》はむと、我が黥《さ》ける利目《とめ》

（倉野憲司（校注）一九六三『古事記』岩波書店、八九頁）

また、『古事記』には大久米命《おおくめのみこと》が目元に鋭いイレズミをしていたので、それは何かとたずねたところ、大久米命はおとめに直接お目にかかると、目が裂けるのでと答えている。これらは、呪術的な意味をもってイレズミがおこなわれていたことを伝える。

後稍以為飾

（石原道博（編訳）一九八五『新訂魏志倭人伝・後漢書倭伝・宋書倭国伝・隋書倭国伝』岩波書店、一〇八頁）

しかしながら、「後やや以て飾りとなす」と、しだいにイレズミが装飾としておこなわれるようになっていく。

諸国文身各異或左或右或大或小尊卑有差

（石原道博（編訳）一九八五『新訂魏志倭人伝・後漢書倭伝・宋書倭国伝・隋書倭国伝』岩波書店、一〇八頁）

そして、「諸国の文身それぞれに異り、あるいは左にあるいは右に、あるいは大にあるいは小に、尊卑の差あり」と、国すなわち所属する集団によりイレズミの大きさや模様、ほどこす部分が異なり、またそれは身分によっても異なってくる。これは、イレズミが装飾となったと指摘されるものの、実際は自らが所属する集団の表象としてイレズミが存在し、模様や部分が異なっていたことを意味している。

イレズミはその初期において、たんなる装飾ではなく魔除けなどの宗教儀礼として、また所属集団の表象として機能していた。しかしながら、それがしだいに装飾に、そして刑罰として機能していく。装飾と刑罰。この相反する機能が存在した理由は、集団によりイレズミに対する異なる意味づけがおこなわれていたからである。

> 東《あづま》の夷《ひな》の中に、日高見国《ひたかみのくに》有り。其の国の人、男女並びに椎結《かみをわ》け身を文《もどろ》けて、為人《ひととなり》勇み悍《こは》し
>
> （坂本太郎・家永三郎・井上光貞・大野晋（校注） 一九九四 『日本書紀：二』岩波書店、八四頁）

『日本書紀』には、武内宿禰《たけうちのすくね》の東国からの帰還報告として、蝦夷《えみし》の日高見国《ひたかみのくに》の男女がイレズミをしていたことがしるされている。このほかにも、すでにあげたように、履中《りちゅう》天皇が住吉仲皇子の反乱に加担した阿曇野《あづみの》連浜子《むらじはまこ》に刑罰としてイレズミをさせたことや、宮廷で飼われていた鳥が犬にかみ殺されたので、犬の飼い主にイレズミさせ、名を鳥飼部としたことなどがしるされている。『日本書紀』では、イレズミはいずれの場合も敵対する者がおこなうもの、刑罰としておこなうものと位置づけられている。

『魏志倭人伝』は三世紀後半に、『日本書紀』は八世紀前半に完成されたといわれており、そのあいだには四〇〇年近くの空白が生じている。むろん、『魏志倭人伝』以降、中国では日本に関する記述を含めた史書として『後漢書倭伝』『宋書倭国伝』『隋書倭国伝』などが執筆されている。

しかしながら、新史料を加えてはいるものの、多くは『魏志倭人伝』を受け継ぎ、前代の誤りを訂正しているにすぎない。そのため、わが国で『日本書紀』が完成する以前の化粧に関しては『魏志倭人伝』に全面的に依ることとなる。

だが、なぜそれまで呪術的な意味や社会的地位の表象であったイレズミが、『日本書紀』では刑罰としてしるされるのか。

原始的顔面装飾で、肉体の保安に悖《もと》る危険な風習をもっていた集団は、例外なく生産力未熟で採取経済時代を脱せず、反対に生産力が高い農業的種族には装飾的手段の発展があって、肉体的に危険な装飾法を淘汰して、別の手段によって、目的を達しうる可能性をもっていた。従って、肉体毀損《きそん》的装飾をもっていた種族は弱く、その種族の衰滅とともにその顔面装飾もやがて廃滅したものとみられる

（大和勇三　一九五〇『顔』改造社、四六頁）

『日本書紀』を作成した大和政権を構成する支配部族では、イレズミの習慣がなく、大和政権に従わない被支配部族などで残るのみであったのではないか。そして、政権に従わない者、すなわち犯罪者の証として、イレズミがおこなわれたのではないかという。

たしかに、大和政権による統一運動の前に、所属集団の表象として機能していたイレズミは、その必要性を失いつつあった。いまだ支配下におさまらない部族、たとえば、東北の蝦夷や九州の熊襲《くまそ》とか土蜘蛛《つちぐも》といった部族にイレズミがまだ残っていたため、大和政権の記録である『日本書紀』ではイレズミを刑罰や異習とみているのであろう。

なぜ、大和政権ではイレズミをおこなわなくなったのか。その理由は、大和勇三の指摘した肉体への直接的な装飾の危険性もあるだろうが、それ以上に、大和政権と中国との交流が影響している。『魏志倭人伝』の作成された当時の中国では、装飾としての顔面へのイレズミの習慣がなかったことはすでにのべた。すなわち、イレズミが犯罪者の表象である中国の知識人からみた日本人のおこなうイレズミは、野蛮であり、刑罰だった。そんなイレズミを、中国と交流していた支配部族がはたしてこだわりをもっておこなっていたであろうか。

先進的な文化や軍事力をもつ中国と交流をすすめるなかで、イレズミをおこなわない中国人と接し、イレズミの習慣が薄れ、消滅していったと考えることが妥当ではないか。そして、支配部族は、イレズミをおこなうことを低い文化習慣と意識し、支配部族と被支配部族の区別として、イレズミを扱っていったのだろう。そして結果として、このイレズミの扱いは刑罰や犯罪者の表象とする意識として近代まで、人々のあいだで残り続けることとなる。

みえない力にむけて

イレズミ以外にも、『魏志倭人伝』からは当時の化粧を知ることができる。

以朱丹塗其身體如中国用粉也

(石原道博(編訳)一九八五『新訂魏志倭人伝・後漢書倭伝・宋書倭国伝・隋書倭国伝』岩波書店、一〇九頁)

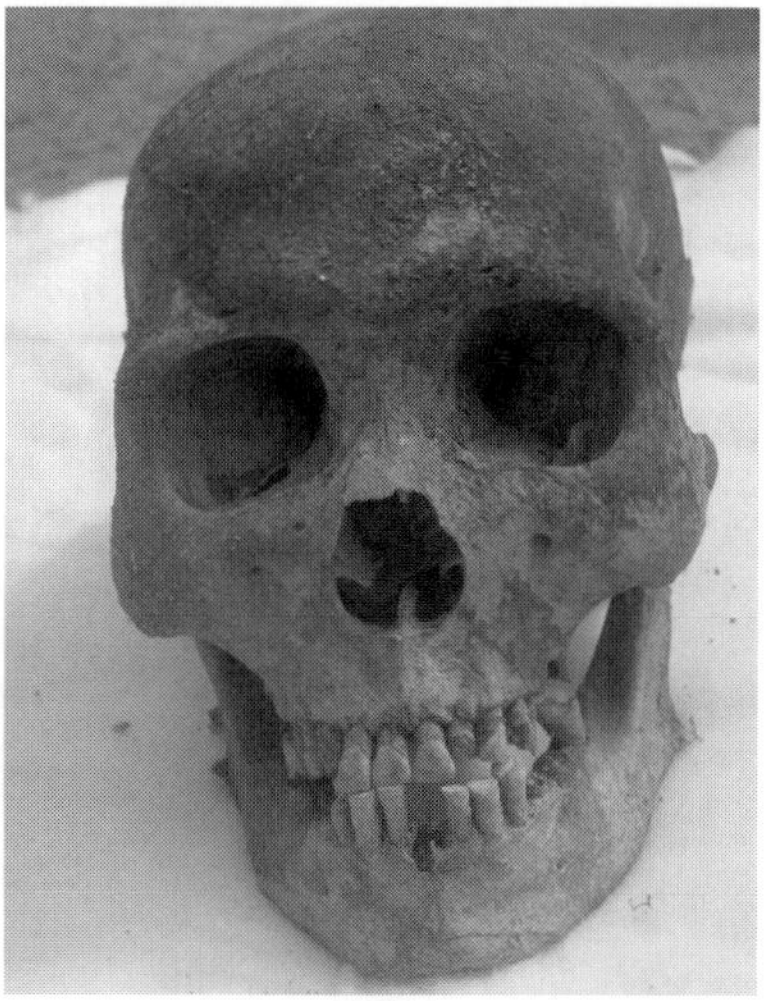

図6　赤色化した頭蓋骨

図7　頬が赤く着色されている埴輪

日本では、「朱丹を以てその身体に塗る、中国の粉を用うるがごときなり」と、赤色の顔料を身体に塗抹していたことがしるされている。これは、二〇〇七年一〇月に赤色顔料の原料となる紅花花粉が、古墳時代前期とされる奈良県桜井市の纒向《まきむく》遺跡で発見されており、『魏志倭人伝』の内容を証明している。

この場合の身体とは、顔面だけではなく、他の部分も含めての意味である。古代中国では「粉」、すなわち白色の顔料が用いられていたのに対し、日本では赤色の顔料が用いられている。

白粉は、平安時代に東ローマから中国経由で入ってきた。古代日本には、白粉は存在しなかったため、赤色の顔料を使用した。だが、なぜ赤色だったのか。

興味深いことに、旧石器時代末以降、縄文・弥生・古墳時代にいたるまでの遺跡から、酸化鉄が付着し赤色化した人骨が発掘されている。福岡県金隈《かねのくま》遺跡からは、赤く染まった頭蓋骨が出土している。

人骨が赤色化した理由にはいくつか考えられる。たとえば、出土した人骨周囲の土壌が赤色を帯びているためにそれが骨に及ぶこと、埋葬した死体が白骨化してから再度掘り出し彩色する風習の存在、埋葬時に顔を赤く彩色したのが移着した、などである。

また人骨だけではなく、福島県いわき市の神谷作《かみやさく》一〇一号墳より出土した六世紀前半の埴輪《はにわ》にも、眼から頬を中心とする顔面に赤色顔料が塗られている。

人骨や埴輪に塗抹された赤色についての議論は、大正時代に、人類学や考古学をはじめとしてさかんにおこなわれた。

日本石器時代の赤い骨はその時代民族に身体を赤く塗る風習があって、かかる扮飾を施した屍《かばね》に於て軟部消失の後、色料が骨に移着したのであろう

（小金井良精　一九二〇「日本石器時代の赤き骨に就て」『人類学雑誌』三五（一一・一二）日本人類学会、二八二頁）

当時の彼等は顔面部にのみ赤色を塗って装飾とした

（鳥居龍蔵　一九二〇「考古学上よりみたる赤き人骨」『人類学雑誌』三五（一一・一二）日本人類学会、二九〇頁）

一八八六年に東京帝国大学（現在の東京大学）医学部教授となり、日本人で初めて解剖学の講義をおこなった小金井良精《よしきよ》は、現在の岩手県南東部から宮城県に相当する旧陸前国の中沢浜貝塚から出土した赤色化した人骨を研究し、また、広く東アジアを調査対象とした考古学者の鳥居龍蔵は土偶研究のなかから、顔料が骨に移着したと結論づけている。

いずれにしても、赤色の粧いがおこなわれていた。もちろん、当時の日本に白色顔料が存在せず、塗抹に耐

えうる顔料が赤色しか存在しなかったという事実もあるだろう。また、久下司が指摘するように、赤色を美と感じていたのかもしれない。

当時の人々が赤色の明るい色を美しいと好んだからと思われる
（久下司　一九七〇『ものと人間の文化史・化粧』法政大学出版局、四一頁）

だが、たんに「美しいと好んだ」という理由では説得力が弱い。白色ではなく、赤色を積極的に好んで用いた理由は一体何なのか。

たとえば、多くの原始的民族に共通して存在する、赤色を血色の象徴、太陽の象徴とみなす思想のもと、採用されたと考えることはできないだろうか。それは、生命エネルギーとしての赤色であり、施朱によって死者の復活を祈願するという原始宗教の現象であったのだろう。

人々が赤色を好んだ理由として、民俗学者の坪井洋文《ひろふみ》は赤を意味する焼畑農耕の火が、霊的な力の象徴であったと指摘する。

草木と土性とを焼きつくしながらそれらを再生させる火の霊的力はものを転換させる原理
（坪井洋文　一九七九『イモと日本人—民俗文化論の課題』未來社、二一二頁）

坪井洋文が、日本民族の多様性理解のための原理として、畑作文化と稲作文化を等価値に体系化するなかで指摘しているような、禁忌としての白と物事を再生させる赤という原理があったのかもしれない。

また、『古事記』や『日本書紀』に登場する「天照大神」が、太陽を神格化した神であることなどからも、白よりも太陽や火などの赤を尊ぶ思想が、当時の人々にあったのだろう。

鉛からつくられた白粉が使用されるようになったのは、おそらく中国大陸諸国との交通が開けていた西方沿岸の民族が最初であったろう。しかし白粉の使用はそれ以前からあったのではなかろうか

（久下司　一九七〇『ものと人間の文化史・化粧』法政大学出版局、四一頁）

久下司は、鉛からつくられた白粉は平安時代に東ローマから中国経由で入ってきた、と書いている。だが久下司は、それが大陸からもたらされる以前から、鉛からではない白粉は、すでに日本に存在したとも指摘する。その根拠として、斎部《いんべ》広成の『古語拾遺《こごしゅうい》』をあげている。

『古語拾遺』とは、神代からの故事を語りながら、朝廷祭祀を担ってきた斎部の地位をあきらかにするとともに、広成の時代の朝廷祭祀について、その不備な点を挙げながら、斎部に対する不当な差別待遇を、時の平城天応に訴えたものである。

久下司の根拠は、『古語拾遺』の天照大神が天岩窟に引きこもり、その後、出てきた場面である。

当此之時天初晴衆倶相見面皆明白

（安田尚道・秋元吉徳（校注）一九七六「古語拾遺」『新撰日本古典文庫：四』現代思潮社、一九五頁）

「此の時に当りて、天初めて晴れて、衆《もろもろ》倶に相見るに、面《おもて》皆明に白《しろ》し」と、顔が白くなった理由を白粉を塗抹しているからではないかと主張する。

面の白といふは火の明《あけき》を御火白《みひしろし》といへる

（池辺眞榛　一九二八『校訂古語拾遺新註』大岡山書店、二二一頁）

しかしながら、このような解釈を『古語拾遺』の注釈書にみつけることはできない。夜が明けてあかるくなることを「しらむ」というように、「白む」は「明ける」であるとするのが一般的である。

そして、鉛でつくられた白粉は『日本書紀』によれば持統天皇六年（六九二年）になって渡来僧である観《かん》成《じょう》によってもたらされた。

鉛花《いろ》も御《つくろ》はず

（坂本太郎・家永三郎・井上光貞・大野晋（校注）一九九四『日本書紀：三』岩波書店、四六頁）

それ以前にも、鉛ではなく米や粟の粉による白粉があったとされるが、少なくとも雄略天皇七年、すなわち四六三年までは赤色の鉛丹《えんたん》が使用されていたと考えることができる。その理由は、「鉛花」である。これが赤色の鉛丹であることを、日本染織文化協会会長を務めた上村六郎が突き止めた。上村六郎による発見以前は、「鉛花」を顔に塗抹する鉛の粉ということで、いわゆる白粉だと考えられていた。白粉には鉛が含まれていたからである。

白粉はわが国へは韓土を経て早くから輸入されていたものであろう。古代から「シロキモノ」と称せられ、『雄略記』には「是の歳、吉備上道臣田狭殿《きびのかみつみちのおみたさおおとの》の側《ほとり》に侍《はべ》りて盛んに稚媛《わかひめ》を朋友《とも》に称《ほめかた》りて曰く、天下《あめのした》の麗人《かおよきひと》は吾が婦《め》に若《し》くもの莫《な》し。茂《こま》やかに綽《きわ》やかにして諸の好《かお》備われり。曄《あから》かに温《にこ》やかに種《くさぐさ》の相《かたち》足れり。鉛花《いろ》も御《つく》ろわず、蘭沢《か》も加《そ》うることなし。眩世《ひさしきよ》にも儔罕《たぐいまれ》ならん。時《いまのとき》に当《あたり》ては独り秀れたる者なり」という記載がある。この記事は、天皇に侍った吉備田狭が自分の妻の稚媛が美麗であることを友人に誇り、鉛粉もつけず、何の香も用いないのにつづく者はいないであろうと自慢したことをしるしたものである

（久下司　一九七〇『ものと人間の文化史・化粧』法政大学出版局、七〇頁）

久下司は白粉が存在したと考えた。だが、上村六郎の指摘をまつまでもなく、正倉院が蔵する「鳥毛立女《とりげりゅうじょの》屏風《びょうぶ》」をみれば、白色顔料を顔面に塗抹していないことは自明である。この屏風には、大きな木の下に唐風の女性が描かれている。

古語事之甚切皆称阿那言衆面明白也

（安田尚道・秋元吉徳（校注）　一九七六「古語拾遺」『新撰日本古典文庫』現代思潮社、一九五頁）

さらには『古語拾遺』には、「オモシロ」の語源として「古語、事の甚だ切《ねむころ》なる、皆阿那《あな》と称ふ。言は衆《もろかみ》の面の明《あきらか》に白き也《そ》」と、神々の顔面が明るくみえるようになった、すなわち「顔が白んだ」という割注による記述がある。このことからも、久下司の白粉によって顔が白くなったとする主張は誤りである。

だが、久下司以外にも「鉛花」を白粉と考えた者は少なくない。

> 日本の上代における白粉の使用史はその社会生産力と生産関係を物語る。雄略紀七年の條には、吉備上道臣田狭が朋友に向つて『天下の麗人吾婦に如くもの莫し……鉛花も御はず、蘭澤《ママ》加ふること無し』といひこみても古くから大陸からの貢物の中に、或いは、鉛粉もあつたものと思はせる
>
> （大和勇三　一九五〇『顔』改造社、一一五頁）

> 『日本書紀』の雄略天皇の七年（西暦五世紀）に吉備上道臣田狭（きびのかみみちのおみたさ）が「天下に麗人は多いが、わが妻ほど美しい女はいない。わが妻は鉛花（いろ）もつくろわず、蘭沢（蘭は香料、沢は油をしみこませた綿）を加えることもない」といって妻君の自慢をした文句に現われているのがはやいほうで、そこにでている「鉛花」というのはオシロイのことだろう
>
> （春山行夫　一九七六『おしゃれの文化史』平凡社、一〇〇頁）

図 *8*　鳥毛立女屏風：第六扇

大和勇三や春山行夫など、多くの先行研究で誤りが認められる。これはひとえに、一九世紀中頃に喜田川守貞によって執筆された『守貞謾稿《もりさだまんこう》』のなかで、白粉とは「しろきもの」として『日本書紀』の雄略天皇七年の条を引用していることが影響している。

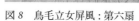

ここまで、基層化粧としてイレズミや肌の着色に使用された赤色顔料についてみてきたが、今一つ注目したい化粧がある。それは涅歯《でつし》（歯黒《はぐろ》、鉄漿《かね》を総称する語として涅歯を用いる）である。

有裸国歯黒国

（石原道博（編訳）一九八五『新訂魏志倭人伝・後漢書倭伝・宋書倭国伝・隋書倭国伝』岩波書店、一一二頁）

黒歯の事其始定かならず

（日本随筆大成編輯部（編）一九七九「嬉遊笑覧：一」『日本随筆大成：別』吉川弘文館、一三九頁）

一九世紀中頃に喜多村信節《のぶよ》によって執筆された『嬉遊笑覧』には、いつから涅歯の風習がはじまったか、わからないとされている。だが、『魏志倭人伝』には「裸国・歯黒国あり」と、歯を黒く染める国があるとして涅歯がしるされている。

考古学者の八木奘三郎は、備前地方から出土の古代人骨に涅歯があったことを証明しており、涅歯はイレズミと並んで古くからあったことは事実である。なぜ、涅歯がおこなわれるようになったのだろうか。

われわれの先祖がかつて南方にあったときに果実を食していたので、そのタンニンのために歯が黒くなったのにならって、本土に移り住むようになってからもわざわざ染めた

（久下司　一九七〇『ものと人間の文化史・化粧』法政大学出版局、六一頁）

図9　檳榔子

久下司は、日本人の先祖が南方に由来していることと関係していると指摘する。

マレー人が檳榔子《びんろうじ》を噛む風習はよく人の知るところである。これによれば、同地の人は檳榔子を切ってその一片を植物の葉で包み、石灰をつけて噛むので、檳榔子の渋が歯を黒く染める。こうして染まった歯は黒いところと白いところと斑になる。これでは見苦しいので、歯をすべて黒く染めるという風が起こった。これがすなわち南方民族の涅歯の起源である

（久下司　一九七〇『ものと人間の文化史・化粧』法政大学出版局、二七八頁）

久下司にしたがえば、涅歯の習俗は南方より日本にわたってきた人々により、もたらされた。檳榔子とは、檳榔というヤシ科の植物の種子であり、噛みタバコのように使用される。今日でも、台湾などで嗜好品として販売されている。

しかしながら、当時の日本には、檳榔のように歯を染めるような植物はなく、檳榔自体も日本にもたらされたのは奈良時代以降といわれている。にもかかわらず、わざわざ歯が黒いのを懐かしみ、歯を染める方法を求めたと推測するのは難しい。

また江戸時代、涅歯をすることは結婚した女性の表象であった。そのため、涅歯の風習の起源そのものに、結婚の表象を求める場合も少なくはない。

歯黒めも、まだしかりけるを、ひきつくろはせ給へれば、眉のけざやかになりたるも、美しう清らなり
（山岸徳平（校注）一九六五『源氏物語』岩波書店、二五三頁）

紫式部による『源氏物語』のなかに、紫の君にはじめての化粧として、涅歯をさせている一文がある。この紫の君は、すでに婚期に適する年齢ではあるものの、涅歯は婚姻とは関係のないところでおこなわれている。初期の涅歯には、成人儀礼としての意味があった。この点において、婚姻と涅歯が直接関係がないこともあきらかである。のちには、成人儀礼が結婚儀礼へと変化していくわけではあるが。

涅歯がおこなわれた理由について、当時の歯科衛生を考えてみたい。

『古事記』の編者であるとされる太安万侶《おおのやすまろ》の墓が、一九七九年に奈良でみつかっている。その遺骨が調査されたとき、その顎は歯槽膿漏により変形していたことがあきらかとなった。歯に関する治療技術は、明治以降の西洋医学の導入とともに発展したが、それまで歯の治療は抜くのみであった。

そのため、歯を病から遠ざけるために呪術的な意味で、涅歯がおこなわれたのではないだろうか。そう考えるならば、乳歯から永久歯へと生え変わる時期に、涅歯が成人儀礼としておこなわれたことも納得ができる。

涅歯が歯の病を遠ざけることがたんなる迷信的なものではなく、科学的にも効果があることは証明されている。大阪大学歯科理工学講座教授を務め、『お歯黒のはなし』（二〇〇一、ゼニス出版）の著書がある医学者の山賀禮一は、涅歯の鉄イオンが歯質のリン酸化カルシウムを強化し、タンニンは細菌の侵襲から守り、タンニン酸第二鉄はエナメルの修復と保護に役立つということをあきらかにしている。科学的にも涅歯が歯牙の保護に役立つ。すなわち、涅歯には、う蝕（虫歯）予防としてフッ化ジアンミン銀が今日、利用されているのと同じような効果があった。

日本は統一的な勢力がまだない時期、中心勢力であった大和勢力が存在したものの、いまだ多くの勢力が存在していた。そのため、中国の史書に描かれるような黥面文身といったイレズミや赤色顔料の塗抹などが、日本全土で同一におこなわれていたかは疑わしい。しかしながら、地域や所属する勢力ごとにその内容は異なるとしても、基本的な様式は存在していた。

人間の生活経済が狩猟採取であったころ、計画的な食糧獲得は難しかったことは容易に想像できる。また、不測の気象条件や治療方法の不明な病などさまざまな外敵環境のなかで生きる人間にとって、身を守る方法は、できるかぎりそれらから身を離すことであり、呪術的な方法に頼るしかない。

生活圏が一つの集団の外に出るということも少なく、万が一にも集団から離れ、他の集団と遭遇した場合には、戦闘状態になっただろう。すなわち、木の実や山菜の採取経済生活、また農業牧畜による経済生活においては、それぞれ良好な土地の獲得、さらには集団内部に財産の発達が顕著になった時点で、その征服にかかわる戦闘があったと考えられる。

そのような環境下においては、自己の所属する集団が、それを構成する個々の成員を保護する唯一の世界であった。そのため、自己の所属する集団への意識と統一をあらわし、他の集団から区別するための特徴をつくるための化粧がおこなわれた。

性的関係からみた場合、所属集団以外の者との婚姻または出産はタブーであると、一般的には考えられる。そのため、他の集団と明確に区別するために、永久的なイレズミなどの身体加工がおこなわれたのではないだろうか。肌色が暗色で染料が目立たないなどの理由、また水などで簡単に洗い落ちるという理由から、傷痕や穿孔《せんこう》をほどこす場合もあった。

しかしながら、日本における化粧に関する記述が中国の史書に依ったものから、独自の『古事記』や『日本書紀』に依るようになってくると、赤色顔料の塗抹や涅歯は自明のこととして記述がなくなり、イレズミが特殊なこととして記述されるようになったのではないだろうか。すなわち、記録のうえで化粧や顔面の様式が廃滅し、そして例外としてイレズミだけが残存したのである。

大和勇三は、イレズミを被支配層（被征服民族）の、涅歯を支配層（征服民族）の風習として考え、つぎのようにイレズミだけが残存した理由を考察している。

統一運動の前に、氏族種族的自意識の象徴として各地の氏族種族の持っていた独自の顔面装飾はその意義を既に失いつつあったと見られ、また大勢力の政治統一にともなう文化面からの統一の必要の前に廃絶することは明らかであつた。上代には未征服民が僻地に残りそれらの種族に、原始的顔面装飾がまだ残ってゐたから、大和勢力の記録である記紀の記述ではこれらの氏族種族の顔面装飾を異習とみてゐたわけである。例へば、征服され切らぬ蝦夷には原始社会の時代からの顔面装飾―文身がそのまゝ残り、そしてまた熊襲とか土蜘蛛とかよばれて記紀や風土記に現われる未征服者又は未征服種族にも未征服種族として独自の種族表徴を捨ててゐなかつたものがあった。上代に迄残存したのは文身と歯黒だが歯黒が残存した理由は文身の残存理由とは異なる。文身は未征服民の風習として残り、歯黒は征服勢力、又は征服勢力の同盟連合勢力の一つがもつてゐた身体装飾風習であったと考えられる。原始的歯黒風習の存在地域は考古学の証明では大和勢力の近接地方備前から発見されてゐること、大和勢力が文身や赤色顔料塗抹を異習又は刑罰方法としてみてゐるが、歯黒については一向に記述してゐない。これは、わかり切つた自己の仲間の風習を書く必要がないことをしめしてゐるのではないか

（大和勇三　一九五〇『顔』改造社、四五頁）

日本における基層化粧は、呪術的・信仰的な側面、そして所属集団の表象として展開していった。そして、全面的ではないものの、日本と中国、また日本における中心的な支配勢力と少数の被支配勢力という関係により、その内容が変化したのである。

伝統化粧時代

大陸からの影響

呪術的、所属集団の象徴としておこなわれた基層化粧であるが、社会や文化の発展とともに政治、経済、社会、文化、宗教と深くかかわり、社会的、文化的な行動として化粧がおこなわれていく。

日本の支配集団が、その絶対的権力を確かなものにしようとしていた時期、大陸の国家は日本をはるかに上回る高い支配体制を確立していた。大陸の国家のつくりあげた社会や文化秩序は、さまざまな形で日本に流入する。それはいわば大陸の「先進的な」文化であり、社会や政治制度、文化といった事象だけではなく、それを通じて大陸的な意識もまた流入し、それらは日本のモデルとなる。

高い支配体制の確立は、不動性、威圧性、均斉性を愛する文化傾向を生み出し、日本の社会意識と美意識、そして化粧に大きな影響を与えた。

たとえば、「鳥毛立女屏風」であるが、この図からは、シンメトリーを特徴として読み取ることができる。それはたんに、髪型がシンメトリーであるという単純なものではない。

この鳥毛立女の顔に注目すると、口角の横に「靨鈿《ようでん》」とか「粧靨《しょうよう》面」とよばれる、ほくろのような模様が顔料を用いて描かれている。それが、全く左右対称に描かれている。また、眉間にある模様は「花鈿《かでん》」や「花《か》

図 *10*　鳥毛立女屏風：第六扇

図 *11*　阿弥陀浄土図勢至菩薩像

子《し》」とよばれ、これも顔料を用いて対称に描かれている。

　これらの模様は、中国の敦煌《とんこう》の壁画などにもみることができることから、大陸の化粧が日本にも伝わっていたことがわかる。

　また、法隆寺金堂壁画に描かれた「阿弥陀浄土図勢至《せいし》菩薩像」をみると、三角形の横径の長い目をしている。この眼は白膜の部分が多く描かれるため、硬く、冷たく、厳しい印象を与えている。

> この期の支配層の貴族は国政の直接指導、外延的拡張運動の実際の推進力であったから、その理想化された精神生活の傾向は冷厳、明快、現実的、肯定的であり、その精神生活に適はしい顔面の目に冷たさと意志的な感覚をもつ三白眼《さんぱくがん》の切れ長のものが求められた
>
> （大和勇三　一九五〇『顔』改造社、八三頁）

　支配層の貴族が国政の指導者であったことが、精神生活を冷厳、明快、現実、肯定にさせたかどうかは推測できな

い。しかしながら、冷厳、明快、現実、肯定を理想としたために、美術表現として残ったわけであるから、当時の人々がこれらの精神生活を志向していたのであろう。だが、この志向も時代が下がると変化する。

大阪の観心寺に「如意輪観音像」がある。この像は平安時代の作といわれているが、奈良時代に製作された法隆寺金堂壁画とくらべると、切れ長であるのは変わらないものの、黒眼は上下の瞼の縁の双方にとどいており、三白眼の冷厳な感じにくらべて、はるかに穏和な印象を与える。

また、薬師寺にある「吉祥天女画像」をみると、固定的な髪型や眉と眼との広い間隔、頬は広い下ぶくれが特徴である。

> 大化改新が法制化した土地国有制は崩れ始め平安朝中期に至ると国有地については国司の遥任《ようにん》制が行はれ、地方土豪の勢力は増大をしめし、又奈良末期から発生し、続いて増大した庄園《ママ》の実質的所有権は貴族を離れて管理者に帰し、貴族は名義料への寄生にとゞまる状態になり、ここに平安朝貴族のいちゞるしい寄生化がはじまつた。即ち、もはや彼らは実際の政治の指導から遊離して了《しま》ひ、その全生活は物質的豊かさには恵まれてゐたとは言へ実力なき寄生的存在と化したわけであり、前代の意志的な峻厳さと青年性をもつてゐた貴族は消滅して、漸く女性的、感情非意欲的傾向をもつた貴族の世の中になつた。したがつてこのやうな文化意識＝美意識に相応はしいものとして、温和な、幽暗さをたゝへた、そして或る場合には官能的でもある美貌が好ましくこの期の貴族には感じられる
>
> （大和勇三　一九五〇『顔』改造社、八三～八四頁）

大和勇三の歴史認識は古いものの、奈良時代の支配層、すなわち貴族の生活形態が変容することによって、

図 *12*　如意輪観音像

図 *13*　吉祥天女画像

彼らの美意識も変わったとする指摘は重要である。
支配層であった貴族の生活形態が変わることが、どのように化粧に影響を与えたのか。その最たるものは、顔面に塗抹する顔料の色彩の変化である。

なゆ竹の　とをよる皇子　さ丹《に》づらふ　吾大王は
隠国《こもりく》の泊瀬《はつせ》の山に　神《かむ》さびに　斎《いつ》き坐《いま》すと　玉梓《づさ》の
人ぞ言ひつる　妖言《およづれ》か　吾が聞きつる　枉言《まがごと》か
（佐佐木信綱（編）一九二七『万葉集：上』岩波書店、一一七頁）

大和の宇陀の眞赤土《まはに》のさ丹著《につ》かば其もか人の吾を言
なさむ
（佐佐木信綱（編）一九二七『万葉集：上』岩波書店、二八四頁）

基層化粧で顔面に塗抹されていた赤色顔料は、『万葉集』にも多く歌われていたが、それが白色顔料にとって代わる。すなわち、白粉の使用である。
従来、白粉の使用は平安貴族の住環境と関連づけて語られることが多い。

古代人の住居は、平安時代に入って寝殿造りとなり、家の建築が大きくなったために中が暗くなり、顔を引き立てる工夫が必要になった。そこへタイミングよく白化粧が入ったので発達したというしだいである

（石上七鞘　一九九九『化粧の民俗』おうふう、八頁）

これは、白粉を塗った顔は歌舞伎役者のように真っ白であり、素肌にくらべて光をよく反射するため、顔を引き立たせたのだろうという推測にもとづいている。しかしながら、寝殿造りになったために住居が暗くなったわけではない。それより前の、寝殿造りが登場する以前の住居は竪穴式といわれているが、竪穴式であろうが、寝殿造りであろうが十分な照明器具がなかったわけであるから、室内の暗さという点では大差はない。また、御簾《みす》、壁代《かべしろ》、几帳《きちょう》などが室内に据え置かれ、直接の対面を避ける工夫など、どちらかといえば顔を隠すことがおこなわれていたなかで、「顔を引き立てる」意識が生まれたからなのか疑問が生じる。

白粉をぬって扮飾した姿で外出して歩くということはきわめて少なく、昼間は大方光線の少ない屋内にいて勤めに励み、夜には光の弱い種油や蝋燭の灯火のもとで、詩歌・管弦・遊宴・舞踏等に打ち興じたのであった。地方に在住する庶民は年間行事の正月・節句・祭礼・物詣等のときに限り、主として化粧をしたが、夜の行事には、灯火の光が鈍く、したがって影が強く出るので、かなりの程度に白い色を化粧に用いても、化粧ばえがしなかった。そこで、白粉も濃い化粧でなければ効果がないことがわかり、しだいに濃厚な扮飾を施すようになった

（久下司　一九七〇『ものと人間の文化史・化粧』法政大学出版局、一七頁）

顔面を白色にする白粉の使用が、支配層の貴族と結びついて発展したことを疑う余地はない。その理由は、白粉が大陸から流入した先進的文化であり、高価で貴重であったからである。

久下司の考察は、貴族であっても白粉を多用していたわけではなく、庶民はなおさらとしながらも、夜の行事において顔を際立たせるために白粉が多用されたとするものである。だが、高価で貴重であるならば、より人目につきやすい昼間に使用したとみるべきではないだろうか。当時の照明事情を考えれば、いかなる場合も暗かったはずであり、顔を引き立てる必要性があったのか疑わしい。

平安時代の貴族は陽のあたらない広大な宮殿で生活し、白い透き通った肌に白粉をぬった化粧が高貴な文化の象徴とされ、町民の日焼けした黒い肌に一線を画し、上流階級としての誇りと優越感を抱いていた

（水尾順一　一九九八『化粧品のブランド史』中公新書、一六六頁）

貴族には、白粉の使用により、大陸からの先進的な文化を採用しているという虚栄があったのかもしれない。しかしながら、それは一体誰に対してのものなのか。貴族という支配層に属する者が、被支配階層に対して虚栄を張ることがおこるのだろうか。

一般的に考えて、支配階層内での虚栄のために白粉の採用がおこなわれた。そして、白粉が支配層の表象となることで、それに対する憧れとして被支配階層に白粉文化が拡大したとみるのが妥当である。

基層化粧でおこなわれていた顔面への塗抹は、白でも黒でもなく赤であった。そして、白粉の使用にともない、赤色顔料の使用は消滅していく。すなわち、赤から白への転換がおこった。それはいわば、焼畑農耕の赤

から、水稲農耕の白への転化の関連ともいえる。

赤色の観念は、白色が清浄観を象徴するところから、赤色を汚穢《おえ》とする観念を生み出す基盤となったり、火の霊力、呪力を背景としたところの放火行為が、邪悪観、罪過観を生み出した

（坪井洋文　一九八四『イモと日本人―民俗文化論の課題』未來社、一九二頁）

焼畑農耕の善なる力として、生産や再生の象徴であった火は、定住し水稲農耕へと転換するにともない、耕作した穀物を一瞬にして焼きつくす恐るべき力となり、人々から遠ざけられた悪なる力となった。

しかしながら、問題なのは焼畑農耕から水稲農耕に変わったことにより、単純に火が避けられるようになったことで、赤を忌み嫌ったことではない。それまで、呪術的な力として使用されていた赤が用いられず、白が用いられるようになった事実である。

白色は華美を、緑色は静けき楽を想起し、赤色は勢力に通ずるものなり

（夏目漱石　二〇〇七『文学論：上』岩波書店、五一頁）

夏目漱石は、東京帝国大学（現在の東京大学）でおこなった講義「英文学概説」をもとに執筆した『文学論』（一九〇七、大倉書店）のなかで、ドイツの生理学的心理学者ヴィルヘルム・ヴント（Wilhelm Max Wundt）の言葉を引用し、文学的内容の基本成分の一つである色について語っている。

白色は、比較的に単純であるが適応性が広く、華美を好ましくみる感覚の生まれるところに採用される。華

美の感覚を好ましくみる社会では、ある程度の高い生産力を有し、財富と権力をもって白色顔料の使用がおこなわれた。それは明確な形での支配層と被支配層が区別され存在し、社会階級の優越のうちに顔面に白色顔料が使用された。そして、大陸の高い文化の採用と関連して、白粉の採用が社会階級の優位性と結びつき、貴族など支配層階層で積極的に白粉が、文化的経済的優位性の象徴となった。

白粉の使用にともなって、男性のひげ（髭《くちひげ》、鬚《あごひげ》、髯《ほおひげ》を総称する語としてひげを用いる）は剃られることになる。

法師らが髭の剃杭《そりぐい》馬繋《つな》ぎいたくな引きそ僧《ほうし》は泣かむ
（佐佐木信綱（編）一九二七『万葉集：下』岩波書店、一七五頁）

咳《しは》ぶかひ　鼻ひしびしに　しかとあらぬ　髭かき撫でて　吾《あれ》を除《お》きて
（佐佐木信綱（編）一九二七『万葉集：上』岩波書店、二〇七頁）

ひげを剃るのは、僧だけの習慣であり、僧以外の者は、ひげを剃ることはなかった。

速《はや》須《す》佐《さ》之《の》男命《おのみこと》に千位《ちくら》の置戸を負せ、また鬚を切り、手足の爪も抜かしめて
（倉野憲司（校注）一九六三『古事記』岩波書店、三八頁）

『古事記』のなかでは、須佐之男命のひげを切ることにより、そこに宿る悪魂を追い払うことができると信

じられている。その理由は、ひげや爪が神霊の憑代《よりしろ》にみたてられていたからだ。つまり、悪霊を祓う贖《つぐな》いとしてひげを切った。

僧が髪やひげを剃り落とすのは、そこに煩悩が宿るからだといわれる。すなわち、僧が髪やひげを剃るのは悪霊に取り憑かれないためであり、そのほかの者は取り憑かれたときの祓いのために残しておいた。

だが、顔に白粉を塗抹するには、ひげは邪魔になる。また、顔全体に白さを際立たせるのに、ひげがあったら見苦しい。その点において、ひげ剃りは僧以外の者へと広まったと考えることもできる。

男の鬚そる事は、男風《おとこぶり》さかんになりて、眉作り、薄げしやうせし比よりの事なるべし

（日本随筆大成編輯部（編）一九七四「南留別志」『日本随筆大成：第二期一五』吉川弘文館、二八頁）

江戸時代の歴史認識ではあるが、儒学者の荻生徂徠《おぎゅうそらい》による『南留別志《なるべし》』からも、ひげ剃りが白粉と関係が深いことがわかる。

さて、大陸からの化粧に関する文化のすべてが支配層に受け入れられたわけではなかった。たとえば、眉である。日本においても古くから、眉に関する化粧はおこなわれていた。

中つ土《に》をかぶつく　眞火《まひ》には當《あ》てず　眉畫《まよが》き　濃《こ》に畫《か》き垂れ　遇はしし女人《おみな》

（倉野憲司（校注）一九六三『古事記』岩波書店、一四二頁）

『古事記』には、赤い土を蒸し焼きにして眉墨をつくり、用いられていたことがしるされている。また『万葉集』

にも、眉に関する表現がいくつかみられる。

振仰《ふりさ》けて若月見れば一目見し人の眉引《まよびき》おもほゆるかも

（佐佐木信綱（編）一九二七『万葉集：上』岩波書店、二四〇頁）

梅の花取り持ち見れば吾が屋前《には》の柳の眉し念《おも》ほゆるかも

（佐佐木信綱（編）一九二七『万葉集：上』岩波書店、三八〇頁）

大陸が春秋時代であったとき、儒教をおこした思想家の孔子が、収集し選した『詩経』のなかに、「螓首蛾眉《しんしゅがび》」という言葉がある。「螓首」は蝉のような昆虫である螓の四角く広い額を、「蛾眉」は三日月形の眉を意味する。万葉集に歌われた「若月」とは三日月のことであることから、日本においても大陸同様の「蛾眉」がおこなわれていたとする指摘は少なくない。

蚕の蛾の眉は細く長くして軟かに円曲して三日月形をなし、まことに愛らしいので婦人はこれに模して眉を画いた

（久下司　一九七〇『ものと人間の文化史・化粧』法政大学出版局、四六頁）

久下司は、蛾の眉、すなわち触覚の愛らしさから、それを模倣したと推測している。蛾の触覚をみくらべてみたい。蛾眉とは、眉の上辺は毛を抜いて生え際を揃えて眉墨できっちりと描き、下

の方は抜かずにぼかす化粧といわれている。

しかしながら本来、「蛾眉」とは中国語として「弓なりの美しい眉」や「美女」の意味があり、どちらかといえば「美女」の意味が強い。そして、蛾とはとくに蛾の何らかの形態を意味しているのではなく、かわいらしさや美しさを形容する言葉にすぎない。それはちょうど、日本語の「ウグイス（鶯）嬢」が鶯の声と似ているのではなく、鶯のように美しい声を意味しているのと同様である。

また、大陸では蛾眉は自毛の眉をすべて剃り落とし、墨で描かれることも少なくなかった。日本で考えられている蛾眉とは異なる化粧である。

南唐の時代に大陸で描かれた絵に『韓熙夜宴圖』がある。これは、五代十国時代に描かれた、南唐の役人であった韓熙載《かんきさい》（九〇二―九七〇）が催した夜会の様子である。韓熙載は、政治だけではなく詩文書画にも精通し、多くの伎女《ぎじょ》を抱えていた。韓熙載の夜会に参加したときの様子を、この絵の作者の顧閎中《ここうちゅう》は描いている。

まさしく、この絵に登場する女性たちの額の広さや弓なりの眉が「螓首蛾眉」なのである。

じつは、日本において「蛾眉」と明確に記述される文献は、嵯峨天皇の勅命により編纂された勅撰漢詩集『文華秀麗集《ぶんかしゅうれい》』などにある程度であり、多くは確認できない。先行研究の多くは、大陸の文献にしるされている蛾眉と、同時期の現存する絵画史料を合わせて考察している。そのため、蛾眉の本来の意味を検討することなく当時の化粧を考察したため、蛾眉を単純に蛾の触角のような眉と推測したのだろう。

その点では、「柳眉《りゅうび》」も同様である。「柳眉」とは柳の葉のような眉であり、それ以前の蛾眉とは異なるものと推測されることが多い。

だが、中国語として「柳眉」とは、「細くて長い眉」の意味である。先にあげた『万葉集』の、「梅の花取り持ち見れば吾が屋前の柳の眉し念ほゆるかも」の「柳の眉」とは、眉が柳のようであると詠っているのではなく、柳の葉もしくは芽が眉の形をしていると詠っている。すなわち、眉が細く美しい人を柳眉とよんでいたことが、しだいに眉の形それ自身が柳の形に似ていると推測されるようになった。

「蛾眉」や「柳眉」がこれまでの研究で指摘されていたように、大陸文化の影響ではじまった眉化粧と裏づけることは難しい。石上七鞘は眉の化粧は当初、女性がおこなうものであり、それがしだいに、白粉の使用と合い重なって、男性も眉の化粧をおこなうようになったと指摘する。

日本独自の眉作りが発達して、平安貴族の婦女の風俗が公卿の男子にも移って、男子も眉作りを行うようになった。眉毛を抜いたあと、白粉で濃化粧をし、その上に別の眉をかく。その眉形は、楕円形で両端をぼかし、老年になると眉は小型に細くなり、糸眉となった

（石上七鞘　一九九九『化粧の民俗』おうふう、五七頁）

図 *14*　蛾の触覚

図 *15*　韩熙载夜宴圖

だれのために、粧うのか

男性の眉化粧は、光源氏のような通常の眉位置よりも高い所に楕円形に描く。いわゆる「公家眉」や「茫々《ぼうぼう》眉」であり、女性の「蛾眉」や「柳眉」とは異なるものである。にもかかわらず、石上七鞘は、女性の眉作りを男性がまねたと推測する。

アウグスト・ベーベルやマーガレット・ミードの主張にしたがえば、化粧は社会的に弱者にいる者が強者に対しておこなうものである。とするならば、なぜ支配層にいた男性が化粧をおこなったのか。その理由として、この眉化粧について考えてみたい。

ふっくらと丸みをおびた顔に楕円形に描かれた眉は、縦幅が長く、横幅が短い。そして、額に高く描かれることにより上瞼の面積が広くみえる。これは、生理的に考えて幼児の眉の特徴である。さらに、ぼかして描かれる眉により、額の硬い感じを柔らかく印象づける。すなわち、女性的な、幼児的な、温柔な印象を与えている。

このやうな美貌の好みはこの期の支配層の在り方とそこから来る文化意識を反映してゐる

（大和勇三　一九五〇『顔』改造社、九六頁）

中央政治とは実は室内の陰謀に勝つことであり、これをうまくやれるやうな貴族的教養とは室内遊戯的女性的であつた

（大和勇三　一九五〇『顔』改造社、九六頁）

大和勇三や大塚ひかりは、支配層の男性が非男性的な容貌を志向した理由を、支配層のあり方そのものに求

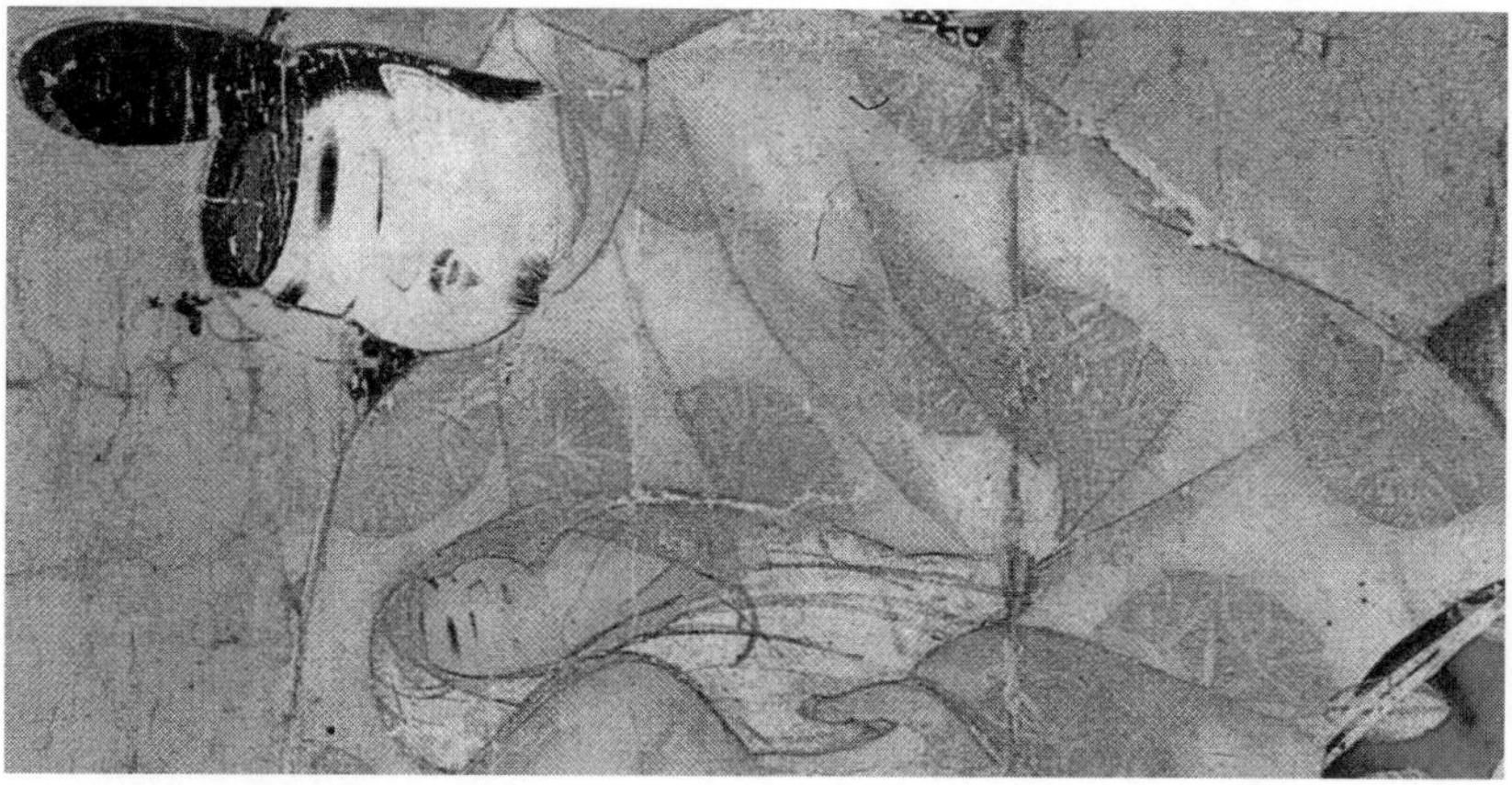

図16　『源氏物語絵巻』「柏木」

めている。

院政期に男が躍進するには、「容姿」か「知恵」

（大塚ひかり　二〇〇五『美男の立身　ブ男の逆襲』文春新書、一四二頁）

すなわち、支配層の男性化粧は、自らがより優位な立場に立つためにに必要な方略であったのである。

後白川院の時、はなはだ男色を重んず。故に、堂上の男子、十六七歳に及ぶまで眉毛を剃り、別に突墨をもつて双眉を造り、白粉をもつて面顔を粧ふ。鉄漿、歯牙を染め、臙脂、爪端に傅る。専ら婦人の粧をなす。これより流例となる

（立川美彦（編）一九九七　黒川道祐「雍州府志：七」『訓読雍州府志』臨川書店、二七九頁）

一六八六年に儒医の黒川道祐《どうゆう》が、山城国の地理・沿革・寺社・古跡・陵墓・風俗行事・特産物などについて、実際の見聞と古典研究の成果を生かして『雍州府志《ようしゅうふし》』という地誌をまとめている。それによると、支配層のなかでも最上位に位置する天皇が男色を

好み、寵愛する少年に女性と同様な化粧をさせたことから、貴族もならって化粧をしたという。男性の化粧の起源は、石上七鞘の指摘するような女性の化粧をならったためではない。母権社会で男性が女性に対して粧ったように、他の貴族よりも優位となるために天皇に対して粧ったのである。

> 勅許を得られなければ、鬚をたくわえて参内することはできなかった。これは、天皇を威圧させないためであったという
>
> （石上七鞘　一九九九『化粧の民俗』おうふう、一三七頁）

石上七鞘も、天皇との関係のなかで男性の化粧を論じている。いや、平安時代における白粉についての数少ない史料の一つに延喜典薬寮式の「造供御白粉科」条があり、儀式の場か日常の場かはともかくとして、「供御」の白粉があったならば、最上位者である天皇自身も化粧をしたことになる。上位者に対して粧うのではなく、上位者を真似て粧ったのかもしれない。

だが、ひげを排除することは、たんに化粧をおこなう以上に女性的な印象を形成する。より女性的な、幼児的な、温柔な印象を与えるためにも、ひげは不要であった。そして、貴族の男性化粧は、女性的なものとなっていく。なお延喜典寮薬式によれば、鉛白だけではなく、米や粟の澱粉でつくられた白粉も使用されていた。『源氏物語絵巻』夕霧をみると、描かれる男女の容貌にほとんど差がないまでに、男性は女性のような化粧をおこなっている。

ここで、検討しておかなければならないのは『源氏物語絵巻』における顔面の白さは、人物の顔は白く描くという絵画表現なのではないかという問題である。

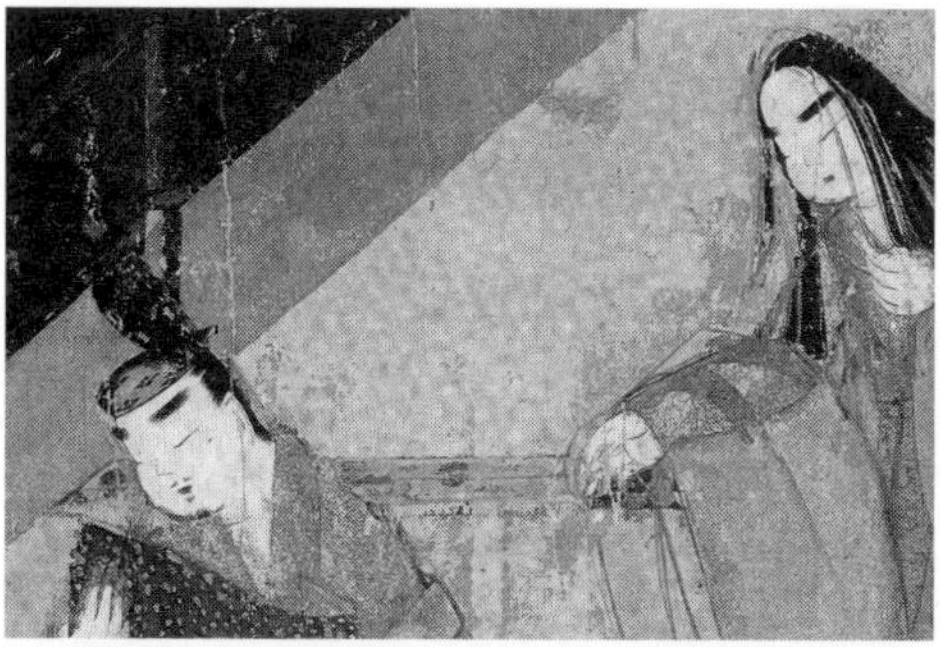

図 17　『源氏物語絵巻』「夕霧」

図 18　『源氏物語絵巻』「柏木」

たとえば、『源氏物語絵巻』柏木に登場する法衣姿の男性の顔は白い。だが、これは『源氏物語』に登場する二番目の帝、朱雀の退位後の姿であり、真の僧ではない。したがって、支配層が化粧をした姿としてみることができる。ほかにも、平安時代の文人である紀長谷雄《きのはせお》の奇談を描いた絵巻『長谷雄草紙』などにおいても貴族の顔は白く、それ以外の者は普通の肌色で描かれている。このことから、完全に、絵画表現の技術問題や保存環境による日焼けの可能性をぬぐいさることはできないものの、支配層の顔は白く描くという絵画表現があったと考えられる。

だが、「柏木」で源氏があやしている薫君の顔は白くはない。すなわち、支配層であっても乳児の顔は白くないのである。

少なくとも、成人した支配層の顔が白いのであり、白粉をしている姿と考えることができる。したがって、絵画表現として人物の顔がみな白いとはいえない。

さて、先に男性のひげ剃りの拡大を白粉の使用に一因があるのではないかと指摘したが、『源氏物語絵巻』には無精ひげではなく、また完全に剃り落とされたのでもない、きれいに小さく剃り整えられたひげを蓄える男性貴族の姿がある。そこには、ひげが乱雑に伸びてなく、きれいに整えられていることが美と意識されていた姿がある。

鬚がちにかじけやせやせなるおとこ

（渡辺実（校注）一九九一「枕草子」『新日本古典文学大系：二五』岩波書店、一四九頁）

清少納言は『枕草子』のなかで、見苦しいものとしてひげを整えていない男性をあげている。

右大将の、さばかり重りかに、由めくも、今日のよそひ、いとなまめきて、胡籙《やなぐい》など負ひて、つかうまつり給へる、色黒く、鬚がちに見えて、いと、心づきなし

（山岸徳平（校注）一九六五『源氏物語：三』岩波書店、一一六～二七頁）

かの、御移り香、もてさわがれし宿直人《とのいびと》ぞ、鬘鬚《かづらひげ》とかいふつらつき、心づきなくてある

（山岸徳平（校注）一九六六『源氏物語：五』岩波書店、一三一頁）

紫式部は『源氏物語』のなかで、ひげがきちんと優雅に整えられていないことを嫌っている。ひげがすべて剃り落とされていたのではなく、整える程度には残されていた。

男性が女性的となったことは、女性の地位をさらに低めさせることになる。すなわち、女性は隠された存在

となっていく。いわゆる「顔隠し」である。

妻に対して他の男子が欲情を感じないやうに、妻を他の男子に対して絶対に接触せしめないようにすること、それが婦人を隔離し、その顔に遮蔽物をつけさせた事実上の目的であつた

（大和勇三　一九五〇『顔』改造社、六三頁）

この血統を守るための厳重な隔離が、古代女性の貞操の檻禁となつて現はれ同時にそれが古代女性の顔に今からみれば奇妙な覆面を強ひたのである

（大和勇三　一九五〇『顔』改造社、六八頁）

大和勇三は、自分の所有物となった女性をほかの男と接触させないために、顔隠しがはじまったと指摘する。顔隠しを父権制初期社会特有の文化であるとし、人類に普遍的なものとみなしている。たとえば、新潟県北部から山形県庄内地方にかけて今日でもみられる、黒い布で顔を包む「はんこたんな」とよばれる農作業着と、イスラム圏の女性が身にまとう体全体を覆う黒い布の「チャドル」に共通性をみいだしている。たしかに、いずれも日除けや虫除けの機能があり、男性から顔を隠すために覆面が工夫されたという説がある。

しかしその反面、平安期における貴族化粧が女性的なものとなり、女性はより隠された存在へとなったと考えるならば、たんなる婚姻形態の変更にともなう女性の貞操観だけではない。粧いの意味において、男性を際立たせるために女性の顔隠しがおこなわれたとも考えることができる。扇の使用を考えれば、未婚か既婚かを

問わず、女性の顔隠しはおこなわれていたからである。
では、顔隠しとはどのようにおこなわれたのか。

垂髪《すいはつ》《たれがみ》は顔を隠すを要とす、故に耳はさみなどは常にせぬことなり

（日本随筆大成編輯部（編）一九七九「嬉遊笑覧：一」『日本随筆大成：別』吉川弘文館、一三七頁）

江戸時代に書かれた風俗の百科事典『嬉遊笑覧』によれば垂髪、すなわち結いあげず長く伸ばしたままの髪は、顔を隠すためのものであり、そのため邪魔だからと耳にかけたりはしないという。

耳はさみがちに、美相なき家刀自《いえとじ》

（山岸徳平（校注）一九六五『源氏物語：一』岩波書店、四九頁）

うへも、御殿油《となぶら》ちかく取りよさせ給ひて、耳はさみして、そゝくりつくろひ、いだきてゐ給へり

（山岸徳平（校注）一九六六『源氏物語：四』岩波書店、一七四頁）

家刀自とは、食事の分配などを決める女性である。『源氏物語』は、髪を両耳の後方で結っておく姿を「耳はさみ」として、家事が多忙で身だしなみをしない様子であり、賤しいとしている。
顔をあらわにしないようにと垂髪をしていたのであり、耳はさみをすることで顔があらわになることは、その規則から外れたところの、はしたない姿であった。

図 *19*　はんこたんな

図 *20*　チャドル

しだいにそれが、顔を隠すという本来の意味から顔を隠すための垂髪そのもの、そして垂髪のための長い髪を美とする意識へとかわっていく。

頭《かしら》つき、髪のかゝりばしも、「美しげにめでたし」と、おもひ聞ゆる

（山岸徳平（校注）一九六五『源氏物語：一』岩波書店、二四三頁）

村上の御時の宣耀殿《せんようでん》の女御《にょご》、かたちおかしげにうつくしうおはしけり。内へまいり給とて、御車にたてまつりたまひければ、わが御身はのり給けれど、御ぐしのすそは母屋の柱のもとにぞおはしける

（松村博司（校注）一九六四『大鏡』岩波書店、七五頁）

藤原氏一門のなかでもとくに美人とされた藤原芳子は、本人が牛車のなかにいてもなお、髪の先が住居の柱に巻きついていたという話が残されるほどに、長い髪を備えていたとされる。

もちろん、髪がそれほどまでに長く伸びるとは考えにくい。真偽はともかく、やはり長い髪が美とされた意識が存在したからこそ、この逸話は生まれた。しかし、それだけではない。

短くてありぬべきもの　とみの物ぬふ糸。下衆《げす》女の髪。人の娘の声。灯台

（渡辺実（校注）一九九一「枕草子」『新日本古典文学大系：二五』岩波書店、二五八頁）

長髪が高い身分の表象となり、短いのはもちろん、髪を結ぶことさえも良しとはされない。顔隠しによって、長髪の美意識が生じた。だが、顔隠し以前は、むしろ、髪を結ぶことが要求されていた。

肥人《こまびと》の額髪《ひたいがみ》結へる染木綿《しめゆふ》の染みにしこころ我忘れめや

（佐佐木信綱（編）一九二七『万葉集：下』岩波書店、一五頁）

万葉時代の肥人、すなわち熊本県球磨《くま》地方の人々は、色染めの鉢巻により額の前髪を括り上げていた。

母刀自《あもとじ》も玉にもがや頂きて角髪《みづら》の中にあへ纏《ま》かまくも

（佐佐木信綱（編）一九二七『万葉集：下』岩波書店、三一〇頁）

故《かれ》、左の御角髪《みみづら》に刺せる湯津津間櫛《ゆつつまぐし》の男柱《おばしら》一箇《ひとつ》取り闕《か》きて

（倉野憲司（校注）一九六三『古事記』岩波書店、二六頁）

すなはち御髪を解きて、御角髪《みみづら》に纏《ま》きて、すなはち左右の御角髪にも

（倉野憲司（校注）一九六三『古事記』岩波書店、三二頁）

しかしながら、これはあまり一般的ではなく、「角髪《みづら》」という髪を左右に分けて耳のあたりで結いあげた髪形が主流であった。女性が、男性の姿のように粧う場合に「髻《みづら》」すなわち「角髪」がおこなわれた。

　皇后《きさき》、便《すなわ》ち髪《みぐし》を結分《あ》げたまひて、髻《みづら》にしたまふ

（坂本太郎・家永三郎・井上光貞・大野晋（校注）一九九四『日本書紀：二』岩波書店、一四四頁）

　今より以後《のち》、男女《おのこめのこ》悉《ことごとく》に髪《かみ》結《あ》げよ。十二月三十日《しわすのみそかのひ》より以前《さき》に、結《あ》げ訖《おわ》れ。唯し髪結げむ日は、亦《また》勅旨《おほみことのり》を待《なぞら》へ

（坂本太郎・家永三郎・井上光貞・大野晋（校注）一九九五『日本書紀：五』岩波書店、一八〇頁）

男性は髪を結い、女性は長く垂れた垂髪にしていた。だが、天武天皇一一年（六八二年）の四月に、男性の髻と女性の垂髪を禁じる「結髪の勅旨」が定められた。そして、女性の月日は不明であるが、男性は六月六日をもって結髪することになる。その理由は、大陸の制度にならったためだといわれる。

　女《めのこ》の年四十《よそぢ》より以上《かみつかた》は、髪の結《た》き結《た》かぬ、および馬に乗ること縦横《たたさまよこさま》、並に意《こころ》の任《まま》なり。別《こと》に巫祝《かむなきほふり》の類は、髪結く例《かぎり》に在らず

（坂本太郎・家永三郎・井上光貞・大野晋（校注）一九九五『日本書紀：五』岩波書店、一九八頁）

しかし、その二年後の天武一三年（六八四年）四月には、四〇歳以上の女性と巫祝については例外として「結髪の勅旨」が緩められた。朱鳥天皇元年（六八六年）七月になると、女性は完全に垂髪が許可される。大陸の文化や制度をならって、男性の髻と女性の垂髪を禁じた。だが、政治や外交の表舞台に登場しない女性にとっては、大陸の制度を模倣することによりも、むしろ過去よりおこなっている習慣のほうが優先され、勅旨が守られなかったのであろう。それは、祭事を司る巫祝にとっても同様である。祭事という過去からの風習、儀礼が継承された世界に生きる者にとって、伝統的な粧いは重要だった。

粧う対象の交代

平安末期から鎌倉初期に成立したといわれる文学に『虫めづる姫君』がある。この作品の主人公は多くの虫を集め、とくに毛虫を愛玩《あいがん》するという少し変わった姫である。

明け暮れば、耳はさみをして

（大槻修（校注）二〇〇二「虫めづる姫君」『堤中納言物語』岩波書店、三二頁）

「人はすべて、つくろふところあるはわろし」とて、眉さらにぬき給はず、歯黒め、さらにうるさし、きたなしとて、つけ給はず

（大槻修（校注）二〇〇二「虫めづる姫君」『堤中納言物語』岩波書店、三二頁）

髪もさがりば清げにはあれど、けづりつくろはねばにや、しぶげにみゆるを、眉いと黒く、はなばなとあざやかに、すずしげにみえたり。口つきも愛嬌《あいきょう》づきて、清げなれど、歯黒めつけねば、いと世づかず。「化粧したらば、清げにはありぬべし。心うくもあるかな。」と覚ゆ

（大槻修（校注）二〇〇二「虫めづる姫君」『堤中納言物語』岩波書店、四〇頁）

この『虫めづる姫君』の粧いは、それまで存在した美意識に対して反対の美意識が台頭しはじめたことを意味している。

姫君は、耳はさみをし涅歯や眉剃りをしないなど、当時の女性では考えられない行動をとっている。その理由を、「人はすべて、つくろふところあるはわろし」と、何も粧わず自然の姿でいることが良いと主張している。そのような姫君の姿をみた女房は姫君を軽蔑しているものの、男性である右馬佐《うまのすけ》は「化粧をして手入れをしたら、きっと美しいだろうに。惜しいことよ」と、化粧をしたらより美しいだろうとしながらも、化粧をしていない顔を醜いということもなく、それどころか印象的で気品があると肯定的に受け止める。『虫めづる姫君』では、眉と口元についてのみ記述がある。白粉についてはとくにしるされていないものの、「唇が魅力的である」とあることから、唇を白粉で白く塗りつぶすような化粧はおこなっていないのだろう。

『虫めづる姫君』における粧いの意識は、大きな時代の転換をものがたる。当時の一般的である美意識から離れた姿の姫が登場するものの、物語全体を通して、そのような姫を批判するのではなく、支持している。すなわち、『虫めづる姫君』の作者およびそれが制作された時代・社会では、姫のような姿の存在が支持されはじめていた。

虫めづる姫の顔は古代貴族の支配的な美貌の観念に対して完全に、反対的な美貌の観念が平安末期になると台頭し始めたことを意味し、そしてそれは平安朝の中央貴族に対立する地方豪族即ち、社会的新勢力成起の胎動が力強く始まつたことに応じてゐる

（大和勇三　一九五〇『顔』改造社、一〇〇頁）

大和勇三は、人々の化粧や美に対する意識を変化させた理由として、当時の社会の変化、すなわち貴族から武士に、支配が移動した事実に注目する。そして、支配層の交代を大きな起因とみなしている。

新しい歴史を動かす力としての武士層の台頭の意味を正しく読み、没落しつゝある貴族層の内部から生まれでた自己批判の表現、これが、虫めづる姫君の生活と容貌のスタイルとに読むことが出来る

（大和勇三　一九五〇『顔』改造社、一〇一頁）

武士の台頭。財力と権力を拡張するためにおこなわれていた、他国への侵略が繰り返される封建時代の生活。それは、絶え間ない戦と、いつ戦がおこなわれるかもしれないという日常の繰り返しである。日々の生活は軍事的成功を目標として存在していた。そのような社会に生きる人々は、支配層に対して忠実で勇猛果敢な戦闘者であった。

戦闘者の支配層に対して忠実であり従順である姿とは、女性的であることを意味するのではなく、剛気、勇猛、威武を意味していなくてはならない。勇猛であることは戦乱の世において、支配層に好ましく映り、戦闘的面貌が時代の前景に押しだされる。そして、それが好ましい美となっていく。

しかしながら意外なことに、封建の世では、素顔であることが武士の美意識に反している。武士にとって身だしなみは、作法の一つとなった。

長《たけ》八尺許《ばかり》ナル男ノ、一荒々《ひとあれあれ》タルガ、鎖ノ上ニ黒皮ノ鎧ヲ著、五枚甲ノ緒ヲ縮《しめ》、半頬《はんぼう》ノ面ニ朱ヲサシテ
（後藤丹治・釜田喜三郎（校注）一九六一「太平記：二」『日本古典文学大系：三五』岩波書店、一八二頁）

化粧は、祭事など改まった特別の日や場所で、神性に近づくためのものでもある。人は化粧により、人間から神へと変身した。

図 *21*　馬上の武士

武士は、出陣のとき化粧をしたが、これもいわゆる日常的な褻《け》の状態から、戦という特別の状態である晴に自分を転換させるものだった。化粧により、戦闘者へと変身したのだ。

六十にあまッていくさの陣へむか
はん時は、びんぴげをくろう染て
わかやがうど思ふなり
（梶原正昭・山下宏明（校注）一九九九
『平家物語：三』岩波書店、五〇頁）

『平家物語』に、七三歳という高齢で登場する斎藤別当実盛《さねもり》は、篠原の戦いで木曽義仲軍の勢いに押され敗走していく平氏のなかで、ただ一人ふみとどまり防戦する。そして、義仲軍の手塚太郎との戦いとなり討死をする。

そんな斎藤別当実盛は、老人が大将かと思われたのでは仕える主人に申し訳ないと、白髪を黒く染めていた。その理由は「わかやがう」、すなわち若々しくみせるためであった。

大和勇三は、武士の化粧をつぎのように考察している。

忍苦、鍛錬による充実への満足を愛する生活感覚は鍛錬と忍苦と老成を示す成人らしい枯淡枯瘦の成人的風貌を好み、その新たに確保した支配と現実政治の直接指導とは肯定的、意思的感覚を生み、又そのやうな感じをもつ内省的に緊張した風貌を自分たちの理想のものとして愛好したのである

（大和勇三　一九五〇『顔』改造社、一四二頁）

一二世紀末期に貴族に仕える者であった平氏は、貴族的に粧った。そして、それに対抗するかたちで台頭した源氏は、平氏のような貴族的な化粧はおこなわなかったといわれる。そのため、一般的に「平氏の貴族的化粧に勝った源氏の無化粧」という構図で語られることが多い。

だが、平氏に打ち勝った源氏は、まったく化粧をおこなっていなかったのだろうか。実際は、平氏ほどではないにしても、戦を生業とする武士らしく粧っていた。

一〇世紀頃の初期武力集団としての武士は、日常は農業に従事していた。それが一二世紀になると、常に武

器を携行し、武力を行使する集団となっていく。京都にあっては、天皇や貴族に「侍」として仕えた。地方においては、農地を開発し、各地に所領をもつ在地領主として、一族郎党を率いた常時の戦闘能力をもった集団となる。

源氏や平氏は、このような戦闘集団としての武士団である。そして、優位に所領を維持・拡大するために都にのぼり、官位をめざす者があらわれた。その代表が平氏であり、平氏の指導者であった平清盛は貴族と伍し、その頂点の太政大臣にのぼりつめた。

支配層であった貴族が自己より上位の者に対して身を飾っていたように、武士団内部の関係はもちろん、自己の仕える貴族に対して身を飾った。むろん、源氏にくらべ平氏のほうがより高位にあったことから、程度に差はあったことであろう。だが、平氏だけではなく源氏もまた同様に粧っていた。

しかし、源氏と平氏の戦において、敗走という生死の際に顔を白粉で白塗りにした武者というのは、いかにも軟弱な印象を与える。それに対して勝者の、化粧をせず日焼けした肌は肉体的な力強さを印象づける。『平家物語』は、一貫して万物は常に変化して少しのあいだもとどまらないという「諸行無常」の主題のもと、源氏と平氏、勝者と敗者の対比で描かれている。その一面として「平氏の貴族的化粧に勝った源氏の無化粧」という構図が意図的に強調された。

> 平氏が政権をその一門に専有するにおよびて、その一族は藤原氏以来の文弱《ぶんじゃく》に感染し、詩歌《しいか》管絃の遊技に心を寄せ、暫時の間にその状態人情まで、純然たる藤原氏流の人物となりにけり
>
> （田口卯吉　一九八一『日本開化小史』講談社、五一頁）

東北勇壮の武夫党はふたたび源氏の旗下《きか》に統一せられ、驕《おご》る平家をうち滅ぼし名を揚げ家を現わさんと、数千旒の白旗をば筑波颪《おろし》にうち靡《なび》かし、幾万の甲冑の袖を越路の月に輝かしつつ、都をさしてぞ攻め上れり。平安城裏の人々は目に見えぬ鬼神をこそ憐れと思わすべけれ、いかで剛勇無双の猛者《もさ》に敵すを得ん。衣冠剣履《けんり》東西に迷い、粉面涅歯《ふんめんでっし》路傍に倒れ、わずか一、二年の間に都の内を追い払われ、西海の波に漂い、空しく水屑《みくず》と消え失せたり

（田口卯吉　一九八一『日本開化小史』講談社、五一頁）

明治の文明開化を象徴する知識人、田口卯吉《うきち》は、平氏は京の都の公家社会に触れ、武芸ではなく遊芸に心を奪われ、文弱になったと指摘する。そしてそれを、勇猛な源氏が貴族のような平氏をうち滅ぼしたとしるしている。関東史観ともいえるような論法のなかで、田口卯吉は文弱になった武士の姿として「粉面涅歯」と化粧をした姿を取りあげている。貴族のような平氏の化粧、それは、堕落した武士の姿の象徴であった。

もしかすると、実際の平氏と源氏の化粧には、差はまったくなかったかもしれない。のちの世が、源氏をもちあげるために、意図的に貴族化粧と無化粧という構図を描いた可能性も捨てきれない。

武士が貴族に取って代わり支配をはじめると、化粧にも変化があらわれた。

公家ノ人々、イツシカ云モ習ハヌ坂東声ヲツカイ、著《き》モナレヌ折烏帽子《おりえぼし》ニ額ヲ顕《あらわ》シテ、武家ノ人ニ紛《まぎれ》ントシケレ共、立振舞ヘル體《てい》サスガニナマメイテ、額付ノ跡以外《もってのほか》ニサガリタレバ、公家ニモ不レ似《にあわず》、武家ニモ不レ似、只都鄙《とひ》ニ歩ヲ失シ人ノ如シ

（後藤丹治・釜田喜三郎（校注）一九六一「太平記：二」『日本古典文学大系：三五』岩波書店、三三七頁）

それまでの、武士が貴族に対して粧うという構図から、貴族が武士に対して粧うという構図へと転換する。貴族が武士のように粧う。平氏のような、「貴族的」な化粧を武士がおこなうのではなく、貴族が「武士」的な化粧をおこなうのである。

では、武士的な化粧とはどのようなものか。その代表は、まず「月代《さかやき》」であろう。斉藤別当実盛は髪を黒々と染めていたが、戦で兜《かぶと》を被るという実用的な都合から、前頭部から頂上部にかけて髪を抜き、周辺部は残すという月代が武士のあいだでおこなわれる。当初は、毛抜きが使用されていた。

おのこのひたひ毛、頭の毛をば髪剃にてもそらず、けつしきとて木を以てはさみを大にこしらへ、其けつしき頭の毛をぬきつれば、かうべより黒血流れて物すさましかりし也

（江戸叢書刊行会（編）一九八〇「慶長見聞集」『江戸叢書：二』日本図書センター、一〇一頁）

毛抜きといっても、大きな木で挟んで抜くのである。それも、一本や二本ではない。頭の頂上部全体である。抜いた後は、血まみれになり、すさまじい光景であったと『慶長見聞集』の作者である三浦浄心は書き残している。そして、あまりの痛さのためか、毛抜きからしだいに僧が使用していた剃刀が用いられるようになったという。

もともとは、貴族が冠や烏帽子の下に月代をしていた。それが、武士のあいだでも、戦で兜を被るために頭髪を除去する月代がはじまった。だが、戦のない世になっても月代は続けられた。それは、「成人になる」という意味で月代が一般化し、元服《げんぷく》を意味する習俗として確立したからである。

中頃戦国の時分より、冑下の為によしとて、月代と云ふ事始り、将たる人迄も押なべて是を剃る事、国《くに》風《ぶり》と成て、貴賤上下の差別なく、今治世に至ても此の風を用るに仍て、皇都の宮中のみは古の風俗にて、さしも天下の武将たる御身も、是に習せ玉ふ

（日本随筆大成編輯部（編）一九七八「翁草」『日本随筆大成：第三期一九』吉川弘文館、九六頁）

冠や烏帽子を被る者、兜を被る者だけが、月代をする。支配層に武士が位置し、月代が武士的威厳として表象化することにより、支配層の風俗として意味をもつ。月代は支配層のものであるという意識は、武士の支配層的意識を満足させる。

模倣される

月代が兜を被るためという実用性を離れ、支配層としての表象化がすすむ。すると、それを他者にみせるためにおこなわれるようになる。そして、被支配層が支配層の風俗を模倣し、追随することにより、その風俗は一般化する。

江戸時代、商人も職人も小鬢《びん》を剃り、町家の息子も丁稚も元服前には額際を剃りあげて角《すみ》を入れ、額の生えぎわが、一直線となる角前髪《すみまえがみ》または半元服の髪にした。これは、いずれも直線的、仮面的な動きのない印象の顔をつくりあげたが、これは封建的な社会感覚にとってふさわしい印象である。

武士的感覚である封建的感覚の浸透は、支配層である武士の内部だけでなく、被支配層の庶民の世界にも浸透し、多くの男性が武士的な感覚に追随した。そして顔を仮面化させ固定した印象を形成する、髪の生え際の

直線的処理をおこなった。

武士の美意識から生じた髪際の処理が、庶民にまねをされる。それは、自己より上層にいる者への憧れや、また上層からの要求という背景がある。

髪だけではなく、また、ひげも武士的威厳の表象となる。

大名の、世にすぐれて物見なる大髭をもちたまへるあり。あまりに鬚を慢《まん》じ、来るほどの者に、「世の中、わが髭をばなにといふぞ」と問ひ給たまふ。「世上に、殿様のお鬚を見る者ごとに、唐物《からもの》と申さぬ者は御座ない」と申しあぐる。大名、うちゑませたまひ、「げに誰も、さ言ふよ」とひげをなでなでして、「そこなる者ここへ」とまねかせたまひ、身近く寄せ、ささやきて、みづから鬚をとらへ、「弓矢八幡、日本物ぢゃ」

（鈴木棠三（校注） 一九八六『醒睡笑：上』岩波書店、一三二頁）

一七世紀頃に成立し、日本において最古の部類に位置する笑話集の『醒睡《せいすい》笑《しょう》』には、あまりに大きなひげをもつために、自慢する大名が登場する。

秀吉公三月十九日都を立せ給ふ。其日の出立《いでたち》作り鬚にかねくろなり

（桑田忠親（校注） 一九四四『太閤記：下』岩波書店、一七頁）

『太閤記』によると、豊臣秀吉は一五九〇年、小田原の北条氏との戦役に

図 *22*　角前髪

際して「作り鬢にかねくろ」、すなわち墨でひげを描き涅歯をして出陣している。

髭はへたる人をば面にく体ひげ男といひてほむる故に皆人ひげを願ひ給へり云々、鬚はへぬ男は一期の片輪に生まれけることの無念さよ

（日本随筆大成編輯部（編）一九七九「嬉遊笑覧：一」『日本随筆大成：別七』吉川弘文館、一六〇頁）

『太閤記』は、一六二六年に儒学者の小瀬甫庵《おぜほあん》が著したといわれており、豊臣秀吉存命中に為政者の視点で書かれた書物ではない。そのため、ひげがないことが臆病者と等しい意味をもつにもかかわらず、豊臣秀吉がつくりひげをおこなった姿がしるされている。

髭はへたる人をば面にく體髭男と云てほむる故に、皆人髭を願ひ給へり

（江戸叢書刊行会（編）一九八〇「慶長見聞集」『江戸叢書：二』日本図書センター、一〇一～一〇二頁）

ひげがあることが武士としての剛気、勇猛、威武な姿であり、誉であった。ひげがなければつくらないといけないほどに、武士にひげはつきものだった。貴族のあいだで、丁寧に処理されていたときとは様子がさまがわりする。

しかしながら、社会の支配層が貴族から武士が中心となってくると、戦を生業とする者らしく勇猛な姿が好まれ、ひげを伸ばす習慣が定着したのだろう。ひげを伸ばすことが習慣化すると、それが当然のこととなり、今度はひげがないことが奇異と感じられるようになる。

和国髭を剃始めしは、甚だ近世の事なり。寛永の頃迄は、貴賤を云はず男子は都て髭あり

（日本随筆大成編輯部（編）一九七八「翁草」『日本随筆大成：第三期二三』吉川弘文館、二一〇頁）

一〇世紀以前の貴族によってひげ剃りがおこなわれていた事実は忘れ去られ、『翁草《おきなぐさ》』の著者である京都町奉行与力の神沢杜口《かんざわとこう》は、ひげ剃りの習慣は一七世紀中頃以降だと指摘した。

神沢杜口は、江戸時代の兵学者大道寺友山《ゆうざん》重祐が江戸の風俗や世情などを問答体で著した『落穂集』を引用し、ひげ剃りの習慣のはじまりをしるしている。それによると、徳川家康に似ていた土井利勝が、いっそのことひげを落としてしまえば似ているといわれることもなくなるだろうと思い、きれいにひげを落として登城したことにある。さらに、土井利勝がひげを落とすのであれば自分も落としたほうが無難だろうと、まねをする配下の者が続出し、武士がひげを生やす習慣が廃れたという。

図23　鎧姿の侍

「鎧姿の侍」は、土井利勝の姿ではないが、ひげを剃った武士の姿であり、「馬上の武士」のような剛気、勇猛、威武な姿ではなくなる。

我等面《かお》に生候《はえ》むだ鬚《ひげ》剃《より》落としさつぱり致しなば、気味能《よ》かるべしとは、朝夕存ぜざるにては之なけれども、若き時分、此髭面に頬当《ほほあて》を致し、冑の緒をしめたる時の快さ、只今以て忘れ難し。如何に治まりたる代なりとも、是又剃《すり》兼ぬるなり

（岡谷繁実　一九六七『名将言行録：中』人物往来社、三四七頁）

豊臣秀吉や徳川家康に仕え、肥後熊本藩の初代藩主となった加藤清正は、ひげを剃り、さっぱりとした気持ちよさがあると同時に、ひげのある顔に甲の緒を締めていた戦乱の時代が懐かしいと、回想している。

濃化粧と薄化粧

支配層である武士、そしてその影響を受けた被支配層の男性のあいだでは、勇猛な姿を粧う化粧がおこなわれたわけであるが、女性の場合はどうだったのか。

武士道専らにせし代は、女の容色第一にする眉毛を剃落し、顔あらあらしく見する容体、女も武を専にせしゆえなり。依レ之戦国の時の女は、今時の男子の働きより勝れたる事おほしと、御意ありしよし

（日本随筆大成編輯部（編）一九七四「三省録：後篇　巻之五」『日本随筆大成：第二期　一六』吉川弘文館、二一一～二一二頁）

伊賀地方の隠密《おんみつ》（忍者）である伊賀者として江戸幕府に仕え、近世の雑話を集めた『三省録』をしるした志

賀忍の息子である原義胤《よしたね》が、のちに補訂した『三省録：後篇』には、戦国の世のなかになるにつれ、男性だけではなく女性も荒々しさが求められるようになり、眉を剃り落とすようになったとしるされている。

そして、戦のない世になると、髷の形などの名称に歌舞伎役者や遊女の名がつけられ、独自の風俗の流行がつくりだされた。だが、すべてがそのような風俗により支配されていたわけではなく、支配層である武士の嗜好も強く併存し、影響を与え続けた。

いつ見ても鬘《かつら》でもかぶったように後れ毛一筋なく、なめたような丸髷に結いあげ、八十二で死ぬ時まで紅白紅を放さなかった

（田中寿美子・山川振作（編）一九八一「武家の女性」『山川菊栄集 一〇』岩波書店、一〇〇～一〇一頁）

水戸藩士の青山延寿の孫であった山川菊栄は、武士の家の女性は常に化粧をほどこし、素顔でいることを良しとされなかったと回想している。

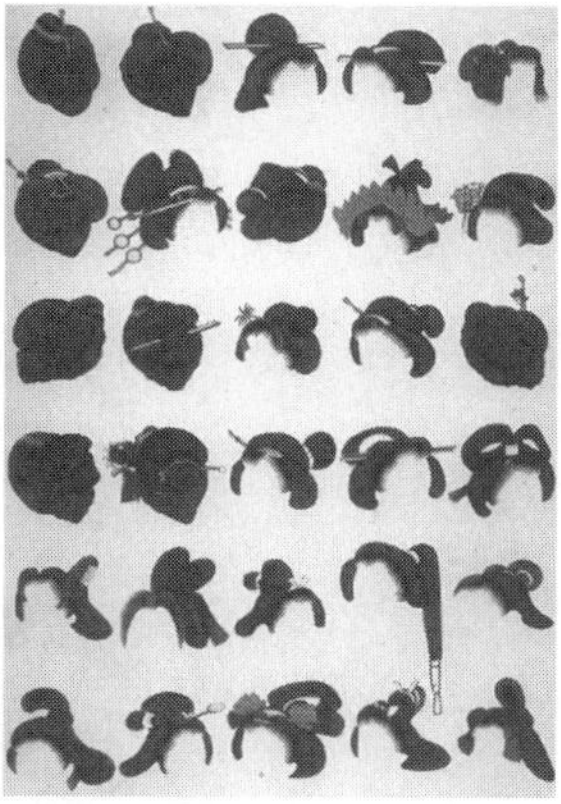

図24　日本の女性と少女の髪型

元文の初めごろより、貴賤ともにほゝ紅を止《やめ》て白粉ばかりぬり、或は塗らぬものあり、是は遊女の粧《けわい》を学びたる也ぞ、壺石文介婦訓《つぼのいしかいふのおしえ》といふ段に、当世生地をよろこびて化粧をきらふ、いとはしたなき事也、生地をみせて悦ぶは傾城《けいせい》の事也

（日本随筆大成編輯部（編）一九七五「瓦礫雑考」『日本随筆大成：第一期二』吉川弘文館、一六七頁）

『瓦礫《がれき》雑考』の著者である喜多村信節は、一八世紀中頃から化粧を薄くほどこす者や素顔でいる者がでてきたことをしるしている。薄化粧や素顔でいることを、女性が身につけておくべき教養や技芸などがしるされた訓書《くんしょ》である『つぼのいしぶみ』を引用し、はしたないと指摘したうえで、素顔に近い状態でいるのは遊女だけであるとして批判している。

ということは、一般の女性はそれまでは化粧をほどこすことが当然であり、それも素顔がわからないほどに入念にほどこされた濃化粧であった。

今の江戸専ら淡粧なり。文化・文政の頃は濃粧なり。京坂は文化以前より今に至り濃い化粧なり。また御殿女中は今世皆濃粧なり

（宇佐見英機（校訂）一九九七『守貞謾稿：二』岩波書店、一一〇頁）

『守貞謾稿』の著者である喜田川守貞は、もともと大坂の出身であり、三〇歳をすぎて江戸に出てきた。そのため、『守貞謾稿』には江戸、京、大坂の風俗の違いが比較して論じられている。

喜田川守貞は、その『守貞謾稿』のなかで、一九世紀のはじめまでは、まだまだ濃化粧が主流であったものの、それ以降は江戸の庶民の化粧は薄くなったことを指摘している。

濃化粧は京や大坂の人々、または武士の家や遊女だけであり、町人や商人など江戸庶民には薄化粧が主流だった。

化粧はいづれもあつげせうなり
（日本随筆大成編輯部（編）一九七五「羇旅漫録」『日本随筆大成：第一期一』吉川弘文館、二一五頁）

滝沢馬琴も京、大坂を旅した記録『羇旅《きりょ》漫録』のなかで、京、大坂の化粧は厚化粧と書きしるしている。江戸の出身である滝沢馬琴にとって、京や大坂の濃化粧は驚くべき風俗の違いであった。

御殿女中は他出は勿論、勤仕の時も素顔を禁とす。また紅白粉ともに市中女の粧よりも濃くす。老婢は淡粧にす
（宇佐見英機（校訂）一九九七『守貞謾稿：二』岩波書店、二四三頁）

江戸であっても、庶民とは異なる武士の家の女性は、いかなる時も素顔でいることはもちろん、庶民の女性よりも化粧を薄くしてはならず、薄化粧は年老いた者や身分のいやしい者の証拠だと考えられた。江戸庶民の女性は薄化粧である。それは、紅と金とが等価であり、化粧品が貴重であった時代、やっとの思いで買った化粧品を少しでも長く使用しようとした結果、自然と薄化粧になったのだろう。しかしながら、そもそも庶民で化粧品が買えるだけの経済状況にいる者が、はたしてどれほどいたのかは、疑問が残る。

一八世紀から一九世紀にかけて、徳川幕府は経済危機から何度か贅沢を禁じている。

前々より女結髪と申、女之髪を結渡世ニいたし候ものハ無之、代銭を出し結せ候女も無之所、近頃専ら女髪結所々有之、遊女并歌舞伎役者女形風ニ結立、右に准シ、衣服等迄花美ニ取飾り、風俗を猥し、如何ニ候、右為結候女之父母夫等何と相心得罷在候哉、女とも万事自身相應之身嗜を可致儀、貴賤共可心掛事ニ候、以来軽キ者之妻娘共自身髪結ひ、女髪結ニ結せ不申候様追々可心掛候、是迄女髪結渡世いたし候もの家業を替、仕立もの洗濯其外女之手業に渡世を替候様、是又追々可心掛候

（高柳眞三・石井良助（編）一九四一『御觸書天保集成：下』岩波書店、四三七頁）

女髪結の出現により、一般の女性の髪が遊女や歌舞伎役者のように結われ、髪や衣服が華美になり風俗を乱すようになった。そのため、一七九五年一〇月には髪結を生業としている者は、仕立物屋や洗濯屋をはじめとする別の職業に替えよという触書がでた。そして、その後も、たびたび女髪結に関する触書がだされている。

髪結とは、髪や月代を整えることを生業《なりわい》とした者のことである。本来は男だけに許可された職業であり、髪結の株（営業の権利）は、江戸では一つの町に一ヵ所、全部で八〇八ヵ所に限ると定められていた。

客は男性であり、ほとんどが武士であった。髪結をしていた者は勤め先を失った浪人が多かったとされる。そして、女髪結とは、女性の髪結のことである。

女性の髪を専門に結う女髪結の登場は、髷の結い方がかなり複雑になったことに関連している。だが、女髪結の登場だけを、幕府は問題視したわけではない。女性が髪結をよぶという贅沢の取締りに加え、髪を結うことを表向きに、髪結をよんだ男性に対して春をひさぐ者もあらわれたことによる風紀の引締めも、この触書の意図であった。

髪結だけではなく、そのほかの化粧についても同様に贅沢の引締めがおこなわれていた。そのため、その直

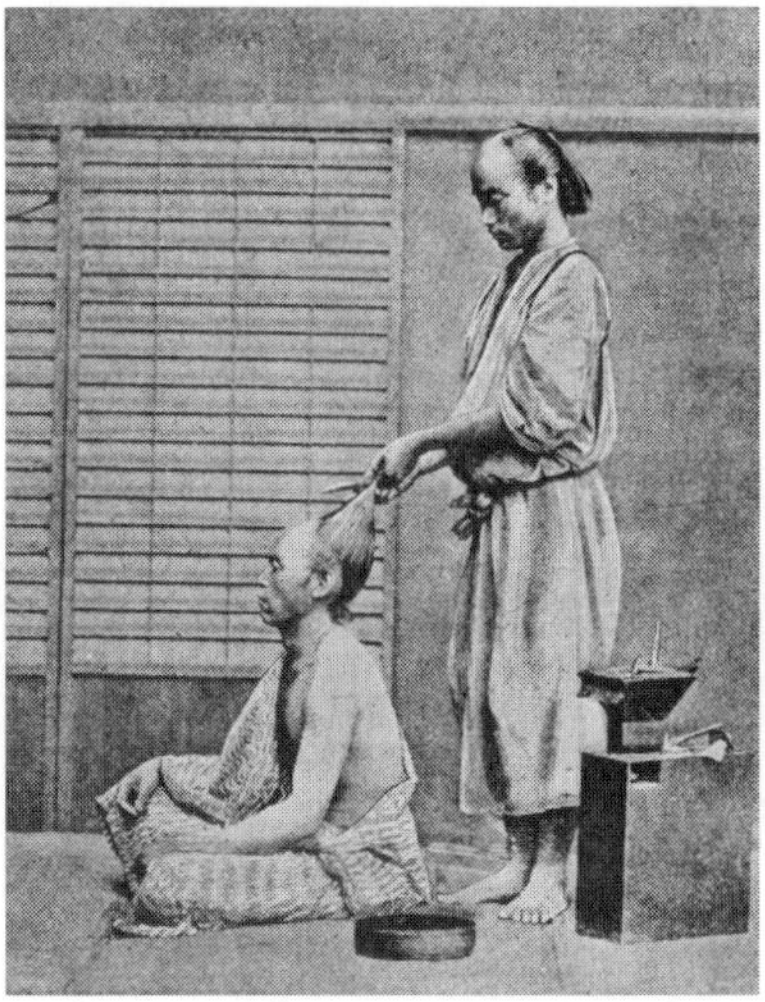

図 *25*　日本人の髪を結う巡回髪結

図 *26*　女髪結

轄統治下である江戸では薄化粧となり、江戸から離れた京や大坂では濃化粧が残ったのかもしれない。だとすると、なぜ武士の家の女性は率先して薄化粧にせず、濃化粧をよしとしたのか。

一九世紀中ごろ、アダム・ラクスマン（Adam Laxman）、ニコライ・ペトロヴィチ・レザノフ（Nikolai Petrovich Rezanov）につぐ、第三回遣日使節であったエフィム・ワシリエビッチ・プチャーチン（Jevfimij Vasil'jevich Putjatin）の秘書として来日したイワン・アレクサンドロヴィッチ・ゴンチャーロフ（Ivan Alexandrovich Goncharov）は、紀行文 *Fregat Pallada*（邦題：日本渡航記、一八五五、St Petersburg）のなかで、日本人の印象を、つぎのようにまとめている。

平べったい、色の白い、柔弱な顔

（井上満（訳）一九四一『日本渡航記』岩波書店、五五頁）

大部分が夢見るやうにぼんやりと物を見てゐる。彼等はどうやら何を見ても感動しないらしい

（井上満（訳）一九四一『日本渡航記』岩波書店、八一頁）

喜劇的な物々しさを見せ、眉も眼も動かさなかつた。その人影は呼吸してゐるか、瞬きしてゐるか、そして生きてゐるか、それが聞いても見ても判らなかつた

（井上満（訳）一九四一『日本渡航記』岩波書店、一一七頁）

白髪の老人が、小さな中の間に、陶器の人形のように置かれてゐる

（井上満（訳）一九四一『日本渡航記』岩波書店、一一七頁）

日本人、すなわち武士は無表情であった。それは、外敵に対する警戒と緊張が含まれた表情であろう。ロシア人からみた印象にすぎないのではあるが、武士は常に無表情であった。

さかやき白髪は頭実験の時、第一の嗜みとす、世の末を見るに小知の士まで自分に髪ゆふ事さえ嗜まず、松脂に臘を練合せて、伽羅の油など名をつけて、家来の櫛取《くしとり》に給銀高く鑓持《やりもち》は顔に鍋炭をぬり、草履取《ぞうり》挾筥持《はこもち》まで人形の彩色のごとく

（国書刊行会（編）一九一〇「武道張合大鑑」『近世文芸叢書：四』武木印刷所、七二頁）

武士は常に無表情。だがこれは、イワン・アレクサンドロヴィッチ・ゴンチャーロフだけが感じ得た印象ではない。井原西鶴の門人である北条團水《だんすい》の著作といわれる『武道張合《はりあい》大鑑』にも「人形の彩色のごとく」とあることから、日本人がみても武士の顔は、無表情な印象であったのだ。

山川菊栄の回想では、武家の女性はいつみても「鬘でもかぶったように」化粧をしていた。

図 *27*　浦賀に黒船がきたときの日本の武士の服装

きはずみのあまりにくろきは。たゞにんげうなど
色どりたるやうにていとすさまじ
（佐藤りつ（編）一九七〇「女郎花物語：翻刻編」
『古典文庫：二八二』古典文庫、一六六頁）

際墨《きわずみ》という、額の生え際に墨を施し、額の形を美しくみせる化粧がおこなわれていた。

それもやりすぎると人形のような印象を与えるため、『女郎花《おみなえし》物語』では批判している。

しかしながら、現実は人形のような印象を与えるほどに際墨をおこなっていた。額だけではない。首筋もまた同様に、白粉によって形を美しくみせる化粧がおこなわれた。

後れ毛を嫌い徹底的に結いあげたうえに、墨で髪の生え際をくっきりとさせ、さらには白粉で顔を一層はっきりと白く浮き立たせていた。そのうえ濃化粧である。

その顔は、表情をなくし人形的な不自然さを漂わせていたに違いない。

武士と女の義理はひとつとか貞女両夫に見えず忠臣二君に仕へずといふ封建的モラルの中に窒息してゐた武家の女性の生活には、人間的生活がなかつたから、顔の生活もなかつたのである。武家の女性は器量を世間の人前に誇ることも知らなかつたことは平安朝の女性と異ならなかつた。彼女らの人形的生活には人形的顔つきをつくる以外に、表情筋を動かす必要もなく又、動かしてはいけなかつた。それはたしなみのない、はしたない顔であり、つゝしみのない顔なのであつた

（大和勇三　一九五〇『顔』改造社、一五〇頁）

濃化粧は、平安の貴族の時代から続く女性の顔隠しの延長であるととらえることもできる。また、武士である男性が無表情であったように、女性もまたそれが求められたとも考えられる。

生色のない、人形的な、冷たい白一色の顔、不自然な、死人的な口唇のひかる仮面のやうな顔が尊重され、美しいものと見られたことは、抑止的な不自然な封建的虚偽を強制した時代にふさはしく、絶対的封建主義の美意識にマッチする顔面はこのやうな仮面的なものであつたのである

（大和勇三　一九五〇『顔』改造社、一五七頁）

武士の家の女性の濃化粧は、被従属者である家長の要求に応じていたのかもしれない。いや、家長だけではなく社会からの要求であったのだろう。

江戸庶民の薄化粧を、化粧品の価格の高さという経済性と幕府による禁令にあるのではないかと考察した。

そして、武士の家の女性は、支配層としての経済的豊かさから庶民以上に化粧品を消費したのではないかと。
しかしながら、武士の女性の濃化粧は、幕末の武士の家々が経済的に困窮するに至ってもおこなわれ続ける。
したがって、単純に経済性だけで濃化粧と薄化粧を考察するわけにはいかない。

お化粧の仕方も大名系と役者のやり方のようなものがあって、「それは町方でやることで、そんな品の悪いのは駄目だ」とよく怒られていました

（徳川幹子　一九八六「母と姑の化粧法」『モダン化粧史　粧いの八〇年』ポーラ文化研究所、六一頁）

徳川慶喜の孫である徳川幹子《もとこ》は、後の世に、武士の家には武士の家の女性がおこなう化粧があったことを回想している。
大政奉還から三五年たった一九〇二年に生まれた徳川幹子でも、こうだったのだ。

支配層と被支配層に属する者たちのあいだで、化粧に対する意識に違いがあったことは間違いない。

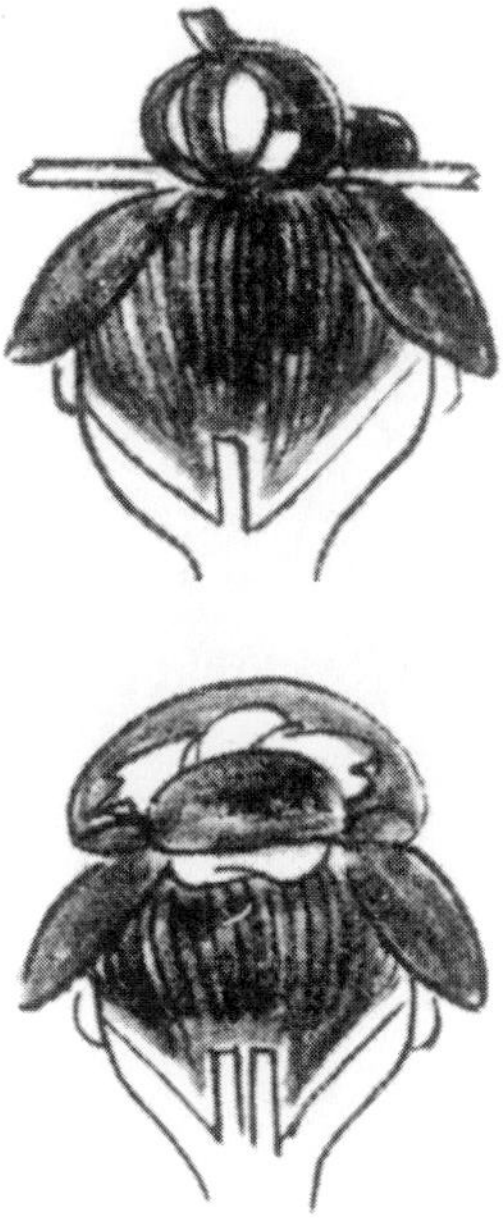

図 *28*　首筋の白粉粧

モダン化粧時代

流行する

女性の心得をしるした往来物に、一七世紀末に書かれた『女重宝記《ちょうほうき》』や『女用訓蒙図彙《きんもうずい》』などがある。これらには共通して、化粧は女にとって必要であること、また化粧をする前の素顔を家中の者にみせてはいけないことなどがしるされている。往来物は、ある程度の豊かな教養のある家、すなわち武士の家の女性を対象としての教訓が書かれている。したがって、庶民にどの程度浸透していたのか、わからない。

かりに、ほとんどその教訓が浸透していなかったとすると、化粧は女にとって必要であり、素顔を家中の者に見せてはいけないといった意識は、庶民の行動を規定することはなかっただろう。だからこそ、庶民にとっては歌舞伎役者や遊女をまねる自由があり、独自の風俗の流行をつくりだすことを可能にした。いや、自由があったのではなく、自由を許す時代の雰囲気が流れたのである。

『瓦礫雑考』は、「生地をみせて悦ぶは傾城の事」と指摘していた。薄化粧もしくは素顔は遊女のまねとして、はしたないことであると批判している。しかし、これは本当に遊女なのか疑わしい。なぜなら、遊女が存在した吉原という隔離空間において、遊女がその外に出ること、また一般の女性が吉原に入ることはできなかった。そのため、遊女と一般の女性が遭遇する機会は少ない。ならば、この遊女とは何を意味するのか。おそらく、これは湯女《ゆな》をさしているのではないかと考えられる。

湯女とは、いわゆる銭湯において客の背中を流すことを生業とする者である。そして、その多くが春をひさいでいた。湯女はその職場環境が銭湯であり、化粧をしてもすぐ落ちてしまう。そのため、濃く塗ることができなかったと考えられる。遊女と異なり湯女は、自由に市中を歩くことが許されていた。したがって、湯女の化粧風俗が庶民の女性に広まったことは十分考えられる。『守貞謾稿』のなかにみられる「當世之美女」について、考えてみたい。これについては、本来二〇歳以上の女性であれば眉を剃り落としているものの、画工意匠のために眉を書いているなどといった喜田川守貞による追考があるように、如実に当時の女性の姿を伝えているわけではない。だが、追考を加味すれば、当時を知る貴重な史料である。

この「當世之美女」で注目したいのは、眉でも化粧に用いた顔料でもない。髪の整理である。

図 *29*　當世之美女

山川菊栄の回想では、武士の家の女性は髪の整理に余念がなかった。にもかかわらず、「當世之美女」は髪がきっちりと整理されておらず、乱れた姿である。これはいったい、何を意味するのか。

おくれ毛やほつれ毛の顔面への効果は左右の均衡を破つてそこに左右不相称から来る優婉や流動の感じをもたせるにあり、そこから情緒的でくつろいだ、微妙な粋な趣きが齎らされてゐる

（大和勇三　一九五〇『顔』改造社、一六一頁）

大和勇三が指摘するように、おくれ毛の忌避が武士の美であったのに対して、庶民の美の概念には、おくれ毛を好ましくみた事実があった。それだけではない。支配層が保持している美意識に対抗して、被支配層の美意識が新たに生じたことをも意味している。

支配層による絶対的な支配から、被支配層が解放されはじめることにより、さまざまな側面で、対立構造が生じる。だとすると、「當世之美女」から美意識についても、支配層と被支配層で対立した美意識が形成されだしたことを知ることができる。すなわち、支配層が好まない化粧を被支配層が受容し、またその逆に被支配層が好まない化粧を支配層が保持し続けたという具合である。

あらためて、『瓦礫雑考』にしたがい、庶民の女性の化粧に影響を与えたのが、はたして遊女だったのかを考えてみたい。

遊女は吉原のなかで競い合って化粧をし、客をよぶ。だが実は、化粧をするのは不美人だけであった。そのような女性を「上臈《じょうろう》」といった。上臈というのは、本来は身分の高い女性を意味していたが、しだいに遊女をも意味するようになる。上臈が、女郎につながる。

この上臈とは別に「和尚《おしょう》」が存在した。この和尚とは、生まれながらの美人であり、ほとんど化粧をしなかった遊女のことである。そして、和尚は上臈より上席に位置した。

そのため、真の美人にみせるためには、「人形」のような顔を化粧で粧ってはいけない。できる限り、薄く素顔のようにみせる必要があった。だが、不美人の遊女たちは化粧をすることで美しくなろうとした。このころの白粉の三大消費地は、歌舞伎、大奥、遊郭といわれている。

武士の家の女性は、化粧をすることが身だしなみとして要求された。しかしながら、それに縛られない庶民の女性にとって、化粧をしないことが美しく感じられ、また現実として化粧品を大量に消費することができないのだとしたら、自然と化粧は薄化粧となったことだろう。

武士の家の女性が往来物で濃化粧を要求されたのに対し、庶民のあいだでは薄化粧が好まれた。むしろ、濃化粧ははしたないとする風俗が、庶民のあいだでは広まった。

夫《それ》だから、あのざまをお見。本面屋《ほんめんや》ともいひさうに、顔がてらてらして、誠に本塗だな。あんまりべたべたと化粧したのも、助兵衛らしくしつつこくて見ツともないよ。諸事婀娜《しょじあだ》とか云て薄化粧がさつぱりして能《いい》はな

（中村通夫（校注）一九五七「浮世風呂」『日本古典文学大系：六三』岩波書店、二一八頁）

式亭三馬の代表作『浮世風呂』は、一九世紀はじめの庶民の社交場であった銭湯を舞台に、そこに登場する男女の行動や会話を克明に描写し、世相や庶民生活の実態を浮き彫りにした作品である。そのなかでは、濃化粧はみっともなく薄化粧がよいとされている。

滝沢馬琴は、関西を旅行したときの記録に、京や大坂は厚化粧であるとしるしている。そして、この『浮世風呂』で式亭三馬は薄化粧に対して濃化粧を、みっともないと批判している。このことから、いかに江戸の庶民の化粧が薄化粧文化であったかを知ることができよう。

さらに、「本面屋」というのは、木彫りの面をつくる店を意味している。このことから、あまり目鼻立ちをはっきりさせる化粧が好まれなかったことも知ることができる。

また、滑稽本という性格からして、『浮世風呂』は庶民に向けて書かれている。当時、庶民のあいだでは化粧は薄化粧がよいとする意識が受け入れられていたに違いない。

歴史的にみて、文化の伝播や化粧をはじめとする風俗の流行は、水が滴り落ちるように上からさがる。すなわち、支配層の風俗が、被支配層へと伝播する。しかし、この一八世紀末から一九世紀にかけては、風俗は下からあがった。

その大きな理由は、世の中が平和となることで、被支配層が支配層に庇護を受ける必要がなくなったからだ。また、支配層への同一化による有益性が薄れたことから独自の風俗が被支配層で成立し、それを普及伝播させる媒体としての風俗が存在したことがあげられる。

つまり、庶民文化の隆盛が、化粧に関する独自の風俗を生みだした。同様の指摘は、一八世紀の有職故実研究家であった伊勢貞丈《さだたけ》も、その著『安斎随筆』のなかでおこなっている。では、なぜ被支配層である庶民から風俗が生じたのか。

式亭三馬は、報条《ほうじょう》や景物《けいぶつ》本とよばれる広告や「賑式亭福《にぎわいしきていさいわい》ばなし」などの景品も手がけた。また、自らも化粧品や薬品などを売りだし、なかでも「江戸の水」という化粧水は大好評であったという。「賑式亭福ばなし」は、式亭三馬が自分の店で販売していた「江戸の水」の販売促進用の景品としてつくられた。

これは、式亭三馬だけに限らない。自作の出版物を広告媒体として利用し、商品宣伝をすることが戯作者《げさくしゃ》の通例であった。

ハイさやうでございます。私どもの娘なども江戸の水がよいと申て、化粧の度につけますのさ。なる程ネ。顔のでき物などもなほりまして、白粉のうつりが奇麗でようございます

（中村通夫（校注）一九五七「浮世風呂」『日本古典文学大系：六三』岩波書店、一八九頁）

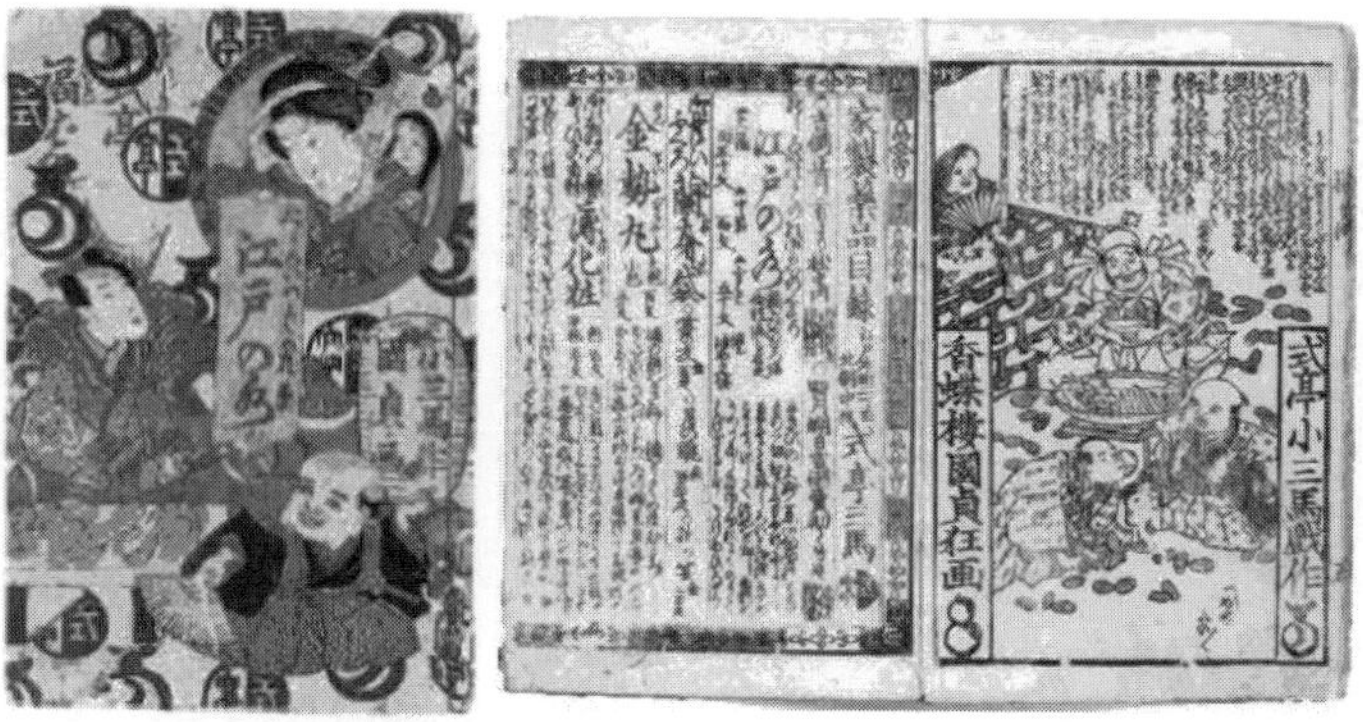

図 *30*　景物本 賑式亭福ばなし

図 *31*　式亭三馬の店

式亭三馬も『浮世風呂』のなかでたびたび「江戸の水」を登場させ、その効能を作中で宣伝している。それは、ただ化粧ののりを良くするといったものではなく、顔のできものを治す薬であるという。

このように、滑稽本をはじめとする庶民を対象とした戯作に広告が掲載されることで、その商品は庶民のあいだで急速に広まっていく。まるで、今日の書籍や雑誌に企業との提携記事が掲載されるのと同様である。

未年閏二月廿五日自庵にて新製の薬発市、おしろいのはげぬ薬江戸の水　硝子詰にて箱入四十八孔なり、思ひの外、流行す

（市島謙吉（編）一九〇八「式亭雑記」『続燕石十種：一』国書刊行会、四七頁）

式亭三馬の一八一〇年から一八一一年にかけての日記体による随筆『式亭雑記』には、自らが売り出した「江戸の水」が想像以上に売れたという感想がしるされている。

ほかにも、「仙女香」という、京橋南伝馬町三丁目南側稲荷新道の角にあった坂本屋友七の見世棚で販売されていた白粉がある。

コリャ何だ。女のつらを札守《ふだまもり》へかひたは、仙女香のかんばんか。何にしろこゝらへ札を打ちつけておかふ

（郡司正勝（編）一九七四「獨道中五十三驛」『鶴屋南北全集：一二』三一書房、五二頁）

「仙女香」の名が、鳥居などの目立たない部分に書き込まれていた。これは戯作のなかだけではなく、現実にもあったことだという。あきらかに、宣伝効果を狙った落書きだ。

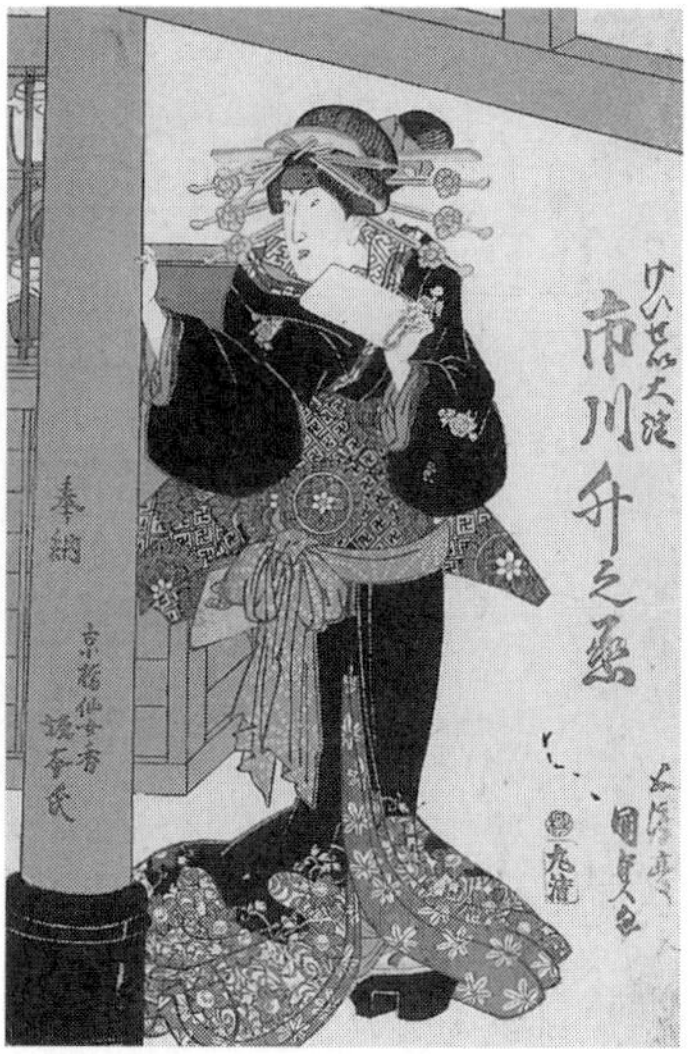

図 *32*　けいせい大淀市川升之丞（仙女香）

図 *33*　東海道五十三次　関（部分）

「仙女香」という名前は、歌舞伎の女形であった三代瀬川菊之丞の俳号「仙女」にちなんで名づけられたといわれている。

このことからも、「仙女香」の名前で、白粉の知名度を当初から高める意図があったと考えられる。

また、「仙女香」は戯作のなかだけではなく、安藤広重の代表作「東海道五十三次」に描かれるなど、錦絵にも多く登場する。むろん、この絵のように関所という公の場所に堂々と商品広告があったとは、鳥居の例とは異なり現実的には考えられない。

錦絵などに、版元の意向を受けて商品広告が書き込まれることは、珍しくないらしい（江戸東京博物館学芸員の小山周子《しゅうこ》の教示による）。これは、安藤広重が自らのスポンサーの商品である仙女香の看板を、関所に書き足しているのだ。

安藤広重だけではない。渓斎英泉《けいさいえいせん》、歌川国貞、歌川国安、歌川国芳など、当時活躍する絵師の作品に仙女香の名が多く挿入されている。それだけ「仙女香」を販売していた坂本屋友七に資金力があり、広告料や出版経費を版元、絵師などに渡していたのだろう。

それだけではない。滝沢馬琴の『吾仏乃記《あがほとけのき》』（一九八七、八木書店）や一九〇一年に出版された松本道別《ちわき》の『東京名物志』（一九〇一、公益社）などをみると、坂本屋友七が出版物の検閲である「改」をおこなう名主の和田源七であることがわかる。

和田源七が仙女香は、虎威を借て弘めたる也。其他、式亭三馬が江戸の水、山東京伝が孕む薬、孕まざる薬など云浮たる売薬は、今の御時にも衰へずして、よく売るゝや知らず

（木村三四吾（編）一九八七『吾仏の記』八木書店、五三五頁）

つまり、検閲者の立場を利用して「仙女香」の広告を書き加えさせたのだ。だが、版を重ねるうちに版権の移動など、さまざまな理由によりその商品名が削り取られることもあるのだという。そのため、版木の違いにより、商品名の書かれた錦絵とそうでないものとがある。

いずれにしても、これらの広告宣伝により、「仙女香」の知名度は高まる。一九世紀に尾張で発刊されていた俳句集『さくらだひ』にまで、「仙女香」の名が登場する。戯作や錦絵を通じて、広く庶民に化粧品が知れわたっていった事実をものがたる。

だが、式亭三馬の「江戸の水」にしても、坂本屋友七の「仙女香」にしても、その価格は高価であった。

仙女香十包ねだるばかむすめ

（岡田甫（校訂）一九九九『誹風柳多留全集：新装版八』三省堂、二五八頁）

これは、一八世紀末から一九世紀はじめにかけて計一六七編が編纂された川柳集『誹風柳多留《はいふうやなぎだる》』の一句である。評判の高い白粉なので、多くつければそれだけ効果があると思い、ねだっている娘の姿を揶揄している。山東京山の『大晦日曙《あけぼの》草子』によれば、「仙女香」は一つ四八文であったとされる。それが一〇包ともなると、長屋の一カ月分の家賃に相当する。

今世は花の露あるひは菊の露または江戸の水等の名あれど、皆同製なるべく、諸々にてこれを売るなり。これを製す家によりて名を異にするのみなり。また今世、坊間の婦女これを用ふる者稀なり。御殿女中にてはこれを用ふ者往々これあり

（宇佐美英機（校訂）一九九七『守貞謾稿：二』岩波書店、九五頁）

式亭三馬の「江戸の水」をはじめとして「花の露」「菊の露」などの化粧品の多くは、庶民には高価であり、使用されることはほとんどなかったらしい。

ヘチマノ水ハ蔓ノ本地ヨリ一二尺ニ切リ瓶中ニ挿ミ入置ハ多ク水出甚精白ナリ俗ニ美人水ト云

（杉本つとむ（編）一九七四「本草綱目啓蒙」『本草綱目啓蒙　本文・研究・索引』早稲田大学出版部、三七六頁）

鳥の糞顔のはたけのこやしなり

（岡田甫（校訂）一九九九『誹風柳多留全集：新装版四』三省堂、二六八頁）

一般的には、自家栽培のへちまから採取した溶液を、化粧水代わりに使っていた。また、鶯の糞が肌の汚れを取り肌理《きめ》を整えると考えられ鶯を飼い、その糞を利用していた。

これらは、特定の地域だけでおこなわれた民間療法的な化粧ではない。本草《ほんぞう》学者である小野蘭山が、孫の職考と門人の岡村春益に口述、筆録させ補訂した『本草綱目啓蒙』にしるされていることを考えると、効果が広く認められ普及していたと考えられる。

化粧品が、戯作などを通じて広く広告されるのにあわせ、化粧法も書物にしるされるようになる。一八一三年の佐山半七丸による『都風俗化粧伝』や一八一九年の並木正三《しょうざ》による『容顔美艶考』がその代表である。

以前からも、化粧に関する記述をわずかながらも含む書物はあった。

一六五〇年の津坂孝綽《こうしゃく》による『女鏡秘伝書』が古い。一六八七年には奥田松柏軒による『女用訓蒙図彙』があるが、これは女性の一生の心得を説いた教養書であり、全一一六項目のなかで化粧に関する記述は「けわいのけしようの事」など、わずか六項目にすぎない。

ほかにも、一六九二年の苗村丈伯《じょうはく》による『女重宝記』、一七一二年の冷泉為兼《れいぜいためかね》卿息女による『女中道しるべ』、一七二四年の入江貞庵による『百工秘術』『拾玉續智恵海《しゅうぎょくぞくちえのうみ》』『拾玉新智恵海』『増補拾玉新智恵海』などがあるが、化粧に関する記事はほとんどない。

考証に関する書物として、一七一三年の寺島良安が万物のあらゆる事象を八〇余りに分類し、図をつけて和漢の事象を併記した『和漢三才図会』や、一八三〇年の喜多村信節が居所、服装、書画、詩歌、歌舞、祭祀、娼妓といった項目に分類した『嬉遊笑覧』、一八三七年の喜多川守貞が約七〇〇項目におよぶ事物の名前や事象を時勢、家宅、生業、貨幣、男服、女服、娼家、音曲、遊戯、食類等に分類し、図をつけた『守貞謾稿』、一八四七年の山東京山による女装関係の文献を収集した『歴世女装考』などがある。

これらの書物が執筆され出版されるようになった背景には、一八世紀から一九世紀にかけての出版文化の隆盛が関係している。すなわち、それまでの古活字版による印刷であったものが版木に彫る整版となり、木版印刷が主流となったことによる印刷技術の転換である。

錦絵に代表される木版による多色印刷は、多色刷りによる色彩表現技法に加え、仮名、漢字など自由自在に彫ることができる。そして、再版が可能であり、利便性と経済性を高めた。

また、販売者と制作者という分業形態の確立も大きい。錦絵の場合、版元が人気のあるテーマを選定して絵師に作画を依頼する。できあがった版下絵《はんしたえ》を彫師が版木におこし、摺師が摺って作品を完成させる。版元はその錦絵を宣伝し、店頭で販売する。

消費者が要求するのに合わせた多様な内容で表現の印刷が、可能となった。だが、印刷技術や経営形態の変化が、化粧に関する書物を生み出したのではない。人々に化粧に関する書物が要求されたことにより、執筆され販売された結果、そのいくつかが現存しているのである。

ここで、ほかの書物に群を抜いて化粧に関する項目を多様に、そして体系的に収集し論じている、一八五一年の佐山半七丸による『都風俗化粧伝《けわいでん》』をみてみたい。

都風俗化粧伝といえる双紙をあらわせるをみるに、すべて女のよそいの法をよくおしえ、よくさとしたるのみならず、四の大とこをもはらにときたれば、これをみるままにおのずから三つしたがうの操をも心にさとり、外につつしみの色をもあらわすべし。されば貴きも賤しきも、瓦を弄し、身をして夜光のたまと、よそおいをも、心をも、みがかしむる物は、このそうしならずや

（高橋雅夫（校注）一九八二『都風俗化粧伝』平凡社、三頁）

これは、大原権少将源朝臣《ごんのしょうしょうみなもとのあそん》重成による序文である。それによると、この書はただ女性に化粧の方法を伝えるのではない。「四の大とこ」という、操が固く従順な「婦徳」、言葉使いの心得がある「婦言」、身だしなみがよく、やさしく素直である「婦容」、洗濯など女性の仕事である「婦功」の「四徳」を説くことによって、「三つしたがう」、すなわち「父」にしたがい、「夫」にしたがい、「子」にしたがうという「三従」の心を備えさせるために、『都風俗化粧伝』が書かれたという。

この化粧伝《けわいでん》は、化粧《けわい》の伝、身《しょう》の動静《とりまわし》の秘事を漏らさず出だしぬれば、たとえ醜き顔容《かおかたち》、あるいはいかほどあしき難癖ありとも、この書を得てその法のごとく仮粧《みじまい》なし給わば、たちまち絳唇《こうしん》白玉《たま》をふくみ、紅《こう》瞼《けん》明珠を耀《かがや》かし、翠の眉緩く縈《まと》い、雲の鬢儼《びんづらおごそ》かに、花の容《かたち》、月の貌《かんばせ》、百媚百嬌をそなう美人となさしむこと、何のうたがう処かあらん

（高橋雅夫（校注）一九八二『都風俗化粧伝』平凡社、一〇頁）

だが、佐山半七丸自身による前書からは、化粧の総合読本をめざしていたことがわかる。『都風俗化粧伝』以前の化粧についての諸本は、化粧よりも女性の教養の養成に主題があった。そのため、源重成は、『都風俗化粧伝』を従来の書物と同様に位置づけ、序文のなかで「四徳」や「三従」を説いた。だが、佐山半七丸は従来の書物との違いを強調するために、題名にも「化粧伝」とつけるなど化粧に関する書物であることを全面的に主張した。

この『都風俗化粧伝』は一八一三年に初版が刷られており、何度も版を重ねている。そのすべてをしるすこ

とは避けるが、一九世紀を通じて『都風俗化粧伝』は出版され続けた。いや、一九世紀だけではない。『都風俗化粧伝』は、一九二二年九月まで出版された。最後に出版にかかわったのは、東京神田淡路町元岩井町の伊勢辰商店である。

一九二二年で出版が最後となった理由は、一九二三年九月一日の関東大震災によって版木が焼失したからだ。ということは、もし焼失しなければ、その後も出版され続けた可能性は十分に考えられる。

現代的な化粧からみれば、歴史的史料にすぎず、実際の化粧法に生かすことは難しい。だが、一九二二年では、約百年前の化粧法は実用に生かせるものだった。

現代女性の創新な化粧衣装の工夫にも必ずや意想外な発見を得るであらう

（読売新聞社　一九二二　『読売新聞：一〇月一二日』）

一九二二年の『読売新聞』には「批評と紹介」という、いわゆる書評として『都風俗化粧伝』が取り上げられている。

文明開化とともに

一九世紀後半の明治政府の樹立以降、江戸時代を通じて連綿と続いてきた封建制の色濃い日本文化は、一般的には、政治体制の刷新と西洋文化の流入により、急速に近代化したと考えられている。

日本文化における近代化とは、すなわち日本での西洋文明の吸収であり、取り込みである「文明開化」であった。単純に西洋の文化、風俗を模倣したものから、それら文化や風俗を手本としながら日本の既存文化との融合を図ったものまでもあり、さらには既存文化を西洋風にアレンジしたものなど、人々のあいだで熱病のごとく流行となり、さまざまな社会階層に受け入れられていったといわれている。

都都逸《どどいつ》「ざんぎり頭をたたいてみれば、文明開化の音がする」は、文明開化の象徴として有名である。これは月代をおこない丁髷《ちょんまげ》にした髪をバッサリ切り落とし、短髪にした頭が西洋風であり、近代的であるという都都逸である。「ざんぎり頭を叩いてみれば、文明開化の音がする」という部分だけが非常に有名であるが、これには「半髪頭をたたいてみれば、因循姑息《いんじゅんこそく》な音がする。総髪頭をたたいてみれば、王政復古の音がする」という前半部分が存在する。つまり、ざんぎり頭を文明開化の象徴としているだけではなく、丁髷を因循姑息、長い髪の総髪頭を王政復古の象徴として揶揄している。

散髪制服畧制服禮式之外脱刀トモ自令可為勝手旨御布令アリ

（石井良助（編）一九八一『太政官日誌：五』東京堂出版、三一二頁）

一八七一年八月九日の『太政官日誌』には、いわゆる断髪令が布告されたことがしるされている。しかしながら、これは強制力をもつ布告ではなかったため、依然として月代の習慣を続ける者がいた。従来の武士の姿ではなく官軍の洋装をしている者でさえ、月代をしている姿をみることができる。また、男女が明確に規定されていなかったために、本来は男性のみを想定していたにもかかわらず、女性のなかにも断髪をおこなう者があらわれた。

華族自今元服之輩歯ヲ染メ眉ヲ掃候儀停止被　仰出候事

（石井良助（編）一九八〇『太政官日誌：四』東京堂出版、一七頁）

前年の一八七〇年二月五日には、涅歯や引眉を禁じる布告がだされている。新政府の欧化政策のなかで、欧米にはない野蛮な風習として、涅歯や引眉の廃止が試みられた。しかし、これは断髪令とは異なり明確にその対象が、華族に対するものであったにもかかわらず、当初はなかなか廃止されることがなかった。

明治六年三月三日に皇后陛下が率先してお歯黒をお止めになったので、これを契機に、上流階級の人々からしだいにやめるようになった

（高橋雅夫　一九九七『化粧ものがたり　赤・白・黒の世界』雄山閣、二一五頁）

涅歯や引眉が禁じられてから三年後に、明治天皇の皇后が率先して模範を示すことで、ようやく華族の女性も涅歯や引眉をやめることになった。つまり、三年たっても涅歯や引眉がおこなわれ続けたのである。「皇后陛下が率先して」ということは、逆にいえば、皇后ですら、三年間のあいだ涅歯や引眉を続けていたことを意味している。

図34　若い侍のグループ・官軍スタイルの侍などいろいろ

しかし、涅歯は一九七〇年代においてもおこなっていた女性が確認されている。

私は昭和二年に長野県下で開業しましたが、黒の陶歯は宿沢という愛知県の人が製造し、富谷《トミヤ》という外交員が毎月一回ずつ来て卸していました

（原三正　一九八一『お歯黒の研究』人間の科学社、二二六頁）

原三正の友人である、歯科医の小椋仙蔵によると、一九二〇年代には歯の治療で抜歯した後、「黒色陶歯」という涅歯を模した義歯を調製することもあったという。一八〇〇年にイタリアの歯科医師フォンヂによって開発された白色陶歯は、一八八七年ごろには普及している。技術的な問題で黒色陶歯を用いていたわけではない。積極的に、白ではなく黒の陶歯が使用されたのである。

つまり、一八七〇年の布告により、たとえ支配層にいる者がやめたとしても、被支配層のあいだでは旧来の風習を廃することはなかなかできなかった。

だが二一世紀の今日では、もはや涅歯をみることはできない。これはもっぱら、野蛮であるということではなく、歯を黒く染めることが現代人の美意識に即していないからだ。なぜなら、同時に廃止を試みられた引眉は、眉の形を整えるという化粧として今日でもいまだ、おこなわれ続けている。

新政府の樹立にともない、西洋化や近代化がおしすすめられたといわれている。だが、実際は生活文化の点ではすべての人々のあいだで「熱病のごとく」西洋化や近代化がすすんだわけではない。一部の知識層や新しい支配層がその大部分であり、被支配層である庶民のあいだでは「文明開化」により、生活や文化が劇的に変化することはなく、依然として旧時代の文化や風習は脈々と生き続けた。それは、『都風俗化粧伝』が

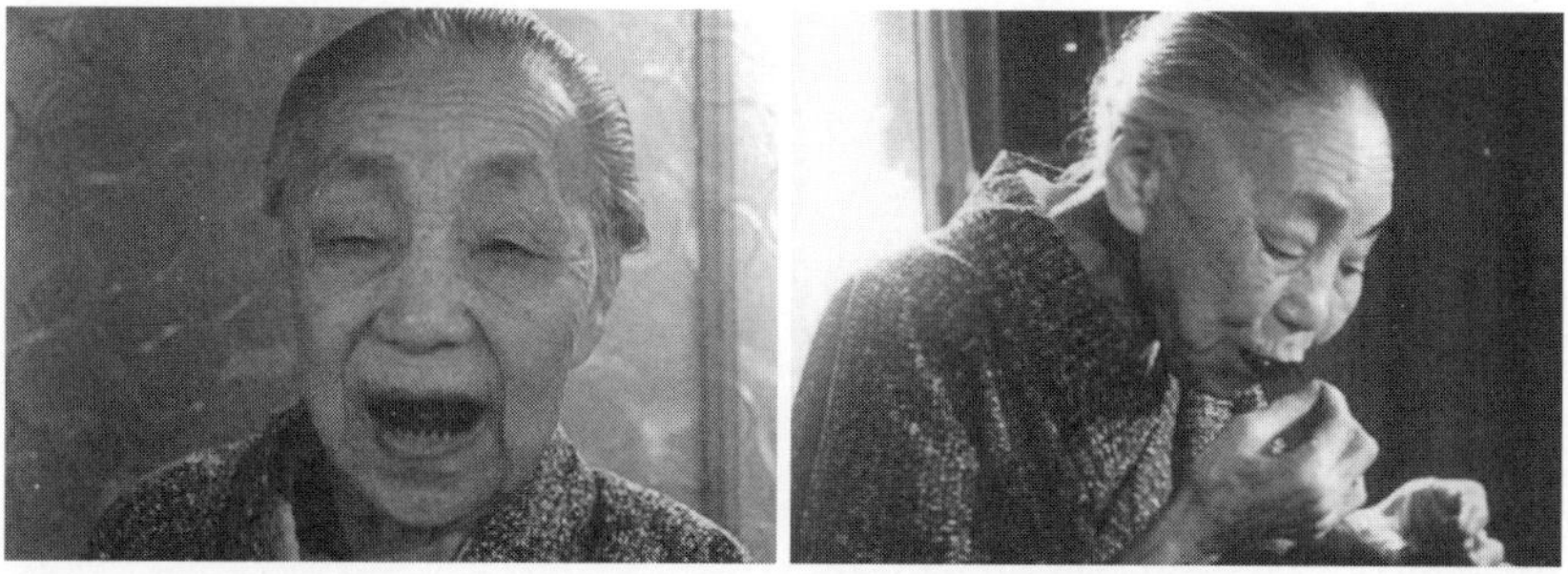

図35　涅歯をする女性

一九二二年まで出版され続けたことからも、わかる。

一九世紀末、人々の化粧に影響を与えたのが「押し寄せてきた」西洋化や近代化ではない、とすると一体何なのか。一九〇六年に資生堂は、それまでの白色の白粉ではなく、色のついた「肌色白粉」を発売する。

資生堂は、一八七二年に銀座で福原有信《ありのぶ》が日本初の洋風調剤薬局「資生堂薬局」を開いたことに、その歴史がはじまる。千葉県館山市の漢方医の家に生まれた福原有信は、東京大学医学部の前身である幕府医学所、明治維新後の大学東校で西洋薬学を学び、卒業後は海軍病院薬局長となっていた。しかしながら任官後の翌年には、医薬分業の志のもと早々に官を辞している。その時開業したのが、資生堂である。

一八八八年に、日本初の練歯磨「福原衛生歯磨石鹸」を、一八九三年にはビタミン薬「脚気丸」を発売した。そんな資生堂は、一八九七年の化粧水「オイデルミン」、ふけ取り香水「花たちばな」、すき油「柳糸香」により化粧品販売に参入する。

資生堂の化粧品は、それまでの紅や白粉などの仕上げ用ではなく、皮膚の手入れを目的としたものであり、画期的なことであった。それに加え、肌色白粉についても「白粉は肌を白く仕上げるもの」といった概念からの脱却という点において、従来の常識を覆す化粧品であった。

明治三十五年頃に肉色白粉の広告が現はれたのは過去の美的観念に一つの強い変化が来た

（大和勇三　一九五〇『顔』改造社、一一六頁）

大和勇三は、この肌色白粉の登場を、過去の美的観念からの転換とみている。しかしながら、すでに一七世紀に、桜色の肌を愛でる美意識がある。それ以前にも、『栄花物語』や一二世紀の『久安四年記』などにも紅を使う化粧が描かれており、前近代的な価値観から近代的な価値観に人々が移行したために、肌色白粉が生まれたわけではない。

當世女は、丸顔櫻色

（藤村作（校注）一九四九「好色一代男」『日本古典全書　井原西鶴集：一』日本古典全書刊行会、八二頁）

当世白《かお》はすこし丸く色は薄花櫻にして

（藤村作（校注）一九五〇「好色一代女」『日本古典全書　井原西鶴集：二』日本古典全書刊行会、二八頁）

『好色一代男』と『好色一代女』は井原西鶴の作である。このなかで、白粉による白い肌よりも桜色に赤味のさした肌を美しいと描写している。

美人や粋な女の容姿として形は丸く、色は桜色の顔がよいとし、青白い顔色は嫌っている。井原西鶴の執筆した好色物が、庶民を読者対象としてあることから、その美意識は庶民を代表している。

なぜ、資生堂は従来の白色の白粉ではなく、肌色白粉を世にだしたのか。

婦人は顔を粧ふに、ほうべにとて紅と白粉を和して頬にぬることありし

（宇佐見英機（校訂）一九九七『守貞謾稿：二』岩波書店、一三六頁）

人々のあいだで桜色の顔色が好まれ、白粉に紅を混ぜた白粉が使われていたことから、いっそうのこと、桜色のように色のついた肌色白粉を発売すれば売れるという意図があったのだろう。しかしながら、白色白粉ではなく「色のついた」白粉を製造しなくてはならない理由もあった。

一九〇〇年四月一七日に、内務省より省令第一七号がだされている。これは、現在の食品衛生法の前身ともいえる「有害性著《ママ》色料取締規則」であった。その第一条に、有害性着色料を二種類あげている。

左ニ掲クル物質又ハ之ヲ含有スルモノ砒素、抜榴謨、嘉度密烏謨、格羅謨、銅、水銀、鉛、錫、安知母紐謨、烏拉紐謨、亜鉛、藤黄、必倔林酸、「ヂニトロクレゾール」、「コラルリン」

（内閣官報局（編）一九八三『明治年間　法令全書：三三ノ五』原書房、九一頁）

第一條第一種ノ著《ママ》色料ハ販賣ノ用ニ供スル化粧品、歯磨、小兒玩弄品（絵雙紙、錦絵、色紙ヲ含ム）ノ製造又ハ著《ママ》色ニ使用スルコトヲ得ズ

（内閣官報局（編）一九八三『明治年間　法令全書：三三ノ五』原書房、九二頁）

「有害性著《ママ》色料取締規則」では、鉛などの化粧品への使用を禁じている。日本に白粉が伝わってより、白粉

には鉛が含まれていた。そのため、歌舞伎役者のあいだで慢性鉛中毒に似た症状がよくみられたという。「有害性著《ママ》色料取締規則」がだされた発端は、明治天皇をはじめとする皇族、内閣総理大臣である伊藤博文を含む閣僚を招いて井上馨が開いた天覧歌舞伎にある。一八八七年、時の外務大臣井上馨が東京麻布鳥居坂の邸宅に八窓亭という茶寮を新築した。その落成披露として、天覧歌舞伎が四日間にわたり開催された。

当時、中村福助の名で義経を演じた中村歌右衛門は、つぎのように回想している。

天顔に咫尺《しせき》して演ずるしだいでありますから、名乗りをあげる左團次の富樫《とがし》の声は震へ、殊《こと》に番卒の團右衛門、荒次郎、升蔵の声などは小さくて聞き取れない位ゐでありました。いよいよ私の義経の出になりますと、平素たしかでない私のは恐れ多いために一入《ひとしお》震へるやうで困りました

（中村歌右衛門　一九三八「続魁玉夜話：二一」『演藝畫報：六月号』演藝畫報社、一八頁）

その時の様子を豊原国周《くにちか》が『天覧歌舞伎　勧進帳』の「與衆同楽《よしゅうどうらく》」に描いている。明治天皇を前にして、である。本人がいうように、畏れ多く、また感激のあまりに震えがきたのもあるだろう。しかし中村歌右衛門は、その前から手足の震えや関節痛などに悩まされていた。明確な治療法がわからないまま、温泉療法などをおこなっていたが効果がなかったという。

舞台に出ては唯々恐れ多いために、思ふやうに台詞が云へず、しかも舞台から二三間向ふは真暗のやうで何も見えないのです

（中村歌右衛門　一九三八「続魁玉夜話：二一」『演藝畫報：六月号』演藝畫報社、一八頁）

中村歌右衛門は、舞台にあがると台詞もおもうようにいえなくなった。中村歌右衛門本人は、「唯々恐れ多いために」と回想しているにとどまっている。

だが、実際は『風俗画報』によると緊張ではなく、白粉の鉛毒が原因であった。

中村芝翫《しかん》は明治二十年福助と名乗りし頃井上伯邸にて展覧芝居を演じたる時、突然左足が震へ出だし、身体に異常を呈したれど、当時は何病なるや少しも分らず、其後度々震出すゆゑ松本順、橋本綱常、佐藤進、榊順次郎なんどの諸先生の診察を仰ぎ、漸く鉛中毒に中《あた》りたるものと判然せし

（東陽堂　一九〇六『風俗画報：六月十日号』東陽堂、三三頁）

図 *36*　與衆同楽

図 *37*　天覧歌舞伎のときの中村歌右衛門

中村歌右衛門が鉛毒におかされているのではないかという疑惑は、以前からあった。

天覧歌舞伎は、一八八七年四月二六日に初日を迎えている。それから三年後の一八九〇年二月二八日に、順天堂医事研究会会長の佐藤進が「おしろいノ中毒症状ニ就テ」という研究発表をしている。佐藤進は、歌舞伎役者に多かった慢性鉛中毒に似た症状の原因が、舞台で日常的に使用する白粉にあるのではないかと考えた。そこで、友人で東京帝国大学（現在の東京大学）教授の高松豊吉に白粉の成分分析を依頼していたのである。

この研究をはじめたきっかけが、天覧歌舞伎にあることは間違いない。そして、この白粉の中毒を指摘した研究発表以降、化粧品会社などでは無鉛白粉の開発と製造が試みられるようになる。

だが、それは簡単なものではなかった。

本則ハ明治三十三年七月一日ヨリ之ヲ施行ス

（内閣官報局（編）一九八三『明治年間　法令全書：三三ノ五』原書房、九二頁）

鉛白は当分の内第四條ノ規定ニ拘ハラス化粧品トシテ之ヲ使用スルコトヲ得

（内閣官報局（編）一九八三『明治年間　法令全書：三三ノ五』原書房、九二頁）

一九〇〇年四月一七日にだされた「有害性著《ママ》色料取締規則」が、一九〇〇年七月一日より施行としながらも、例外的に化粧品における鉛の使用については、期限を設けなかった。

鉛が入らざれば附が悪く艶がなく色が悪く、舞台を一幕仕舞つて楽屋へ戻れば、更らに白粉の付け直しをしなければならぬと云ふ不便ある所より、毒はありと知りつゝも鉛混入の白粉即ち鉛白を用ひ来りたるものにて、内務省にても直接急激に害なきものなれば、当分化粧品として使用する事を得とて今尚許可して

（東陽堂　一九〇六『風俗画報：六月十日号』東陽堂、三三頁）

内務省は白粉による鉛中毒を認識しながら、使用を許可していた。「毒はありと知りつゝも」と、有毒性を知って使うなら止めはしない、また役者という特定の者だけが鉛毒に侵されるならかまわない、ということかもしれない。

附則第一一条が設置された理由が、内務省自身の寛大な処置であったのか、業界からの反発があったからなのかは、わからない。ただ、白粉を製造していた多くは、前代から続く家内工業であり、鉛を含まない新しい白粉の開発は技術的にも経営的にも難しかった。

金属鉛と酢酸蒸気と、炭酸瓦斯及ひ水の作用を受けしめ、以て鉛白となす

（斎藤正次　一九一四『新撰化粧品製造法』同済號書房、八五頁）

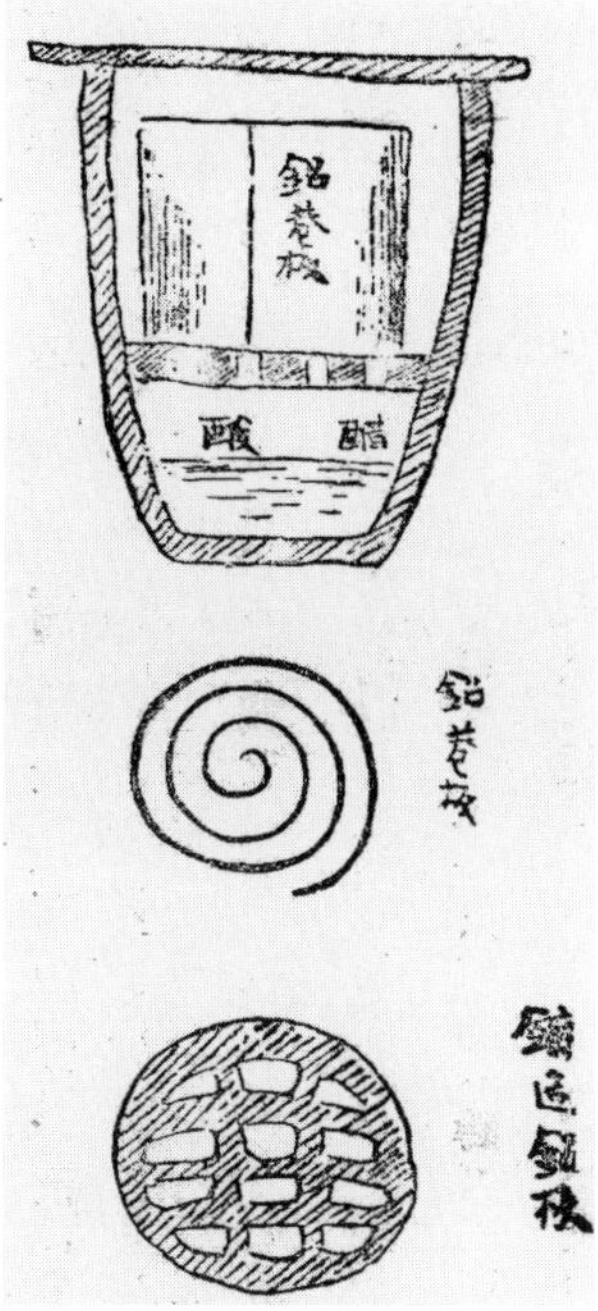

図38　和蘭法

一九一四年に出版された、官立の大阪高等工業学校（現在の大阪大学工学部）の教官であった斎藤正次の著書『新撰化粧品製造法』では、白粉の原料である鉛白製造法として「和蘭法」「獨乙法」「佛蘭西法」「電気法」をあげている。そのうち「和蘭法」は、ただ壺に酢酸を入れ、穴の開いた中蓋の上に鉛板をおき、三ヵ月ほど風通しの良いところで放置するだけである。そして練白粉は、この鉛白：一二〇に対して、グリセリン：一〇、香料（ローズ）：適宜を混ぜ合わせてつくられる。

無鉛白粉をはじめて製造したのは、伊東胡蝶園（現在の帝人パピリオ）である。一九〇〇年五月、大正天皇の成婚に際しての御料として「御園おしろい」を献上している。その翌年の一九〇一年四月二〇日と五月二四日の東京日日新聞（現在の毎日新聞）に紙上広告を出していることから、一般に出回ったのは、そのころからだろう。

伊東胡蝶園の「御園おしろい」に続き、一九〇五年に中山太陽堂（現在のクラブコスメチックス）から「クラブ白粉」が、同年に平尾賛平商店（後のレート）から「レート白粉」が、一九〇六年には花王から「赤門白粉」などが販売された。

しかしながら、一九〇六年六月十日号の『風俗画報』（東陽堂）によると、その年東京で販売されている外国製品を含めた白粉の全四四種類を東京衛生試験所が検査したところ、無鉛白粉はうち一〇種のみであり、多くの白粉は鉛を含んだままに製造、販売され続けていた。

これには、理由が二つ考えられる。第一に無鉛白粉の製造が困難であったこと。そして、一八八五年の専売特許条例にはじまる一連の特許に関する条例により、類似の商品として無鉛白粉が製造、販売できなかったことがある。第二に、無鉛白粉は有鉛白粉にくらべ、製品的に艶、色、付着力、被覆力が劣っていた。そのため、役者だけではなく庶民も含めて多くの者は、有鉛白粉を使用し続けていたといわれている。

有鉛白粉と同様な艶、色、付着力、被覆力をもつ無鉛白粉は、製造が困難であった。安全性が高くとも、有鉛白粉に性能が劣る無鉛白粉は、売れない。だから資生堂は、一九〇六年に白色の無鉛白粉ではなく、色のついた肌色白粉という全く別の製品を発売した。

白粉といえば白いものでなければならないという、それまでの常識を破った色つき白粉の発売は、そのことだけでも世間に資生堂の新鮮さを感じさせたようである

（資生堂　一九七二『資生堂百年史』資生堂、八四頁）

「常識を破った」というものの『資生堂百年史』をはじめとする資生堂の社史には、肌色白粉が製造、販売された経緯が一切しるされていない。ただ、鉛毒が当時騒がれていたことに続き、「常識を破った色つき白粉の発売」とするすのみである。

日本初の女優川上貞奴《さだやっこ》は、夫で俳優の川上音二郎の興行に随行し、一八九九年にはアメリカ、翌年にはロンドンに渡り、その後パリで公演をおこなっている。この公演は、ヨーロッパにおけるジャポニズムのきっかけともなった。

黄味がゝつた白粉は、鳥渡《ちょっと》見ると黄なやうですが、つけて乾くと自然の艶が出て美しく見え、日本人の黄色の肌に乗つて、よし剥げても目に立ちません。この白粉はまだ日本には輸入して居ないやうですが、いづれ日本婦人に歓迎されるやうになりましやう

（川上貞奴　一九〇七「川上貞奴の欧州化粧談」『新化粧』日高有倫堂、二四六～二四七頁）

そんな川上貞奴は、帰国して一九〇七年に『新化粧』に寄せた「欧州化粧談」のなかで、ヨーロッパには色つきの白粉があるが、日本にはないとしるしている。したがって、資生堂の肌色白粉は人々にほとんど知られることもなく、売れなかったのだろう。

肌色白粉や無鉛白粉が登場してもなお、使用され続けた有鉛白粉であるが、一九二五年にふたたびその有害性が注目される。京都帝国大学（現在の京都大学）医科小児科初代教授であった平井毓太郎《いくたろう》は、この年におこなわれた日本小児科学会第三〇回大会で「所謂《いわゆる》脳膜炎」について発表している。

平井毓太郎は、一九二三年に所謂脳膜炎患児の臓器組織、脳脊髄液、尿、糞便などの鉛含有量の測定をおこない、乳幼児の「所謂脳膜炎」が母親の用いていた白粉中の鉛に原因があることをあきらかにしていた。

一八九〇年頃から、膿性脳膜炎、結核性脳膜炎、脳室脳膜炎でもない脳膜炎に似た症状をもつ乳幼児が多数存在していた。しかしながら、脳膜炎ではなく、また原因や前例のない症例であったため、便宜上その症状を、所謂脳膜炎とよんでいた。

「所謂脳膜炎」の名称がはじめてあらわれた一八九五年の『児科雑誌』（日本小児科学会）第三号から、平井毓太郎が原因を確認した一九二三年の『児科雑誌』第二八一号までの約三十年間は、「所謂脳膜炎」に関連する論文が五七編、確認できる。しかし、「所謂脳膜炎」と鉛中毒の関連を示唆するようなものは、「所謂脳膜炎」の名称と解説に関する二編、「所謂脳膜炎」の診断に重要な所見を指摘した五編、「所謂脳膜炎」の統計的観察の報告一編、唯一の小児鉛中毒の報告一編の一〇編ほどしかない。

平井毓太郎の発表以降、「所謂脳膜炎」と鉛白粉との関連について研究が大きくすすんでいくことになる。

慶大助手中鉢不二郎氏の研究によつて母胎の鉛中毒も乳児に大きな影響を與える事が発見されひとり學術上ばかりでなく育児法の研究に對しても重要な材料を與ふるに至つた

（読売新聞社　一九二六『読売新聞：一二月三日』）

平井毓太郎は、「所謂脳膜炎」が乳幼児の周囲にいる者が使用する鉛白粉に原因があると発見した。ほかにも、中鉢不二郎は、母親の皮膚から吸収された鉛が母乳を通して乳児に影響を与えることを解明した。この研究は、『実験的母体鉛中毒の乳児に及ぼす影響』と題して慶應義塾大学に提出され、これにより中鉢不二郎は医学博士の学位を授与されている。

現在鉛白ヲ使用シテ化粧品ノ製造ヲ為ス者ハ現在製造ノ化粧品ト同一ノモノヲ製造スル場合ニ限リ第四條ノ規定ニ拘ラズ昭和八年十二月三十一日迄鉛白を使用スルコトヲ得
鉛白ヲ使用シタル化粧品ハ昭和九年十二月三十一日以後ニ於テ之ヲ販売シ又ハ販売ノ目的ヲ以テ陳列若ハ貯蔵スルコトヲ得ズ

（内閣官報局　一九九三『昭和年間　法令全書：四ノ三』原書房、三三頁）

天覧歌舞伎から約四〇年たった一九三〇年一〇月一二日にだされた内務省令第三〇号で、やっと鉛を含む白粉の製造、販売が禁止された。

化粧をしないといけない女学生

矢野芳香園という化粧品会社が、一九〇九年に創業した。そして、「大学白粉」を製造、販売している。これは、花王の「赤門白粉」が東京帝国大学（現在の東京大学）の象徴である「赤門」をその名に冠したように、「大学」が「学問の最高学府」であることから、「大学白粉」を「白粉の最高」とする単純なイメージ戦略ではない。

実際に多くの女学生が白粉をはじめとする化粧をして学校に通学していたため、学校と化粧を結びつける意味でも「大学」が商品名に冠された。

> 白粉禁止など丶極端に走りては天然の美女こそさし障りなけれ普通の者は今迄よりも見にく丶なり然らでだに疎暴に流れ易き女学生等の醜はいよいよ醜態を露出して天眞の度を越し文明どころか野蛮人となり
>
> （水原翠香　一九〇三「白粉問題」『女学世界：七』柏書房、三〇頁）

白粉をつけなければ、女学生は野蛮人となる。そう、水原翠香はいいきっている。

> 白粉禁止の根拠は鉛毒にありなる程白粉には鉛毒の交りてあるには相違なかるべししかしながら従来世上一統に白粉を用ゐたる女子等が悉く鉛毒にあたりたるに非ず
>
> （水原翠香　一九〇三「白粉問題」『女学世界：七』柏書房、三〇頁）

詰まる處は世間讀者の心を騒がせて己が新聞を多くうらむとする外ならず

（水原翠香　一九〇三「白粉問題」『女学世界：七』柏書房、二八頁）

白粉に含まれる鉛中毒の可能性は認めている。しかし、白粉を使った者がすべて鉛中毒になるわけではないと反論する。そして、白粉を問題に扱うのは読者の不安をあおり、購買数を増やそうとする新聞社の思惑だと指摘する。水原翠香にとって白粉を用いる化粧は礼儀であり、女子としての本分を意識させるものであった。

世上の浮説に惑わずして扮装《けわい》の方法を研究せよ少女輩つとめて怠ること勿かれ

（水原翠香　一九〇三「白粉問題」『女学世界：七』柏書房、三二頁）

大學は最高の學府なり
「大學白粉」は最上の化粧品也
若し博識を得んとせば
女子大學に學び
美人たらんとせば
「大學白粉」を愛用せられよ
図 39　大学白粉

そのため、化粧は何があってもやめてはいけないものだった。

水原翠香が、どのような人物だったのか、詳細はわからない。一九〇八年に『茶道と香道』という書物を博文館から出版していることから、礼法に携わった人物だったのかもしれない。

白粉を推奨するのは水原翠香だけではなかった。高等女子實脩学校（現在の山脇学園）の初代校長であった山脇房子も、白粉をつけない女学生を白くもない顔に白粉をつけずにいると批判した。

白粉をすすめる意見は、白粉の鉛毒が社会問題になるなかで、女学生に化粧をやめさせようと化粧が禁止されるのではなく、化粧を推奨している点で注目に値する。

一九世紀末から二〇世紀はじめにかけて、学校へ進学する女性は、皇族、華族、士族の出身が多かった。旧来、このような支配層にいる女性は、さまざまな往来物や教訓書により化粧を入念にすることが求められた。

七歳の時でした。子供の頃は、玉虫色に光る口紅ばかりつけていました
（徳川幹子　一九八六「母と姑の化粧法」『モダン化粧史　粧いの八〇年』ポーラ文化研究所、六〇頁）

徳川幹子も、幼い時から化粧をおこなっている。そんな女性が集まる学校だから、旧来にしたがい化粧が推奨されていたのだろう。しかしながら、もう一つ理由がある。明治の女子教育は、良妻賢母を旨としていたため、学課的な高等専門教育よりも生活に必須な学術技芸の習得が要求されていた。そのため、礼法も重視されたのだが、それを担ったのが小笠原流礼法であった。

小笠原流礼法は、馬、弓、礼を基盤とする武士の教養をもとにしている。そんな小笠原流礼法が、作法教育として女学校などで教えられた。そのなかで、化粧は「女のたしなみ」として女学生に伝えられた。女学校へ行くのに化粧をすることは必然であった。そして、それを女学校や師範学校で学び、教師となった女学生がふたたび赴任した学校で、化粧が女性のたしなみであると伝えていく。

一九二〇年一〇月二二日の『読売新聞』によると、一〇月二二日から二五日にかけて、東京の美粧倶楽部で全国女子教員大会に出席した女性教員を招いて、化粧および整身法の実演がおこなわれている。さらにもう一

つ、学校が女性に伝えたものがある。

一八八五年七月、二人の男が「婦人束髪会を起こす主旨」という宣言を発表した。医師の渡辺鼎《かなえ》と東京経済雑誌記者の石川暎作である。

渡辺鼎は、野口英世の手を治した医師として、石川暎作は記者でアダム・スミス（Adam Smith）の『国富論』の翻訳者として有名である。ともに福島県耶麻郡西会津町出身の二人が「婦人束髪会」を結成し、女性の結髪の改良の提唱をはじめた。目的は、日本の女性に衛生、経済、便益の三つを提供することであった。

束髪会設立の趣旨を徹底するために、「大日本束髪図解」という三枚続きの錦絵が発行された。この錦絵には、会の趣旨とともに、「上げ巻」「下げ巻」「イギリス結び」「マガレイト」などの束髪を図示して説明している。

会の趣旨は、従来の結髪法はあまり洗髪もせず、油をつけ髪の中に物を入れてはさむので毛髪にも頭皮にも健康上有害である。さらに、毎月の結髪代も、積もれば莫大な金額になる。ちょっとした外出にも、髪を直すのに時間を浪費するものであるため、新しく束髪を提唱するというものであった。

そんな束髪会の活動を、新聞が取り上げる。それだけではない。一八八五年九月には東京女子師範学校の教員や生徒が採用した。また、束髪の歌もつくられた。するとしだいに、日本髪を廃止し、束髪を広めようとする運動が全国に広まっていく。中心ではないものの、学校が化粧と合わせて束髪を広めるのに一役買っていた。

学校だけではない。意外なところでは、教会も、その一端を担っていた。

『束髪を流行させたのは自己だよ』と、さも得意気に語るのであつたが、実際、彼は教会内から丸髷の結髪を駆逐すべく、かなり努めたもので、それが為には、如何なる場合でも、一向お構ひなしに、傍で聞いてゐて、ハラハラさせられるやうな、しかし、愛嬌ある挙動をもて、丸まげを結うてゐる人々に、

遠慮ない苦言を浴びせるのであった

（佐波亘（編）一九三八『植村正久とその時代：五』教文館、六〇二〜六〇三頁）

この自己とは、東京神学社（現在の東京神学大学）を設立したキリスト教者の植村正久のことである。植村正久は、男女同権や女子教育の興隆の点から、束髪を推奨していた。

初期の学校に通う女性には、皇族、華族、士族出身の者が多かった。だから、束髪が学校を通じてしだいに広まったように、「化粧は女性のたしなみ」という意識が、学校を通じて都会から地方へ、そしてさまざまな階層へと伝わる。そして、多くの女性が化粧をして通学するようになる。

一九一七年に創刊された婦人雑誌『主婦之友』には、「簡易で美しくなる女学生の化粧秘訣」（一九二三年五月号）、「女学生向きの理想的隠し化粧」（一九二八年五月号）などの記事がみられる。『主婦之友』は、その名の通り、新興の中流家庭の主婦を対象に家庭経営の実用記事を中心とした誌面づくりで人気をえた雑誌である。ということは、女学生自身が読むというよりも、女学生をもつ母親に対して記事が書かれているとみるべきだろう。

家庭でも、率先して娘に化粧をさせて学校に行かせよ、ということだ。なぜか。それは、同じく『主婦之友』から知ることができる。

玉の輿の意味は、身分の低い家の娘さんや、家の貧しい人の娘さんなどが、思ひがけない高位高官の人や、お金持ちの家に縁づくことを言ってゐる

（櫻井大路　一九二九「玉の輿に乗る婦人の人相」『主婦之友：七』主婦之友社、一二四頁）

図 *40*　大日本束髪図解

これは、「玉の輿に乗る婦人の人相」という記事で書かれた玉の輿の定義である。この記事では、玉の輿に乗れる美人の人相について語られている。まずは、玉の輿に乗る機会がどこにあったのかを考えてみたい。

石坂洋次郎の出世作に『若い人』という、一九三七年に執筆されたミッション系の女学校を舞台とした学園小説がある。

「ちょっと、来たわ来たわ。あたしたちのお姑さんが……さあ大変、私に櫛貸して……」
「私が先だわよ。それよか貴女の顔にインクがついててよ。そんなの一ぺんに落第だわ……」
「今度は誰かな……。今からおごってもらう約束しましょう……」
「私いやだわ。教室に入って来たら誰も顔を上げないで拒否することにしましょう」

（石坂洋次郎　一九六七『若い人』新潮社、三四八頁）

これは、ある三学期の日を描いた場面である。女学校が、高等専門教育よりも生活に必須な学術技芸教育を重視していた。つまり、女学校が嫁入り学校としての役割を担っていたといってもいい。

毎年いま時分になると、息子のお嫁さんを見に来るお母さんが殺到し、それへの応援が学校側では一と仕事になっていた

（石坂洋次郎　一九六七『若い人』新潮社、三四八頁）

女学校も、嫁入り学校としての役割を認識していた。当時の結婚年齢は低い。十代の半ばで結婚することも、珍しくはない。むしろ、女学校を卒業することなく、在学中に結婚する者もいた。

久布白落実《くぶしろおちみ》は、つぎのような体験を『廃娼ひとすじ』のなかに残している。場面は、一八九六年に矢島楫子《かじこ》が院長を務める女子学院の入学面接のため、母親とともに矢島楫子のもとを訪れた時のことである。

この人はあまり器量が良くないから続くでしょう

（久布白落実　一九七三『廃娼ひとすじ』中央公論社、四〇頁）

矢島楫子はひと目、久布白落実をみるなり容貌があまり整っていない。だから、学業が続けられるといった。

そのころの女学校は、良い嫁入りぐちのある人はたいてい中途退学をしてしまい

（久布白落実　一九七三『廃娼ひとすじ』中央公論社、四〇頁）

久布白落実がしるしているように、美人には在学中に結婚し中途退学する者が多かったという（国際日本文化研究センター教授の井上章一の教示による）。そして久布白落実自身は、矢島楫子の予言があたることになる。一九世紀末から二〇世紀はじめにかけては、息子の嫁を探しに来る有力者たちが、たびたび女学校にあらわれた。そして、女学校にいて、最後まで学業を全うできるのは不美人のみであった。どこどこの学校には美人がいる。だったら、息子の嫁にふさわしいか、みに行こうかということになる。しかし、実際にみてみたら、噂の女学生よりもっと美人がいた、ということもあっただろう。わずか数分の授業参観である。せめて、その時間さえ美しくあればいい。

そう考えると、先に書いた山脇房子の白粉推奨は、同じ女性としての「化粧はたしなみ」というところからではなく、学校側からの「嫁候補を後押しする」という意味もあったのかもしれない。

その向きの訪問者が学校に見えた日はミス・ケートはことに機嫌がよく、白羽の矢を立てられた候補者を後で自分の室に招《よ》んで、何か簡単なお祝いの品物などをくれることになっていた

（石坂洋次郎　一九六七『若い人』新潮社、三四八頁）

『若い人』のなかでは、登場する女学校の学長ミス・ケートが、学校の授業参観を通じて結婚相手が決まったことを喜んでいる姿を描写している。

現実にもこのような背景があってか、女学生たちの化粧は当の本人だけではなく、周囲の大人の方が熱心だった。そして、化粧品メーカーは女性一般よりも、むしろ母と娘に焦点をあてた営業活動をした。

ライオンは一九一八年、口腔衛生の啓蒙活動、講演活動の内容を掲載した『ライオン・コスモス』を発刊し、口腔衛生啓蒙普及活動を推進した。資生堂は一九二二年、母と子を対象とした児童雑誌『オヒサマ』を創刊し、全国主要都市で「新しい結髪と美容の講演と実演の会」をおこない、美容文化の普及活動を繰り広げた。中山太陽堂は、一九二四年に中山文化研究所を設立し、講演会、講習会などの開催、定期刊行物として『婦人文化』を発行し、教養、文化としての化粧の啓蒙活動を展開した。化粧品業界のこれらの活動により、それまでとは異なる意識や価値をもつ新しい化粧が、普及した。

その頃、洋行帰りの上流女性や婦人参政権論者など女性解放思想の影響を受けた女性があらわれはじめる。彼女たちは、男性に従属せずとも自由な生活ができるだけの経済力があった。もはや男性に頼らずとも、生きていくことが可能であった。バスガール、カフェーの女給などの職業婦人となり、独立して生きていくことができた。

> 自由放肆《ほうし》なる意欲と行動とは社会の風紀を極度に惑乱させるものであり、贅沢より外何も考へない、彼女等の浪費生活は、国富濫費に依り、国民の経済的生活を不安ならしめるものとして、モダン・ガールは憂ふべく、又呪ふべき存在として、社会の一部に於ては、徹底的否定を強調する
>
> （櫻井兵五郎　一九二七「モダン・ガールと職業婦人」『女性：八』プラトン社、一六九頁）

しかしながら、女性は家庭にとじこもり、貞淑に家事や育児をおこなう男性の従属物であるという考え方が、まだまだ支配的な時代であった。そんな時代において、従来の女性像から離れた彼女たちを、モダンガール、またはモガとよび、批判した。

モダーン・ガールといふものは、どんなものかと恐る恐る拝み奉れば、別に何でもない唯の女が、断髪して後頭部を青く剃り上げたり、洋装と称する不規則な布片をぶらさげて、練馬大根そこのけの肉体美を見せたりした丈の代物

（高田義一郎　一九二七「毛断ガールの本家本元」『女性：一〇』プラトン社、二八五頁）

当時、モダンガールの特徴は断髪、洋装、引眉、頬紅、ルージュなどといった格好であり、百貨店や電話局で働く職業婦人、カフェーの女給などに多かった。

僕の一番いやなのは「モダーン・ガール」或は「モガ」といふやつである。殊に「モガ」といふに至つてはその同伴の「モボ」と共に、この低音の音を聞くだけでも不快でたまらない。僕は自分の関係してゐる新聞の上にも、この代名詞を成るたけ使はぬやうに心掛けて来て居る

（鈴木文史朗　一九二八「モダーン・ガールと普選」『女性：三』プラトン社、三四頁）

評論家の鈴木文史朗は、モガという名を聞くだけでも嫌だという。

新聞の見出しなどで《モガの男漁り》とか《桃色遊戯にふけるモガ》など、短絡にモガ＝ふしだらな女、ときめつけてしまう。新潟県ではあこがれの洋服をこしらえて着た娘が「あの娘はモガだ」と指弾されて海に投身自殺をしてしまった

（廣澤榮　一九九三『黒髪と化粧の昭和史』岩波書店、一二～一三頁）

髪の化物、白粉の化物、洋服の化物、内容のないモダンの化物、ゾッとするほど不愉快、しみじみ情けなく恥ずかし、などが当時のモダンガールに対する評価である。

歌手の佐藤千夜子は「当世銀座節」（作詞：西条八十《やそ》、作曲：中山晋平）で、モダンガールや男性版モダンガールのモダンボーイを歌っている。

これは、直木三十五《さんじゅうご》や川口松太郎らが発行した大衆文芸誌『クラク』から現代の盛り場風俗をテーマにした歌をと、西条八十が依頼され作詞をし、これに中山晋平が曲をつけたものである。

銀座　銀座と通う奴ァ馬鹿よ
帯の幅ほど　ある道を
セイラー・ズボンに　引眉毛
イートン断髪　うれしいね
スネーク・ウッドを　ふりながら
チョイと貸しましょ　左の手
向う通るは
スターじゃないか
青い眼鏡が　気にかかる
キネマ女優は　玉の輿
ネグリ　ナルディ　スワンソン

娘スターに　なる迄は
親父梶棒で　バット吸う
（ビクターエンターテインメント　一九九九『昭和を飾った名歌手たち①……東京行進曲／佐藤千代子』）

この歌のなかで、モガは羨望のまなざしではみられていない。ということは、一般の人々にとっても、モダンガールは批判的に受け止められていたことを意味している。

モダンガールに対しては、進歩的な思想や生活様式の実践者としての肯定的な評価と、軽薄な享楽主義者、消費者として否定的な評価が与えられた。そして、モダンガールに肯定的な評価を与えた者はわずかだった。たとえば、作家の直木三十五と菊池寛は一九二八年一月号の『文藝春秋』のなかで「近代生活座談会」と称する座談会をおこなっている。そのなかで、直木三十五は「断髪、眉のひき方、身のこなし、頬紅をモダンガールと称するので、内容的には定義は与えれない」と、菊池寛は「内容的にも家族関係、恋愛に対する気持ちというものは十年前の新しい女とは違ったものがある」と、そして「女性の覚醒を呼び醒ます声がいつの間にかモダンガールを生んだ」とのべている。

だが、やはり社会的には旧来の、「化粧はたしなみ」観が強く存在し、モダンガールのような化粧には批判的な意見が多かった。

一九三二年に、デパートの白木屋がスポンサーとなり、小林十九二《とくじ》と若水照子により新婚生活を演じさせた、グラビア広告のコピーに「鏡の中から、朗らかなあなたの一日が生まれ出ます。寝乱れ髪を御主人に見せないやうに、御化粧は手早く簡単を第一とします」とある。

そこには、妻は夫が朝起きて化粧前の顔がみられないようにとある。江戸時代から続く、女性の早起きをして化粧をするという化粧観が残っている。

このグラビア広告の妻の髪型は、一九二九年頃から庶民のあいだで流行した「耳だし髪」をしていることから、上層階級でもモダンな新婚家庭でもなく、一般的な家庭を描いている。つまり、女性の早起きをして化粧をするという化粧観は社会階層にかかわらず、広く女性のあいだで共有されていたことがわかる。

> 化粧は目だゝない程にする。殊更につくり過ぎるのはよくない
> （文部省　一九四一　『文部省制定　礼法要項』愛国婦人会北海道支部、三一頁）

文部省が制定した『礼法要項』のなかには、女性は目立たない程度の化粧は必要としるされている。この『礼法要項』は、礼法要項趣旨として「主として中学校に於ける礼法教授の資料として編纂したものであるが、同時に又一般国民の日常心得べき礼法の規準たらしめんとするもの」とある。日本国民の日常的な礼法の基準を示すものであり、中学校で指導されていた。

つまり、日本国民にとって、化粧は目立たない程度、すなわち身だしなみ程度にする必要があり、そのようにすることを中学生が学んでいた。身だしなみという意味では、一八七二年に「朝の歯磨き」キャンペーンが実施されている。その後、一九三七年の尋常科第一学年向けの教科書『小学作法』に、朝起きたら歯や顔を洗うことが定められた。

だが、これは化粧とは性格を異にするものだろう。つまり、朝の歯磨きについては保健衛生の普及や推進と考えられるが、化粧の場合は保健衛生との直接的な関係がみえにくい。化粧をしなかったからといって、健康が害されることはない。にもかかわらず、化粧をすることが日本国民の礼法の一つに定められ、中学生が学ぶ。

従来から存在した化粧はたしなみとされていた意識の普及と、その役目を担った小笠原流礼法の学校教育への導入が『礼法要項』に化粧をたしなみとすることを、明文化させた。

化粧への批判と自粛

化粧が「一般国民の日常心得べき礼法の規準」として定められていた。にもかかわらず、戦時中は化粧品を販売する業界が、その使用を自粛するよう女性に訴えかけていく。

花王は「浪費はやめましよう」、パピリオは「時節柄、節約して大切にお使ひ下さい」、カガシクリームは「こゝも戦場だ　華美な化粧は米英のもの、簡素の美こそ日本のもの！」、レートは「一億火の玉だ！身だしなみは素肌の健康一點ばり」など、清楚さと戦時意識を鼓舞するキャッチフレーズをともなう広告となっていく。

「パーマネントはやめませう」。戦時中の女性の髪型に対するスローガンとして、あまりにもよく知られた標語だ。だがこれは、パーマネントが欧米から入ってきた「敵性」の髪型であったから「やめませう」と、スローガンとなったわけではない。

> パーマネント・ウェーブに電力をつかうことが禁じられて以来、窮余の策として木炭を使用した代用パーマ、また木炭の粉を固めた「プリ・ヒート」が登場する
>
> (廣澤榮　一九九三　『黒髪と化粧の昭和史』岩波書店、一四一頁)

一九四三年の電力消費規制から、パーマネントに使用する機器への電力使用が制限された。そのため、多く

の美容院では、客が自ら持参した木炭によるパーマネントが続けられたという。じつは、美容への電力使用の制限はパーマネントだけではない。洗髪後に髪を乾かすヘアドライヤーの使用も制限された。

だが、一九四三年以前は「制限」ではなく、「自粛」であった。一九四〇年頃から、美容技術者が銀座、新宿、浅草などでテントを張り、「新体制髪型服飾相談所」を開設し、パーマネント自粛をよびかけた。そして、このあとに婦人団体の「パーマネントはやめませう」の運動がおこった。

パーマネントを提供する美容院のほうから、女性に自粛を訴えた。軍部が、直接パーマネントをすることに対して制限を加えたのではない。パーマネントのために費やされる電力消費を制限したにすぎない。現在、多くの美容店が月曜日を定休としている。二〇〇八年三月二四日の中日新聞によると、これは戦後の電力不足から利用量を抑えるために週一回の「休電日」が定められたことに由来しているという。

ただ、軍部は美容院で使用される電力を制限するのと同時に、電力を消費しない人の手による散髪は、都合の良いように利用した。

東京女子裁縫高等学院校長であった小出新次郎は一九六八年一二月の『しんびよう』(新美容出版)のなかで、憲兵隊からよびだしがあり、防毒マスクを装着したときの髪型を考えよということで、防毒マスクを装着の上「君が代」を歌える髪型をいくつか考案し、九段下にあった憲兵隊本部に出頭したことを回想している。

また、戦時中の記録映画や写真などでは、男性のあいだで、いわゆる「丸刈り」の髪型がおこなわれていた姿を多く、みることができる。しかし、この丸刈りも軍部から丸刈りにせよという命令があったわけではない。

従来は男子の髪型といへば、大體に於て、若い人はロング年輩向きにはハーフロング又は刈り上げ、といふのが年齢別にみた刈り方の通念でした。所が最近に於いては、短く刈るといふ事が、若い人の間に

も歓迎されて来つゝあるのです

（都新聞社　一九三七『都新聞：一一月一五日』）

戦前は、老若を問わず多くが長髪で、若い者ほど長髪にする傾向にあった。それが、若者のあいだで自主的に、短髪がおこなわれだした。

今年度などは日支事変の起つた七月の、前と後では、截然といつてよい位の変化が見られる事変勃発以来、イガ栗が目立つて殖えたこと、ヒゲが多くなつたこと、リーゼント型の長髪が短めになつて来たことなどが、後半期の特徴であらう

（都新聞社　一九三七『都新聞：一二月二七日』）

『都新聞』（現在の東京新聞）によると、盧溝橋事件を境に、丸刈りとひげが男性のあいだで流行しだしたという。軍人は丸刈りか、そうでなくても極めて短く髪を刈り上げていた。それは戦争において、衛生的にも軍事的にも長髪は向いていないからである。

しかし、社会の雰囲気が戦争へと向かい、軍人の姿を好ましくおもう人々が増加するなかで、丸刈りが軍人の表象として結びついた。そのとき、丸刈りは勇猛さをしめす軍人らしい印象を顔に与えるものと、人々に考えられるようになる。ひげをたくわえるようになったことは、戦に向かう武士のあいだでひげが好まれたのと似ている。丸刈りにせよと、軍部が指導しなくとも、男性は自ずから丸刈りにした。

戦時中における軍国美学は、軍国主義の教化が漸次一般化するとともに、国民のあいだに普及する。そして、

軍国主義の浸透により、丸刈りに美を感じ、自らも実践する者が増加した。それはあたかも、過去において被支配層が支配層の化粧を採用したのと同じである。

ここで、話を化粧の自粛に戻そう。化粧品製造業、美容院業界ともに、なぜ自ら率先して自粛活動をおこなったのか。それは、軍部から完全な営業活動を禁じられることを回避するために、軍部が好ましくおもう行動、この場合は自粛をおこなったと考えるのが妥当である。

パーマネントは、溶剤を用いて髪にくせをつけるものである。あくまで機器による熱は、溶剤の効果を促進させるためだけのものであり、必然のものではなかった。

また、ヘアドライヤーが使用できなかったときでも、「濡れセット」として生乾きの状態をむしろ逆手に取っている。全面的な営業禁止となるよりも、わずかながらでも営業できるように、美容院業界全体が軍部に迎合したのだろう。

また、化粧品業界では、経営という意味では一般女性に売れなくとも問題はなかった。いや、むしろ売ることができなかった。当然である。それは、戦時中の原料入手困難から化粧品が製造できなかったからだ。一般的にはそう考えられる。

しかし、現実は原料がなかったわけではない。実際、戦時中であっても、化粧品は国策として製造されていた。

資生堂は、信じ難いことではあるが、かなり大量の高級化粧品・香水とローションを製造した。しかも原料はもちろん、容器にいたるまで政府から特別に手当てされた

（資生堂　一九七二『資生堂百年史』資生堂、二八〇頁）

化粧品は、量が小さな割に金額がはる。しかも、簡単に輸送できる。このような利点があることから、外務省、大東亜省、海軍省の連絡会議にて、タングステンや銅などの戦略物資を購入するときの見返り物資として、現金の代わりとなる化粧品が製造されていた。また外交戦略において、外国高官夫人に贈呈する贈答品として製造された。つまり、一般の女性に売れなくとも利益は担保されていた。

化粧品原料の入手に困ることはなかった。しかしそれは、一般の女性が使用するために製造されていたわけではないため、市販するわけにはいかず、一般の女性に化粧品が販売されないようにしていたともいえる。戦時中、化粧品が製造されていたことは秘密にされていた驚きの事実として、毎日新聞も報道している。

戦争のはじまりとともに自粛の雰囲気が漂い、化粧品そのものの入手が困難となり、女性は化粧をしなくなったわけではない。礼法に定められ、家庭や学校からたしなみとしつけられた化粧は、女性に対して日常の身だしなみとして、どのような状況であっても意識された。

それは、戦争という特殊な状況のなかで、死に向かう身だしなみとしてである。

> 本土空襲が激化するにつれて女性のあいだに「死顔がきれいだと早く遺体を処置してもらえる」という噂が流れた。最後の身だしなみにと、女性は一瓶のクリームに憧れた
>
> （毎日新聞社　一九七五　『毎日新聞』五月二六日）

家屋の倒壊によるものか、爆撃によるものか、わからない。だが、どのような死に方をしても顔を美しくしておけば、野ざらしにされることはなく、すぐに埋葬してもらえるという噂があった。真実か否かは別にして、女性は死ぬときのこと、死んだ後のことも考え、化粧をしようとした。入手が困難だった化粧品を手に入れる

ために、軍部と性的な関係をもった女性もいたという。

山崎中尉がホオ紅を忘れるなという。話はこうだ。将校といえども戦闘激烈を極めたときは、極度の緊張で顔面蒼白となるのがあたりまえ、別に不思議はない。そのとき、ホオ紅を塗っておけば、顔面紅潮して悠々せまらず、部下の眼は指揮官たる将校に集中して信頼感深く、士気をますます鼓舞することが出来る

（小沢親光　一九七四『ノモンハン戦記』新人物往来社、一〇四～一〇五頁）

戦争だからこそ化粧が必要だったのは、むしろ男性かもしれない。戦いのときに、恐怖で顔面蒼白になるのを味方の部下に悟られないようにするために、「ホオ紅を忘れるな」というのだ。

いざ、戦いがはじまろうとするときに、頬紅を塗るという光景は少し滑稽におもわれる。だがしかし、日常の生活から戦争といった非日常の生活に、すなわち褻から晴へと臨むとき、化粧をすることは当然のことであった。

武士や軍人など、戦いでいつ死んでもおかしくない状況にいた者が、死を迎える瞬間に身だしなみを怠り、恥をかかないための心掛けとして、化粧をおこなうことは珍しいことではない。

頬紅の粉は、いつも懐に入れて持っているとよい。万一のことがあったとき、酔覚めか寝起きなどで顔色が悪いことがある。このようなときは、頬紅をつけた方がよい

（奈良本辰也（責任編集）一九六九「葉隠」『日本の名著：一七』中央公論社、一四六頁）

満州国とモンゴル人民共和国とのあいだで、国境線をめぐり勃発したノモンハンの戦いに挑んだ陸軍の軍人が、「ホオ紅を忘れるな」といったことと同じ言葉が江戸時代にもみられる。一七一六年頃に肥前国鍋島藩士の山本常朝が、武士としての心得についての見解を「武士道」という用語で説明し、田代陳基《つらもと》が筆録した『葉隠』である。

武士も軍人も、頬紅は戦いに挑むときの必需品であった。戦時中、化粧品が秘密裏に製造されていたのは、見返物資や贈答品としての用途だけではなく、戦争に向かう軍人の使用という用途もあった。

戦争の激化とともに、化粧品業界がみずから自粛活動をおこなった。しかし、化粧の自粛を叫んだのは不思議なことに、化粧品業界だけであった。婦人雑誌などでは、全くといっていいほど、化粧に関する自粛や批判についての記事はない。ただ『主婦之友』に、つぎのような記事がある。

> 女どもが金科玉条としてきてゐる婦道とは何であつたらうか。それは顔を磨き立て化粧を凝らし、姿を整へて、他の女よりできるだけ美しくし、男の眼を惹くことなのである
>
> （安田源四郎　一九四五「毒獣アメリカ女」『主婦之友：四』主婦の友、一二頁）

「女ども」とは、アメリカの女性を指している。そして、そんな女性は淫乱、酷薄、悪逆、非道だという。これは、女性からでた記事ではない。コロンビアカレッジを卒業し、安田証券社長とある安田源四郎という人物が寄稿している。彼は最後にこういう。

道義のため、正義のために、世界婦人のために、人類のために、この動物どもを絶滅することこそ、天が日本に与へ給うた大使命でなくして何であろうか

（安田源四郎　一九四五「毒獣アメリカ女」『主婦之友：四』主婦の友、一四頁）

安田源四郎にとって、アメリカの女性は、淫乱、酷薄、悪逆、非道な存在であった。そんなアメリカの女性が、日本人を殺せとアメリカの男性をたきつける。したがってアメリカの女性を殺せば、日本のため世界のためになる。戦時中独特の思想だ。

派手な化粧を淫乱などと結びつけ、それをアメリカの女性に投影している。しかしながら、だからといって日本の女性は化粧をやめようとも、慎ましく薄化粧にしましょう、ともいってはいない。

化粧そのものが淫乱、酷薄、悪逆、非道なのではなく、自己の功利のために男性を誘惑するアメリカの女性が批判の対象であり、彼女たちがその誘惑の方法として用いる化粧が、象徴となっているにすぎない。

戦争の激化とともに、婦人雑誌では化粧に関する記事だけではなく、化粧品の広告宣伝もみられなくなる。生きるか死ぬか、食べる物もおぼつかない戦時中に化粧の記事などあるはずがない。一般的にはそう思われる。たしかにそれもあろう。だが、化粧に関する記事が減少していく背景には、印刷するための紙がなく、雑誌や広告を作成することが困難であったことが一因である。

代表的な婦人雑誌である『婦人倶楽部』（東京社）をみると、「空襲下の子供老人病妊婦の対策」（一九四三年一二月）、「甘藷の代用食とおやつ二十一種」（一九四四年一一月）、「必勝防空寝巻の作り方」（一九四五年二月号）など戦時色の強い記事がばかりが目につく。化粧に関する記事は、一九四四年一月号に掲載されたナリス化粧品の広告「ナリスミルキー液体栄養クリーム」でなくなる。

つぎにあらわれるのは、一九四六年四月号の同じくナリス化粧品の広告「ナリス化粧料」である。記事そのものとしては、一九四三年八月号の「決戦下の髪型七種」でなくなり、一九四六年六月号に「夏の美容科学」で復活する。一九四五年八月一五日の終戦から半年して、化粧に関する記事がみられるようになる。

石田かおりの『化粧せずには生きられない人間の歴史』（二〇〇〇、講談社）には、防空壕からすり減った口紅がみつかった話が登場する。生活用品や衣服、食料などと一緒に使用していた化粧品を、いつの日か戦争が終わったら使用しようと、保管しておいたのだろう。だが、終戦直後の人々の生活は、日常的に化粧をするにいたるまでの余裕はなかったはずだ。

終戦直後は、化粧に関心を向けるまでには、人々の生活は回復していなかった。ただ、食料や衣服以外にもお金が使え、『婦人倶楽部』などの雑誌を購読するだけの経済的、時間的余裕がある者もいたのも事実だ。そういった者は化粧をする余裕もある。だからこそ、婦人雑誌に化粧品の広告が掲載された。

だが逆に、明日生きるための余裕がないからこそ、化粧をしなければならない者もいた。春をひさいだ女性、すなわち娼婦たちである。生きるために身を売った女性が、積極的に化粧を利用した。それはちょうど、安田源四郎が批判したアメリカの女性のような化粧である。いや、むしろアメリカの女性のように意図的に粧い、進駐軍を相手にしていたのだろう。そんな女性をとくに、「パンパン」とよんだ。

闇市といえば闇の女、パンパン、あれはどうしてパンパンというかと申しますと、まだ日本が戦争に勝ちまくっていた頃、南方の島に上陸した水兵さんたちに島の女性たちがパンをくれパンをくれと寄ってきたのが始まりだ

（結城昌治　二〇〇五『終着駅』講談社、三〇頁）

作家の結城昌治は『終着駅』のなかで、パンパンの語源について書いている。だが実際のところ、よくわかっていない。粋で優美で人目を引くという意味のフランス語パンパント（Pimpant）からきたという説、男性の下腹部が女性の尻にあたるパンパンという音からきたという説、ニューギニアで売春婦を意味するパンク（Pamuk）からきたという説などが有力といわれるものの、このほかにもさまざまな説がある。

日本人相手の街娼は「闇の女」などと呼ばれたが、次第にパンパンとの境界が不明確になり、パンパンは「闇の女」たちを含めた街娼の総称となっていった

（井上章一&関西性欲研究会（編）二〇〇四『性の用語集』講談社、二九七頁）

パンパン以外にも、闇の女とよばれた春をひさぐ女性がいた。

飢えて今頃　妹はどこに
一目逢いたい　お母さん
ルージュ哀しや　唇かめば
闇の夜風も　泣いて吹く
こんな女に　誰がした

（菊池章子　二〇〇四『定番ベスト』テイチクエンタテインメント）

これは、作詞家の清水みのるが一九四七年に手がけた『星の流れに』の一節である。清水みのるは『東京日日新聞』（現在の毎日新聞）の投書欄に掲載された、奉天から引き揚げた元看護師の悲惨な夜の女への転落に関する手記をよみ、怒りに震えこの詞をつくったという。

生活苦からの身売り、また進駐軍に暴行された女性は数しれなかった。戦後、内務省により進駐軍将校を対象に性的サービスを提供する特殊慰安施設協会（Recreation and Amusement Association）が設立され、それに属する日本女性がいるなど、春をひさいだ者が戦後は多かった。その数は七万人におよぶという（社会史学者の三橋順子の教示による）。清水みのるの「こんな女に誰がした」は、戦争によってもたらされた悲惨さの告発である。

図 *41*　米兵とたわむれるパンパン

春をひさいだ女性の象徴が、真っ赤なルージュ（口紅）だった。安田源四郎にしたがえば、アメリカの女性は濃化粧である。それも、口紅やアイシャドウをしっかりと用いる。ということは、アメリカの男性が、そんな化粧を好んでいたということだ。買春者が好む粧い。経済的な意味でも、そして政治的な意味でも支配層の好む粧いが、真っ赤な口紅に象徴されている。

春をひさいだ者は、そんな化粧をすることで、買春者や新しい支配層ともいえる進駐軍の将校から有利に選択されようとした。

なお、清水みのるは歌のタイトルを当初、「こんな女に誰がした」と考えていたが、GHQから「日本の反米感情を煽る」というクレームがつけられ、「星の流れに」となったらしい。そして、淡谷のり子によるレコーディングが計画されていたが、淡谷のり子の固辞により菊池章子が歌うこととなった。同時期に、戦後女性初の参院議員となり、法務大臣宮城長五郎の妻であった宮城タマヨが、「女学校を出た娘さんへ」と題して『婦人画報』に寄稿している。

化粧のし方や髪かたちは、その人の教養の程度を評価される一番手近なものでございます
（宮城タマヨ　一九四七「女学校を出た娘さんへ」『婦人倶楽部：四』東京社、一四頁）

化粧が、教養を表現するものだといっている。宮城タマヨは一八九二年に生まれ、一九〇九年に奈良女子高等師範学校を卒業している。したがって、戦前の化粧観をもっていたのだろう。

化粧するにしても度を超えぬ程度に奥ゆかしく、生活環境に調和したものでありたいと思います
（宮城タマヨ　一九四七「女学校を出た娘さんへ」『婦人倶楽部：四』東京社、一四頁）

化粧は女性のたしなみであり、身だしなみである。「度を超えぬ程度」というのは、文部省制定の礼法要項に書かれていた「化粧は目だたない程にする。殊更につくり過ぎるのはよくない」とほぼ同じだ。

人を喰つたような紅い唇や驚くほどあくどい化粧は不調和に見えます。特に今の日本のどん底生活の中では、人目をひくばかりか、反感を買うことになりますから慎みましよう
（宮城タマヨ　一九四七「女学校を出た娘さんへ」『婦人倶楽部：四』東京社、一四頁）

「人を喰ったような紅い唇や驚くほどあくどい化粧」をする女性がいた。それは、パンパンのような化粧であったのだろう。それも、「女学校を出た」女性がした。だからこそ、宮城タマヨは、わざわざ慎みましょうといわざるをえなかった。

のちに、売春防止法成立の有力な推進者の一人となる宮城タマヨである。「女学校を出た娘さんへ」と題して、間接的に春をひさいだ女性に訴えたのかもしれない。

だが、宮城タマヨ以外にも女学生の派手な化粧を批判した者がいた。

> 服装はみすぼらしいのに口紅ばかり真赤にしたのは、卑しく見えますね。それに女学生があまり口紅を真赤にし、その上アイシャドウまでしているのは、滑稽ですね
>
> （杉野芳子　一九四七「これからの服装と美容を語る」『婦人倶楽部：四』東京社、三五頁）

「これからの服装と美容を語る」と題された座談会のなかで、ドレスメーカー女学院（現在の杉野服飾大学、ドレスメーカー学院）院長の杉野芳子は、口紅で真赤に粧うことを卑しいといっている。そして、アイシャドウをするのは滑稽だと重ねている。服飾デザイナーをめざすドレスメーカー女学院には、そんな女学生が多かったのかもしれない。

もちろん、春をひさぐためだけではなく、服飾の最新の文化として、欧米の化粧を学生がまねていた可能性は十分にある。

洋装で極端に白粉を濃くすることはやめてほしいですね

（藤田とら　一九四七　「これからの服装と美容を語る」『婦人倶楽部：四』東京社、三五頁）

和洋女子専門学校教授の藤田とらは、女学校の先生をしている卒業生が洋服と和服の二重生活をしていると語っている。つまり、学校と家庭で洋装と和装を使い分けている。だが、化粧の仕方は服が洋装であっても、和装のようにしているため好ましくないという。

結局、爪を赤くするのがいけない、口紅はいけない、アイシャドウがいけない、というのではなくて、爪の赤いのも口紅の濃いのも、又アイシャドウも、それはそれで十分美しい。たゞ、それに似合わしい人が、それにふさわしいときにする場合が美しいので、無暗にやることがいけないのですね

（中原淳一　一九四七　「これからの服装と美容を語る」『婦人倶楽部：四』東京社、三五頁）

作家であり、服飾研究家の中原淳一は、派手な化粧がいけないのではなく、時と場所を考えずに粧われていることがいけないのだと、この座談会を閉めている。

「それはそれで十分美しい」と、それぞれの化粧品を用いることの美しさは認めていながらも、「ふさわしいときにする場合が美しい」と、化粧の方法については批判している。

杉野芳子にしろ、藤田とらにしろ、中原淳一にしろ、女学生とのあいだで化粧に対する意識が異なっていた。だからこそ、女学生がこのような化粧をする理由が理解できず、従来の化粧の意識から女学生を批判した。

なぜ、戦後に批判されたような、派手な化粧が女学生を中心におこなわれたのか。一つには、戦時中に自粛

していた化粧品業界が、一斉に消費者に対して化粧品販売を仕掛けたことの反動とみることもできる。

一九四六年一月に、資生堂は戦後はじめての多色刷化粧品ポスターを制作した。映画ポスターの二色刷りが主流であったころの多色刷である。そして、モデルとして起用されたのが、人気絶頂であった原節子であった。人々にあたえた衝撃の大きさは、想像に難くない。その後、各化粧品メーカーは、こぞって有名タレントをモデルに起用し、広告宣伝をおこなっている。

戦前に、学校を通じて普及された礼法としての化粧である。戦争の激化にともない学校それ自体が「国民錬成の道場」と化し、礼法や儀礼は重視された。しかしそれは、「必勝の信念」と「堅忍持久」の精神養成のためであり、親和を旨とする国家の平和や教養の礎としての礼法ではなかった。そのため、従来の化粧観が次世代に伝達されなかった。

あわせて、戦時中は化粧品が一般に普及しなかった。化粧品を使う機会、化粧をすることや化粧の方法を学ぶ機会がなかった。家で化粧をしている母の姿を見る機会は、戦時中ほとんどなかっただろう。

そのような状況のなかで、敗戦により進駐軍やその家族が日本に滞在し、アメリカ文化が流入した。敗戦国としての日本にとって、アメリカは文化的にも経済的にも豊かな国であった。そんな国の化粧を、八世紀頃に大陸の先進文化として白粉が広まったように、模倣した。

一九四〇年代後半に登場する化粧品広告には、テルミー化粧品本舗（現在のダイトーケミックス株式会社）の「アメリカ好みの化粧品」、ハリウッド化粧品の「アメリカ色豊かな」などの言葉が数多く登場する。

アメリカ的であることが、人々をひきつけたことは間違いない。しかしながら、アメリカ模倣の化粧法は、宮城タマヨや杉野芳子らに代表されるように批判されていた。

中原淳一が「無暗にやることがいけないのですね」とのべているが、ならば正しい方法を教えればよい。資生堂は、一九四九年から「特別美容講座」を開始した。

初めのうちは、宣伝ということが先生の頭にこびりついていたようですが、帰りますときには非常に喜んで下さいました。校長先生が販売会社にお礼にこられた学校があったそうです。(山口)
「男女共学のため女学生の気持ちも自然と荒くなりますので、こうした講座はぜひ必要です。来年も来ていただきたい」とのお話でした。(神戸)

(資生堂　一九七二『資生堂百年史』資生堂、三〇〇頁)

化粧品を販売する美容部員である「ミス・シセイドウ」が二人一組で七つの班を構成し、新制高等学校や女子師範学校などを一月一五日から三月五日にわたり三〇七校訪問している。受講対象は女子生徒のみであったが、このときの参加者は延べ、五万七〇〇〇人といわれる。

この講座は、資生堂の若年齢層に対する資生堂ブランドの周知が主な目的でおこなわれた。そのため、美容部員のリポートに、「宣伝ということが先生の頭にこびりついていたようですが」とあるのは、学校側が資生堂の特別美容講座の意図をつかんでいたことをしめしている。そしてこれは、学校で化粧品メーカーが宣伝をすることに対する消極性のあらわれともいえる。実際、資生堂も学校の立場を考えて、広告宣伝を極力ひかえた。しかし、「宣伝」であり、「化粧」への抵抗ではない。

戦後の学校では、戦前の師範学校で学んだ教師によって化粧が身だしなみであるという意識が残っていたのだろう。しかし、だからといって化粧をすることを、学校教育で子どもに教えることはなかった。

一九五〇年代後半から一九七〇年代前半にかけての約二〇年間、日本の経済成長率は年平均一〇%となり、

図 42　ハリウッドクリーム

生産力水準が戦前の最高時の水準にまで達した。いわゆる高度経済成長時代である。経済産業構造は、大きく変化した。農林水産業が衰退し軽工業から重化学工業、サービス産業が中心となった。高等学校への進学率が五〇%を超えるのは、一九五五年（五一・五%）からである。それも男女込みの数字であるから、男女別にした場合、女性の進学率はまだまだ低かった。女性の進学率が男性のそれを上回ったのは、一九六九年以降のことであり、それまでは大きく差があった。

男女ともほとんどの者が中学校を卒業すれば就職し、または結婚した時代である。とくに女性の場合、高等学校を卒業した者であっても、さらに大学などに進むのではなく、就職した。

就職しても、男性と同じような労働、能力が要求されることはない。領収書の整理、お茶汲みが主な仕事である。女性社員が、職場の花、オフィス・ワイフ、夫獲得の腰掛けとよばれ、公然と容姿が選考基準であった時代である。

新しい職場に巣立っていく女子高生にとっては、お化粧は大人になる『通行証』なのだ

（女性自身編集部 一九六〇「必ず好感をよぶOG化粧」『女性自身』二月二四日』光文社、四二頁）

就職するにしても、結婚するにしても、美しく粧うことが必然であった。学校側からみれば、卒業し就職、社会へ旅立つ生徒に化粧を教える場として、化粧品メーカーを利用した。

この特別美容講座は、資生堂特別整容講座、資生堂整容講座と名称が変わるものの、一九七〇年代においても、高等学校を卒業する女子生徒を対象におこなわれ続けた。『資生堂百年史』(一九七二、資生堂)による一九七二年の記録では、全国三六一五校で開催され、五〇四万四七九九名が受講している。

化粧の規格化

日本における化粧とは、異性を誘惑するための手段ではない。自分の精神を律し、他者に対する礼儀である。身だしなみの意味が、装飾以上に強い傾向にあった。それに対して、アメリカでの化粧は異性同性にかかわらず、自分をよくみせるための化粧であった。したがって、戦前の化粧に関する意識をもっている者にとってみれば、功利的に化粧をおこなっているとうつり、批判した。

だが、アメリカ的な価値観の流入にともない、化粧はいわば道徳としてではなく、個性を発揮させるものとして扱われていく。しだいにそれは、化粧だけにとどまらず、美容整形にまでおよぶ。

「身体髪膚受之父母不敢毀傷孝之始也」とは、孔子の『孝経』にある言葉である。一般的には、親からもらった身体に傷をつけることを良しとしないと考える。それは、一九九〇年代以降にピアスやイレズミが流行したときに批判された根拠でもあり、日本人の身体意識には、この儒教的モラルが支配していると考えるのが普通である。だが、一九五〇年代は、美容整形が盛んにおこなわれていた時期であった。

一九五〇年一二月号の『婦人倶楽部』(一九五〇、東京社)には、「医学から見た良縁の選び方」という結婚特集があり、そのなかで「美と整形」と題して、二重瞼や隆鼻手術が紹介されている。

また、一九六〇年生まれの美容ライター山本桂子は自分の母親の話として、縁談の決まった母の姉が父親に

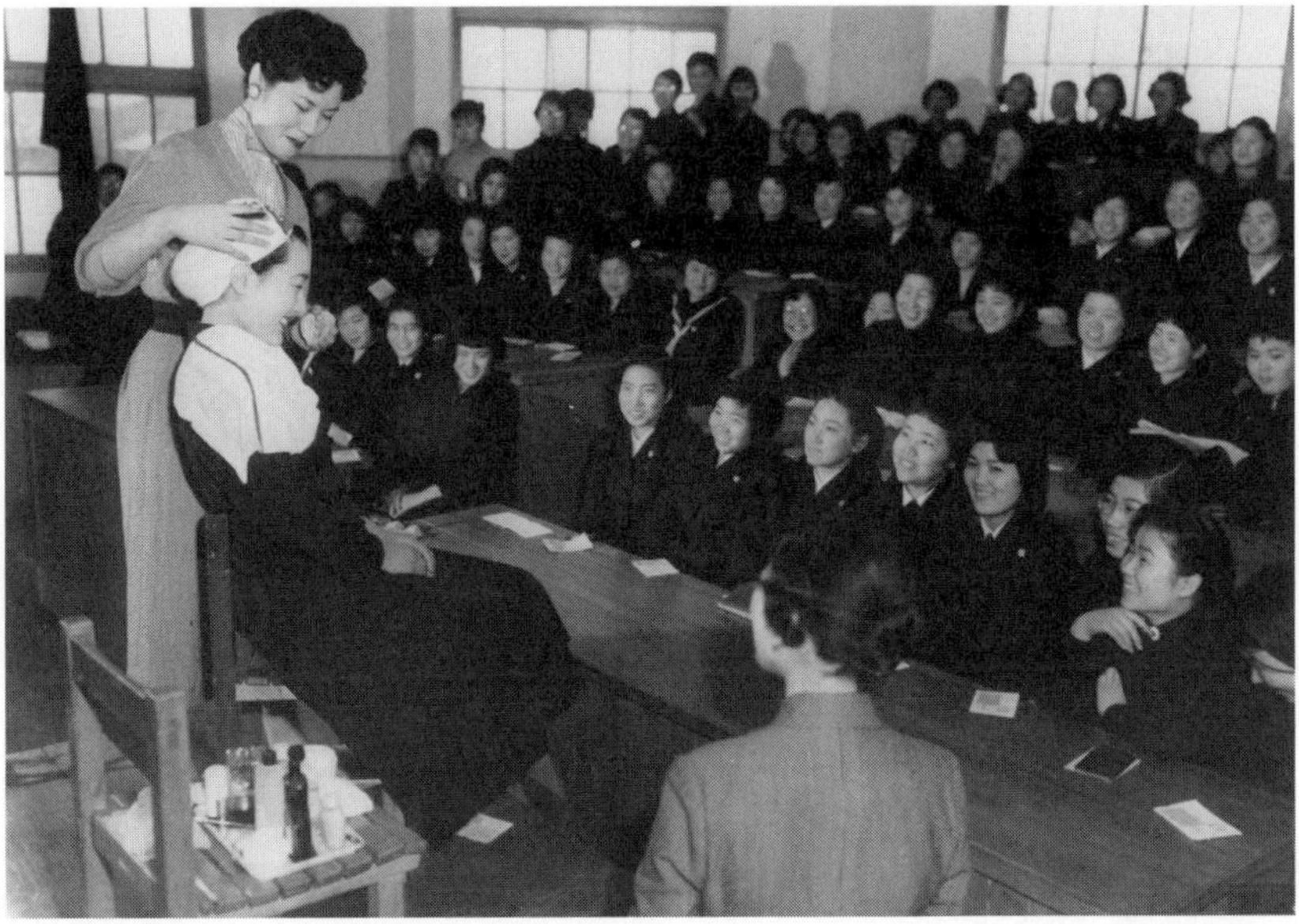

図 *43*　高校生への美容講座

最後のおねだりとして、一九五一年に日光への家族旅行の帰りに東京の十仁病院で手術を受けることになり、ついでに母も手術を受けたという話を、著書『お化粧しないは不良のはじまり』（二〇〇六、講談社）のなかで紹介している。

親からもらった身体に傷をつけることを良しとしないどころか、美容整形は姉のついでに受けるようなものであった。

一九五〇年代に美容整形を掲載した雑誌には、手術そのものの安全性に対する批判記事はあるものの、道徳の側からの批判記事はみられない。

韓国の一八歳以上の女性一〇人中八人は美しくなるために美容整形の手術が必要だと感じており、二人中一人の割合で一回以上美容整形手術を受けた経験がある

（朝鮮日報　http://www.chosunonline.com/article/20070222000036（二〇〇七年九月四日確認））

儒教的モラルという意味では、日本以上にそれが身体意識を支配していると考えられる韓国でも、美容整形は一般的といえるほどに人々のあいだでおこなわれている。

現在の韓国社会において、社会的に成功するためには学歴か美貌であることが影響しているという(京都精華大学准教授の申昌浩《シンチャンホウ》の教示による)。そのため、親が子の整形に反対することはほとんどなく、親が子に、子が親に整形をすすめることもあるという。

親孝行を社会的な成功であるという視点から考えてみると、親から貰った身体に傷を付けない事が孝行の第一歩とは考えられていないのではないか。すなわち、美容整形により美しくなり、社会的に成功し豊かになる。そして、親を経済的に支援する。これが孝行だと考えられているとすると、儒教社会である韓国で美容整形が盛んになった理由の一つが、浮かびあがる。

話を、少し戻そう。

一九五〇年以降、日本経済は朝鮮戦争とそれを契機とする国際経済の変化により、増大した輸出と特需による外貨収入によって、産業は増産体制に転じ、好況は内需にも波及した。「もはや戦後ではない」の言葉は、一九五六年の『経済白書』にある。

所得倍増論が発表され、経済白書の「消費革命」という言葉とともに、大量生産大量消費に支えられ化粧品業界も勢いづいていく。女性の社会進出に合わせ、女性が自身で自由に使用できる可処分所得が増加し、化粧品に費やすことのできる金額が上昇した。

敗戦から人々の生活が復興し、そしてアメリカの生活スタイルが憧れとともに、一つのめざすべきモデルとなる。化粧においても、宮城タマヨが批判した「服装はみすぼらしいのに口紅ばかり真赤」という状況ではなく、衣服も充実した。

化粧のモデルは伝統的な日本の化粧ではなく、アメリカの化粧である。しかしそれは、従来の濃く派手な化粧ではなく、オードリー・ヘプバーン（Audrey Hepburn）、ツイッギー（Twiggy：本名 Lesley Hornby）、ブリジット・バルドー（Brigitte Bardot）といった欧米の女優やモデルを理想として、まねる化粧であった。だが、それは憧れの対象だからという理由で、無条件にまねられたわけではない。

ヘプバーン刈りは私たちサラリーガールにとってありがたかった。美容院へ行かなくてもすむし、ときどきブラッシングするぐらいでいい。むしろ、手を入れない方が野生的なミリョクがあっていい
（廣澤榮　一九九三『黒髪と化粧の昭和史』岩波書店、二五七頁）

ヘプバーン刈りといえば、オードリー・ヘプバーンが一九五三年の映画『ローマの休日（原題：*Roman Holiday*）』でみせたショートヘアである。このヘプバーン刈りも、欧米の女優がしているからという単純な理由だけではなく、女性の社会進出にともなう活動性に適したことが、多くまねられた理由でもあった。

女性の社会進出が、使用する化粧品にも変化をもたらした。

照明に注意する。たとえば家で柔らかい味の出た化粧も会社の蛍光灯の下では冷たくうつる
（女性自身編集部　一九六〇「必ず好感をよぶＢＧ化粧」『女性自身』二月二四日』光文社、四三頁）

図 *44*　ヘプバーン刈り

会社や工場などに使用される蛍光灯の光の色が、女性の肌をくすませて黒くみせていた。そのため、黄色みを帯びたオークル系からピンク系のファンデーションが多く使用されるようになる。

一九六〇年代から一九七〇年代に、ファッションに興味がある女性から支持を集めた雑誌『若い女性』（講談社）には、すでに一九五六年に「蛍光灯の下では肌が黒ずんで汚れて見えるので、淡いピンクかグリーンの白粉でファンデーションをおさえ」（「お化粧の共同研究」『若い女性』）という記事が掲載されている。

また、近年では公共の場、とくに電車やバスのなかで通勤や通学時間の合間をぬって化粧をおこなう人々の姿が多くみられる。

公衆の面前で化粧をすることは、車内通路での「べたずわり」や携帯電話のように他人に迷惑をかける行為ではない。しかし、世間の一般常識から見れば、車内化粧は恥ずかしいことであり、また見る人によっては不快な感情を抱く行為である

（朝日新聞社　二〇〇六『朝日新聞：八月一日』）

中村信陽堂が、日本で最初の欧式棒状口紅「オペラロ紅」を発売したのは一九一七年、中山太陽堂が日本で最初の固形白粉「クラブ固練白粉」を発売したのは翌一九一八年である。これ以降、人々は外出先でも化粧をすることができるようになった。

「實は何ですよ、一週間程度前のことですが、或る日わたくしが阪急電車にのりますと、風上の方の隣

の席に盛装を凝らした御婦人が掛けてをられましてな、ハンドバッグからコムパクトを出して、から
——鼻のあたまをパタパタ叩きはじめたと思つたら、途端にわたくし、続けざまに二つ三つ嚏《くしゃみ》が出ま
したんですが、そんなことツてございますもんでせうか」
「あはゝゝゝ、それはその時、五十嵐さんの鼻がどうかしていらしつたんぢやないでせうか。コムパ
クトのせゐかどうか分りませんわ」
「とまあ、わたくしも一度ならさう思うところでございますが、前にもさう云う経験がございまして、
そのときが二度目なんでして」
「あゝ、それはほんたうでございます」と幸子が云つた。
「——わたし、電車の中でコムパクトを開けて、隣の人に嚏されたことが二三度ございます。私の経験
を申しますと、上等の匂のするお白粉ほどさう云うことが起こりますの」

（谷崎潤一郎　一九八二、「細雪」『谷崎潤一郎全集：十五』中央公論社、七二～七三頁）

谷崎潤一郎が一九四三年から発表をはじめた『細雪』には、大阪や神戸の上流人の生活が描かれている。そのなかで、宝塚歌劇団を有する阪急電鉄の車内で化粧をする女性の姿がある。だがけっして、それは批判めいたものではない。また、「上等の匂いのするお白粉」を使用する上流人にたいする羨望のまなざしでもない。電車内で化粧をする女性は、すでに一九三〇年代からいた。

市電にお化粧用の鏡　満員の中でも御婦人たちコンパクト不要です

（読売新聞社　一九三六『読売新聞：二月二五日』）

小説のなかだけではなく、現実にも電車内で化粧をする女性がいた。そして、それが批判されていたわけではない。むしろ、化粧をすすめるとばかりに、車内に鏡が設置された。化粧は人前でするものではないという意識が、女性の社会進出と関連し薄れつつあったのだろう。

電車内での化粧に限っていえば、化粧は人前ですべきではないという意識は、一九三〇年代に分断されている。今日の電車内での化粧を「若者たちの恥知らずな行動」（二〇〇一『週刊アエラ』）、「公共の場面でのマナーに無頓着」（二〇〇六『朝日新聞』）と批判することは、現代的なことだということがわかるだろう。

一九六〇年を前後として、経済行動の変化にともない日本のライフスタイルは大きく変化した。労働省（現在の厚生労働省）の『昭和四四年労働経済の分析』（一九六九、労働省）によると、一九六一年以降の名目現金給与額は九・五％から一五・六％となっている。これはイギリスが二・〇％、アメリカが五・一％であったなかで、日本は一〇・九％という高い経済成長率であったことが影響している。

また、第一次産業従事者が減少し第三次産業従事者が増加するなど、産業構造も変わることで、人々のライフスタイルの変化に影響をおよぼした。そのため、坂田稔の『ユースカルチュア史―若者文化と若者意識』（一九七九、勁草書房）をはじめとして一九六〇年代を一つの転換期として、若者文化に注目する研究者は多い。そして、ライフスタイルの変化はつぎつぎと新しい化粧を創出した。

一九五七年、モデルから歌手に転身し、トリニダードの労働者がバナナを船に積み込むときに歌う労働歌をもとにつくられたハリー・ベラフォンテ（Harry Belafonte）の「バナナボート」を歌った一九歳の浜村美智子が世間を驚かせた。

それは、浜村美智子の歌う「バナナボート」にというよりも、褐色の白粉に茶色い口紅、グリーンやグレー

年	現金給与総額		定期給与
	名目	実質	名目
昭和 28 年	15.3	8.1	14.1
29	6.5	0.2	7.0
30	5.2	6.3	4.5
31	7.5	7.2	5.1
32	4.6	1.5	3.0
33	3.1	3.4	3.6
34	6.1	5.0	4.6
35	6.8	3.1	4.9
36	11.3	5.7	9.4
37	10.3	3.2	10.2
38	10.7	2.9	9.4
39	10.0	6.0	11.3
40	9.5	1.7	8.9
41	10.8	5.4	10.1
42	11.8	7.6	11.4
43	13.6	7.8	12.4
44	15.6	9.9	13.6

表 5　給与の上昇率　(資料出所　労働省「毎月勤動統計」)　(単位　%)

産業	実数（千人）				増減率（%）		
	昭和 34 年	37 年	40 年	43 年	37 年	40 年	43 年
全産業	41,330	42,855	44,779	49,006	3.7	4.5	9.4
農林業	14,886	12,340	11,177	10,268	▲ 17.1	▲ 9.4	▲ 8.1
うち農業	14,501	12,031	10,905	10,028	▲ 17.0	▲ 9.4	▲ 8.0
非農林業	26,435	30,515	33,603	38,730	15.4	10.1	15.3
漁・水産・養殖業	628	587	575	574	▲ 6.5	▲ 2.0	▲ 0.2
鉱業	621	484	368	297	▲ 22.1	▲ 24.0	▲ 19.3
建設業	2,103	2,544	2,811	3,527	2.1	10.5	25.5
製造業	8,056	10,277	11,230	12,606	27.6	9.3	12.3
卸売小売業	6,088	6,746	7,478	8,925	10.8	10.9	19.4
金融保険・不動産業	730	1,004	1,187	1,348	37.5	18.2	13.6
運輸通信・公益事業	2,356	2,673	3,008	3,382	13.5	12.5	12.4
サービス業	4,631	4,833	5,433	6,587	4.4	12.4	21.2
公務	1,222	1,282	1,493	1,485	4.9	16.5	▲ 0.5
第一次産業	15,514	12,927	11,752	10,842	▲ 16.7	▲ 9.1	▲ 7.7
第二次産業	10,780	13,305	14,409	16,430	23.4	8.3	14.0
第三次産業	15,027	16,538	18,599	21,727	10.1	12.5	16.8

表 6　産業構造の変化　(資料出所　総理府統計局「就業構造基本調査」)

のアイシャドー、マスカラにアイラインという、浜村美智子の「カリプソメイク」への衝撃であった。それまでの化粧は、個性的とはいわれながらも、女優やモデルをまねた没個性的な化粧であった。しかし、カリプソメイクは、一九歳の浜村美智子自身が考えだした化粧だった。

衣装は全部自分のアイディアだったんですよ。当時まだお金が無かったので、「バナナボート」に合う衣装は何がいいかと思いまして、コーヒー豆の袋でドレスを自分で創りました。それがたまたま「バナナ〜」のイメージに合ったんでしょうね

（キタガワレコード　http://kitagawarecord.co.jp/hamamura-m.html　(二〇〇七年九月一五日確認)）

それまでの色や化粧品の組合せの常識とは異なる化粧に、大人たちは驚愕した。たとえばアイシャドウである。アイシャドウは、夜に使うものであり、昼にはなるべく使わないほうが無難と、この当時考えられていた。今日では、顔を立体的にみせ、眼を印象的に引き立てるというような利点で使用されるが、一九六〇年頃は水商売といった「夜の蝶」たちに使われるものという観念が強く働いていた。だからこそ、ドレスメーカー女学院の杉野芳子も批判したのだ。

自分の姿を自己嗜虐とさえ思われる程の、自己主張を暴露的に試みたのが、カリプソ・メーキャップだと考えていいと思います

（マヤ片岡　一九五七「カリプソとエレガント」『若い女性：八』講談社、一〇三頁）

マヤ片岡をはじめ、山野愛子などの美容家、また資生堂などの化粧品メーカーが提案していた化粧ではなく、化粧をおこなう女性が、自らのライフスタイルに合わせ新しい化粧をつくっていく。

だが、若者にこれらの個性的な色や方法による化粧が支持されるや否や、化粧業界はそれまでにはない提案をおこない、追随するようになる。色を例にあげると、「カラー・キャンペーン」がある。

図 *45*　カリプソ娘

一九六〇年は消費ブームの年といわれた。活発化した消費志向に、もっとも訴求しやすい要因として、カラーが選ばれた。一九六〇年代を通じて、各百貨店により、さまざまなテーマでカラーキャンペーンが打ち出されていった。

一九六〇年の三越による「アメリカンイエロー」とメディタレニアンによる「イタリアンブルー」、一九六一年の伊勢丹による「イタリアンブルー」、一九六二年の高島屋による「ジュネスシャーベット」と西武による「シャーベットトーン」、一九六四年の伊勢丹による「カブキカラー」、一九六八年の伊勢丹による「ピーコック革命」などがある。

たとえば、「シャーベットトーン」とは、ストロベリー・ピンク、パイン・アップル・イエロー、ライム・グリーン、ソーダ・ブルーなど寒色系のことである。これは、日本流行色協会の婦人服カラーとして発表された。このキャンペーンには、西武だけでなく、高島屋、伊勢丹などの百貨店のほか、東洋レーヨン（衣料品）、資生堂（化粧品）、東芝（家電）、不二家（洋菓子）、リリー（靴）、ダイアナ（靴）、東京ハット（帽子）などの企業が連携して宣伝、販売をおこなった。その結果、世の中には企業が提案する色しか、ほぼ存在しないというありさまとなり、知名度は九七・六％になった

（日本ファッション協会流行色情報センター　http://www.jafca.org/（二〇〇八年一二月一日確認））

このカラー・キャンペーンには美容業界も参加し、髪をさまざまな色に染め変えるヘア・ダイが登場した。一九七〇年代の化粧品業界は、化粧品の品質をめぐり低迷する。しかし、この低迷が、一九八〇年代以降の化粧におけるキーワードを生み出すことになる。

一九八〇年ごろからは、化粧品業界は化粧品そのものではなく、化粧品により表現される新たな女性像を提案しはじめる。カネボウは、一九七九年に「レディ'80・キャンペーン」をはじめる。これは、女性の社会的地位の向上に着眼し「'80年代に羽ばたく新しい女性を求めます」という宣言のもとにスタートしたキャンペーンであった。

このキャンペーンは①女性の意識向上という視点から社会性がある提案、②ロングランキャンペーン、③地域住民を巻き込んだ消費者参加型、④商品とイメージガール、キャンペーンテーマの一体型という四つのポイントから、従来の化粧品キャンペーンにない画期的なキャンペーンといえる。第一は女性

の意識向上に貢献した点である。高齢化、高学歴化が進展し、とくにキャリア・ウーマンという言葉に代表される女性の就業意識の高まり、社会参加など、女性の地位向上に大きく貢献したキャンペーンという視点から見たときに、社会性のある提案であったと言うことができ、後援団体の一つに日本ユニセフ協会が加わった意味も理解できる

（水尾順一　一九九八『化粧品のブランド史』中公新書、一三八〜一三九頁）

レディ'80にふさわしい女性が、約二万六〇〇〇人の一般応募者から選ばれた。その条件は、健康的な美しさ、ファッションセンス、人間としての普遍的な魅力であるやさしさ、知性とセンスを兼備した国際感覚、ゆたかな教養で支えられる社会感覚をもちあわせていることであった。

ミス・レディ'80・コンテストといえる選考のなか、選ばれたのは当時二一歳の松原千明である。これは、プロのモデルではない一般の女性のなかから選出された。同世代の女性のあいだで共通の意識が顕在化し、価値が共有されたということでは、たんなるコンテスト以上に大きな意味をもつ。レディ'80に備わる条件が、理想として標準化されることで、女性は規格化された。

平成元年は資生堂が二一世紀に向けての高齢化社会への対応として資生堂国際フォーラム「サクセスフルエイジング」を開催、化粧品メーカー各社が高齢化対策化粧品の開発に乗り出す。すでに政府は六一年に長寿社会対策大綱を閣議で決定し、日本の社会的重要課題として産業界挙げて取り組みを始めていた

（水尾順一　一九九八『化粧品のブランド史』中公新書、三〇頁）

女性の規格化はさらに続く。若さが美しさであるという価値観だけでなく、人には他人には表現できない固有の美しさ、いわゆる個性があり、内面から滲み出る美しさがある。したがって、四〇代は四〇代にしか表現できない美しさがあり、年齢に合わせた美しさがあるとして、資生堂は「サクセスフルエイジング」を提案しはじめた。これは、平均寿命の上昇に合わせた新たな化粧品市場の創出である。

美容産業というものを、イメージしていただきたい。化粧品をはじめとする、美容品を売りさばく産業である。この産業が売り上げをのばすために考える戦略は、明白である。できるだけたくさんの女が、美人になるための努力をするように、しむける。この一点に、かぎられる。一部の女だけしか、美人になりたがらないようだと、マーケットの拡大はありえない

（井上章一　一九九六『美人論』朝日新聞社、一四一〜一四二頁）

この指摘は、市場拡大の意味で正しい。子どもは化粧なんて必要ない、高齢者が化粧するなんて。そういう価値観の存在は、化粧品の消費を拡大させない。しかし、「年齢に合わせた美しさがある」という価値は、生から死までのあいだで、化粧品が消費し続けられることを意味する。

新しい価値の普及には、化粧品業界の地道な営業努力だけで確立するものではない。平均寿命の上昇、社会進出などさまざまな要因の変化が人々の意識に影響を与え、消費者自身の要求がなければ一時的な現象で終わってしまう。

現在の美容産業は、女を主たるターゲットにしている。男には、さしてウエイトをおいていない。ただ、今後のさらなる成長を考えれば、いずれは人類のもう半分のほうに、興味をもちだすだろう

（井上章一　一九九五『美人論』朝日新聞社、一四五頁）

人文学者の井上章一は、歴史的におこなわれてきた男性化粧ではなく、産業としての男性化粧品についてのべているのだが、この予測はすでに現実のものとなっている。

男性用、紳士用と銘うって、大々的に売り出した本当の動機は、実は営業政策からなんです

（読売新聞社　一九六五『読売新聞：一〇月三〇日』）

歴史的におこなわれ続けてきた男性の化粧である。だが、戦時中に軍人が用いた化粧品も、それ以前の男性が用いていた化粧品も、男性用ではなかった。いや、そもそも化粧品には、男性用も女性用もなかった。

《男性化粧品》などと、わざとらしい看板をかけるから、誤解を招くらしいのだが、その中身はなんだというとつまりは、髪油、ポマード、チック、ヘヤートニック、それにローション、乳液、クリームといったもの。これなら、ぼくらも、若いときに使ってたし、まあ、身だしなみ程度のもので、べつにどうということはない

（花森安治　一九七二「演出される男たち」『暮らしの手帖：一〇』暮しの手帖社、一八頁）

『暮らしの手帖』を創刊した一九一一年生まれの花森安治は、男性用とわざわざいわなくとも、男性が使用する化粧品は従来からあったという。彼は、雑誌編集者として有名であるが、東京帝国大学文学部美学美術史学科卒業後に伊東胡蝶園宣伝部に入社している。そのため、化粧品に関する知識に間違いはないだろう。

女性のみを対象とする化粧品販売では、市場の拡大に限界がある。限界に達した女性市場の飽和に対して、その解決のために男性を対象とする化粧品市場が創出された。戦後における男性化粧は、女性化粧の市場拡大の鈍化において、あらためて男性を対象としはじめたことに由来するといってもいい。

この男性用化粧品の市場に対して、ライオンとブリストルマイヤーズ社は提携して、男性化粧品「バイタリス」を一九六二年に発売した。このバイタリスは新聞、テレビ、雑誌などで宣伝活動を展開し、従来のポマードやチックにかわる新しい液体整髪料として若者に支持された。

資生堂は、一八九八年の「ひげ油」をはじまりとして、一九一五年には「フローリン」などのポマードやチックといった整髪料を発売していた。しかし、本格的に男性用化粧品に資生堂が参入するのは、一九六七年にすでに発売していた整髪料MG5をリニューアルし、男性用化粧品シリーズとしてフルライン化したころである。

生産性の問題から考えれば、男女を区別せず同一商品を同一パッケージ、同一の広告で販売すればよい。そのほうが余分な経費がかからず、利潤が高まる。

しかしながら、ポマード、チック、ヘヤートニックは主に男性に使用される化粧品であるが、ローション、乳液、クリームは化粧の下地として主に女性に使用される。つまり、男女で消費する化粧品に差がある。また、パッケージデザインや広告など男女の嗜好の違いに対応できない。

高度成長期、男性には企業戦士として外で働く男らしさが要求され、女性には家庭を守るよき母としての女らしさが要求されていた時代である。

図46　資生堂 MG5

図47　MANDOM

今どきの〈若いもん〉よ。君は、テレビのコマーシャルなどで、男性化粧品が、やたらに〈男〉を演出したり、〈男らしさ〉を作るために、必要なのだ、と力説するのに、気づいているだろう。かなしいとはおもわないか。〈男〉はだまって、そこにいるだけで、〈男〉なのだ。それを、一びん千円たらずの化粧品で演出してもらわなければならないとしたら、もともと、それは〈男〉でもなんでもない。そんなものに、一文の値打ちもありはしないのだ

（花森安治　一九七二「演出される男たち」『暮らしの手帖：一〇』暮しの手帖社、一九頁）

丹頂（現在のマンダム）のように、チャールズ・ブロンソン（Charles Bronson）のような、マッチョな男らしさのイメージで男性化粧品の広告をおこなった企業もある。

西部開拓時代を思わせる広告映像のなかで、ひげを剃ったあとに使用するシェービングローションがしみることさえも、ガマンすることがかっこいいというイメー

ジ戦略。これに対して、花森安治は、化粧品により演出される男らしさに疑問を投げかけた。批判があったものの、男性化粧品の消費拡大を企てる化粧品業界は、戦後、女性におこなったのと同じ方法で、男性化粧品の市場拡大を図っていく。

美容部員を講師にして、MG5を講義材料に若者たちへおしゃれ講習を積極的に実施した。MG5が総合ブランド化された翌年の七〜九月の三ヶ月間に、全国二五三五ヶ所で「男性専科・MG5マスターコース」を開催し、八万八〇〇〇人もの受講者があった。さらに、翌年三月卒業の男子高校生を対象に「身だしなみ講座」開講をきめたところ、全国から二八〇〇校、四〇万人の受講希望者が殺到するという盛況ぶりであった

（資生堂企業文化部・前田和夫　二〇〇〇『MG5物語』求龍堂、一三三〜一三四頁）

一九六八年には全国で美容講座が開催され、一九六九年の三月には男子生徒を対象にした講座が高等学校でおこなわれた。女子生徒を対象とした講座が開かれてから二〇年後のことである。

一九六〇年代は、大学紛争やベトナム反戦運動が盛りあがりをみせていた。そんななか、資生堂は高校生だけではなく警視庁第四機動隊や相撲の井筒部屋にも美容部員を派遣し「男の身だしなみ」の指導をおこなった。戦国時代や第二次世界大戦を戦う軍人のあいだで化粧がおこなわれたように、学生たちから「鬼の四機」とおそれられた機動隊や相撲取りといった、戦いのさなかにいる男性に化粧講座が開かれた。

化粧品を使用することは男らしいことだ、という化粧品業界の意図が読み取れる。しかも、化粧をすることを「美容」ではなく「身だしなみ」として広めていった。

それまでは中高年相手に、あるいは実際の購買者である奥さん相手に訴えていたものを、直接、若者に訴えた

（資生堂企業文化部・前田和夫　二〇〇〇『ＭＧ５物語』求龍堂、九六頁）

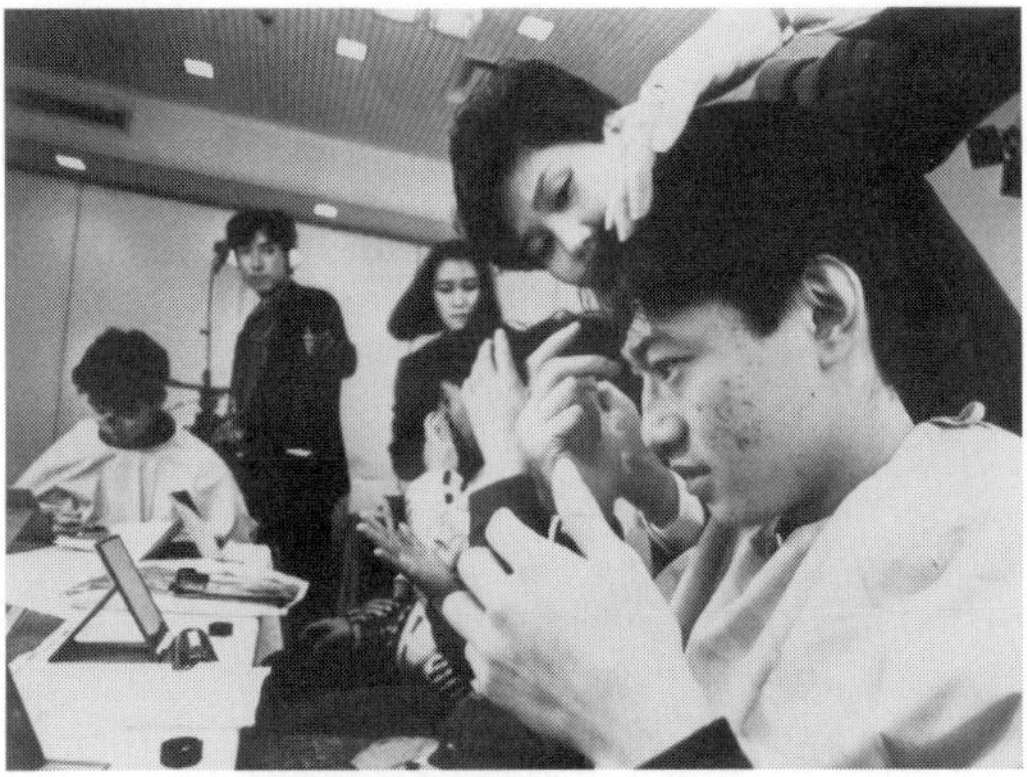

図 *48*　男も女も化粧する時代 資生堂主催新卒者美容教室

高等学校の卒業式や修学旅行には、かかさず見本のコフレのプレゼントを生徒たちにおこなった。化粧品売場に足を運び化粧品を購入する者の大半は、母である女性であった。だが、実際に使用する者に対する直接の販売戦略をおこなったことで、確実に市場を拡大させていった。

母子連れの姿がみられた。チェインストア「フクタヤ」のお店の前で、この母子は、足を止めた。お子さんは中学生の男の子である。その中学生の視線は、店内ではなく、店頭のＭＧ５製品のゴンドラへ。そして「ＭＧ５だ、お母さん、ぼくほしいな」と母親にいう。「学校の友だちも、みんな使っているよ」とことばをつづける。「中学生のご愛用者が、驚くほど多いのですよ。父親というよりも、母親と連れたって見える方が目立ちますね。

テレビのコマーシャルを見ている方が多いのか、ほとんどが

指名客ですね」とフクタヤの店長石葉さんはいう

（資生堂推販部推販課　一九六八「ＭＧ５―おしゃれを競う男性と女性」『資生堂チェインストア：七月号』資生堂、九頁）

「身だしなみ講座」により、直接に広告宣伝していた高校生だけではなく、中学生までもがＭＧ５を手にしていた。ＭＧ５を利用する高校生を中学生がまねたのがきっかけなのだろう。

だが、もう一つ考えられる。雑誌の影響だ。とくに、一九六四年に創刊された『平凡パンチ』である。

今にしておもうと非常に不思議だが、大人の雑誌か、そうでなければ子供の読む雑誌しかなく、若い世代が読む雑誌というのは存在しなかったのだ。そこに『平凡パンチ』が登場した。それは鮮烈な登場であった。音楽やスポーツや恋愛など、政治や勉強以外の、感性の解放に光を当てた雑誌の登場であった

（資生堂企業文化部・前田和男　二〇〇〇『ＭＧ５物語』求龍堂、四三頁）

『平凡パンチ』の発信する、恋愛、音楽、おしゃれなど、若者の行動様式に関する情報。それは、若者にとっての理想であると同時に、標準化し規格化させる。

通っている「学校の友だちも、みんな使っている」かどうかはわからない。しかし同世代の中学生は、みんなＭＧ５を使うものだという意識が、『平凡パンチ』や、それ以外のメディアを通じて共有されるようになる。

当時のＭＧ５の価格は、三〇〇円から五〇〇円であった。映画の入場券が五〇〇円程度の時代である。安くはないが、けっして高いともいえない価格設定であった。子にせがまれれば、親は買ってやれないこともなかった。

だが、中学生が消費する。これは、販売する側も予期しなかった現象なのだろう。

中学生でも使ってますものね。むかしでは考えられませんでしたね。中学生くらいの坊やが使うなんて
（資生堂推販部推販課　一九六八　「MG5、男性が魅力を感じる商品です」『資生堂チェインストア：七月号』資生堂、一七頁）

資生堂チェインストアの店主たちの座談会で、埼玉県大宮市の栗友薬局店主である栗友道子は、中学生が化粧品を使っていることに驚きを隠せていない。

「男らしさ」をお化粧で引き立てよう、と売り出された男性用の口紅、まゆ墨、ファンデーションが、メーカーの在庫がたびたび品切れになるほどの人気だ。買っていくのは学生や若いサラリーマンが中心だが、メーカーの調査によれば、三〇代、四〇代も少数ながら、いる。「デートやパーティー」だけでなく「職場、学校」へもメークして出かけるのだそうだ。ふつうの男が抵抗なく化粧する時代の到来か
（朝日新聞社　一九八五　『朝日新聞：四月二二日』）

一九八五年の『朝日新聞』は、「ふつうの男が抵抗なく化粧する時代の到来」と伝えている。この場合の化粧とは、「口紅、まゆ墨、ファンデーション」を使用する、いわゆるメイクアップのことである。化粧とは、メイクアップという装飾に関するものだけを意味するのではない。その点では、一九六九年からの化粧講座に冠された「身だしなみ」は、もう一方の化粧の意味によっておこなわれていた。しかしながら、わずか一五年ほどのあいだに化粧とは、顔料を塗抹して身を飾るというメイクアップに限定して用いられるよ

うになってしまった。

メイクアップ化粧品を用いる「時代の到来」という意味では、『朝日新聞』は、一見正しい。だが、一九七〇年四月には資生堂はMG5に「ブロンズガイ」を投入している。これは、海に行く時間のないビジネスマンを対象に、ジェル状の顔料をスポンジを用いて顔につけ、顔を日焼けしたようにみせる男性用ファンデーションである。

実際歴史上、男性が化粧（スキンケアやメーキャップといった意味で）をしなかったのは、明治維新から最近までのたった一〇〇年なのです

（石田かおり　二〇〇〇『化粧せずには生きられない人間の歴史』講談社、一七五頁）

石田かおりの「最近」がいつまでを意味するのかわからない。明治維新からの一〇〇年であれば、一九六九年頃までか。しかし、戦時中でも化粧がおこなわれていたのだから、一〇〇年よりも短いことになる。そして、石田かおりの化粧のなかにMG5などの化粧品が含まれているとしたら、男性が化粧をしなかった歴史は存在しない。

戦時中やそれ以前の過去においても、男性が頬紅や白粉を使用していた事実がある。したがって、「男が抵抗なく化粧する時代」はすでに存在している。

一般的に化粧といえば女性がおこなうものであり、男性がするものとは考えられていない。何も父権社会や母権社会などを議論にもちださなくとも、数十年前に存在した男性用化粧品の存在すら、忘れ去られている。なぜ、男性と化粧が切り離されてしまったのか。それには、メディアの影響があるのではないだろうか。

一九五九年から一九六四年にかけて、資生堂はMG5をはじめとする男性用化粧品の雑誌広告やポスターに「資生堂男子用化粧品」と、はっきり表記していた。商品内容は、ヘアクリーム、ヘアトニック、ヘアリキッド、スキンクリームなどである。

しかしながら、一九六五年ごろからしだいに「資生堂MG5」「スピーディーな整髪料MG5」などのように、MG5の商品名やヘアリキッドなどの化粧品種別、またはキャッチコピーが全面的に押しだされ、「男子用化粧品」という文言は一九六八年以降、一切登場しなくなる。

国際日本文化研究センターに「テレビコマーシャル・データベース検索システム」(非公開)というデータベースがある。これには、一九六一年から一九九七年に制作され、社団法人全日本シーエム放送連盟のACC賞を受賞したすべてのテレビコマーシャル作品(四四一二件)の動画像と文字データが収録されている。

これに登録されている一九六〇年から一九八九年までの男性用化粧品のテレビコマーシャルの化粧品種別をみると、髪に関するものが大半を占めていることがわかる。

当時は今のようにデザインも統一されてはおらず、ただ男性用として単品発売されていたポマード、コスメチック、アフターシェービング、シェービングソープ、ゼンツクリーム、タルクパウダー、ベーラム、フローリン、それにドルックスのブリランチとコスメチックなどを、とりあえず一括にして、「資生堂男子化粧品セール」と銘打って、大きく打ち出した

(資生堂企業文化部・前田和夫　二〇〇〇『MG5物語』求龍堂、一四九頁)

資生堂の場合、なぜ広告宣伝から「男子用化粧品」の文字が消えたのか。それは、もともと統一したブラン

ドがなかったため、男性用化粧品の販売を重点化しようとおこなわれたキャンペーンの、名称にすぎなかったからだ。

キャンペーン当初の男性用化粧品の売り上げは、資生堂全体での三％ほどしかなかったが、約一〇年ほどのあいだで一〇％を超えるまでに成長した。そのため、キャンペーンの終了とともに、「男子用化粧品」の文字が広告宣伝から消えた。なお、「男子用」が伝票に書かれると「ダンショウ」（男娼）となり、資生堂社内で嫌われたという話もある。

キャンペーン終了後は、統一されたブランド「ＭＧ５」と、そのなかでも主力製品だったポマードやチック、ヘアトニックなどが中心に広告宣伝された。

一九八一年七月の『国際商業』（一九八一、国際商業出版）によると、全国紙三紙、ブロック紙三紙、その他三紙、スポーツ紙四紙、週刊誌六誌、民放四七局によるテレビやラジオを通じてのコマーシャルがおこなわれていた。そして広告宣伝される化粧品は、髪に関するものがほとんどである。これが結果的には、人々に男性化粧は髪に関するものだけという記憶を刷り込んでしまった。

一九六〇年代後半から一九八〇年代にかけて、ザ・タイガースや安全地帯らといった歌手グループが登場する。そして、ザ・タイガースのジュリーこと沢田研二や安全地帯の玉置浩二などは派手な化粧をしてステージで演奏、テレビに登場し人気を得ていた。

沢田研二の「ＯＨ！ギャル」（作詞：阿久悠、作曲：大野克夫）でおこなった女性風の化粧、「恋のバッド・チューニング」（作詞：糸井重里、作曲：加瀬邦彦）で着用したカラー・コンタクトなどは大きな反響をよんだ。

だが、沢田研二の化粧やカラーコンタクトの着用はステージメイクであり、芸能界という晴の世界の住人がすることだった。そして、それは歌手のなかでも特異なものとして扱われる。だからこそ、「ビジュアル系」ロッ

発表年	会社名	テレビコマーシャル商品
1963	資生堂	MG5
1966	資生堂	MG5、男子用化粧品
1967	資生堂	MG5、男子用化粧品
1968	資生堂	MG5、マックスファクター、 液体整髪料
1970	資生堂	MG5 エアゾール
		MG5 ヘアリキッド
1971	資生堂	MG5、ヘアリムーバー、液体整髪料
1972	資生堂	マンダム
		MG5
1973	ライオン	歯磨シェブロンヘアートニック
1974	ライオン	歯磨バイタリス
	資生堂	ギャラック
1976	資生堂	ブラバスオーデコロン
1977	資生堂	MG5
		ブラバススキンコンディショナー
1978	資生堂	ヴィンテージ
	カネボウ化粧品	エロイカ
1979	カネボウ化粧品	バルカン
1981	資生堂	ブラバスヘアブロウ
		アウスレーゼ
1984	資生堂	アウスレーゼ
	カネボウ化粧品	バルカンスキンクリーム
	サンスター	サンスターヘアクロン
1985	カネボウ化粧品	カネボウ化粧品紫電改
	資生堂	ブラバスセッティングブロー
	カネボウ化粧品	バルカン
1986	資生堂	ブラバスヘアトニック
	ポーラ化粧品本舗	薬用クロノス
1987	資生堂	ブラバス
1988	資生堂	ブラバス
		ギア
1989	資生堂	ギア

表 7　男性用化粧品のテレビコマーシャルの化粧品種別

クバンドという、カテゴリーが存在する。

一部の芸能人だけがこのようなファッションをする。普通の人間とは関係がない、特別なことである。そう考えられていたのだろう。だからこそ、『朝日新聞』は「ふつうの男」と記事にした。

また、記事には「買っていくのは学生や若いサラリーマンが中心だが、メーカーの調査によれば、三〇代、四〇代も少数ながらいる」とある。一九八五年の『朝日新聞』は、中高年層の男性が化粧をすることへの驚きを、記事に含ませている。

ブラバスの発売は、MG5のヘビーユーザーが実質的には二〇代となったため、二〇代後半から三〇歳代を捉えようというのがねらいであった

(資生堂企業文化部・前田和夫 二〇〇〇『MG5物語』求龍堂、一一二頁)

一九六九年以降、資生堂は一九六七年のMG5の成功を受け、ブラバス、ロードス、ヴィンテージ、タクティクスなどを販売した。これらは、ブラバスに代表されるように、その販売対象年齢がMG5より高く設定された。『朝日新聞』が驚くまでもなく、すでに中高年向けの化粧品はあり、使用する男性がいた。

MG5の成功は、若者を対象としたところにあったはずだ。にもかかわらず、中高年層が新たに市場として設定された。これはMG5の対象とする若者市場が飽和になったからではない。むしろ、縮小に向かったことが理由として考えられる。

図 *49*　沢田研二

図 *50*　IZAM

生活にあわせて

一九七〇年代に入ると、若者の生活様式に変化がおこった。嗜好の変化である。一九六〇年代は、アイビールックが流行した時代。石津謙介の「VAN」を発端として広がりをみせたアイビールックは、アメリカ東海岸の名門八大学アイビーリーグに伝わるファッションであった。

> ぼくが高校生だった昭和四二年は、アイビールックとビートルズが全盛。初めてシリーズ化された男性化粧品、MG5が発売されたのもこの年。同級生の九割がとたんに飛びついて、教室には強烈な香りが充満したものです
>
> （読売新聞社　一九九〇『読売新聞：五月三一日』）

中華人民共和国にある資生堂投資有限公司董事長総経理の宮川勝は、一九六七年をアイビールックとMG5で回想している。

一九六四年には、銀座のみゆき通りや並木通りに大勢の若者がたむろし、問題となっていた。彼らは、男性は流行中のアイビールックを少し崩したスタイル、女性はバックにリボンベルトのついたロングスカート、二つに折ったハンカチーフを頭にかぶり、男女とも大きなV

ANの紙袋か麻袋をかばん代わりに抱えるという風貌であった。

一九六六年は、ビートルズの来日とともに、長髪に船員帽、水玉や花柄など派手な柄でウエストが細いシャツ、ローライズのスリムパンツ、幅広ネクタイにブーツを履くといったモッズファッションも流行した。


そんなには使ってないんじゃないかな、ドライヤー。むしろシンボルの役割。持っていることに意味があるような気がする。ヴァンの紙袋やギターと同じような感じだね。ドライヤーで髪にかっこうをつけるなんて、まぁ、ひまの特権だね。まともな勤めの人にはとてもできないよ

（朝日新聞社　一九六七『朝日新聞：一月一三日』）


今では、一家に一台以上あっても不思議ではないヘアドライヤーも、一九六〇年代はまだまだ業務用でしかなく、一般家庭にあるようなものではなかった。それが、アイビールックの流行とともに普及する。一九六四年に、家電メーカーの三洋電機が「アイビーシリーズ」として若者向けのデザインで、ラジオ、テープレコーダー、靴磨き器などとともに個人向けの家庭用ヘアドライヤーを発売した。人々の生活様式を変えるまでに、一九六〇年代のアイビールックの影響は計り知れなかった。

それが一九七〇年頃からは、アイビールックの、きれいであること、おしゃれであることが若者から拒絶される。ベトナム戦争の激化と反戦、フランスの五月革命、そして日本の活発化した学生運動などと関連し、自由や反抗、反体制の価値が登場する。その象徴としてジーンズが流行した。

作業着だったはずのジーンズが受容され、一九七〇年代後半にはアウトドアやスポーツのための衣服を日常着として着る若者が増えた。アイビールックのようにきれいに整えられた容貌ではなく、何よりも自然である

図 *52*　街頭補導される「みゆき族」

図 *51*　アイビールック

ことが求められ、無造作に伸びた髪やひげが好まれた。

「長髪を毛ぎらいするな」―不況に悩む理容業界で、最近こんな言葉がささやかれている。理髪用のイス一台の一日あたりの客の回転率は、全国平均で十年前の五・〇九人に比べ、最近一、二年は四・五人前後。転廃業者も続出し、全国的に不況は深刻だ。「原因のひとつは、めったに来店しない長髪族。業界の一部でも〝敵視〟したきらいもあったが、長髪は時代の流れ」

（朝日新聞社　一九七一『朝日新聞』一一月三日）

髪を無造作に伸ばすことが流行したために、美容院や理容院で髪を切る若者が減った。そのため、業界全体が不況となるまでに至ったという。

化粧品により髪や肌が整えられることよりも、むしろ整えられていないことが受け入れられた時代である。こうなると、若者は化粧品を購入する必要がなくなった。しだいに若者を対象とする男性化粧品の市場規模は、縮小していったに違いない。

そのため、化粧品業界は、若者以外に男性化粧品の市場を求めた。このころの中高年層は、アイビー世代であり、すでに化粧品を使うことに抵抗を感じない世代となっている。

また、消費者運動の影響もある。一九六〇年代後半、化粧をすると顔が黒くなったと訴える女性が増えた。いわゆる「黒皮症（リール黒皮症）騒動」である。

この騒動は、一九七七年には裁判にまで発展した。第一次訴訟、第二次訴訟合わせて大阪の主婦ら一八名が資生堂やポーラ化成工業、日本メナード化粧品など七社を相手取り、化粧品を使って顔面黒皮症の損害を負ったとして、総額一億七六九〇万円の損害賠償請求をおこなった。

裁判は約四年もの長期にわたり、最終的に原告は化粧品メーカーの安全性確保に対する努力を認め、化粧品メーカーは和解金五〇〇〇万円を支払うことで決着した。

黒皮症は、化粧品に含まれる成分によるアレルギー反応により発症していた。つまり、化粧品成分が有害であったわけではなく、アレルギー反応であるため発症には個人差が生じるものであった。しかしながら、この訴訟以降、無添加化粧品や自然派化粧品などが人々に求められ、肌に優しいをめざす化粧品市場が創出されていった。

一九世紀後半、白粉に鉛が含まれ有毒であることを承知で、人々は使用していた。だからといって化粧品メーカーに無鉛白粉をつくれとの運動もおこらず、また有鉛白粉の不買運動もおこなわれなかった。無鉛白粉よりも有鉛白粉のほうがきれいに仕上がるからと、有毒性を承知で使用していたのである。

鉛中毒が痙攣や麻痺などではなく、黒皮症といった外貌への疾病であったら、有鉛白粉が使用され続けたかどうかはわからない。ただ、現実として有鉛白粉では、訴訟はおこらなかった。

黒皮症訴訟を契機に、女性化粧品が従来どおりの販売量を維持または拡大することは難しくなった。そして、男性化粧品においても、若者が使用する化粧品の買い控えがあったに違いない。このことを裏づけるような現象が、一九八〇年代にもおこっている。

夏場の需要を起こすことに成功した化粧品会社の「夏の小麦色」戦略は、80年代半ばになると、急速に効力を失ってしまう。80年代初めに南極でオゾンホールが発見されてからというもの、紫外線のマイナス面が大きくクローズアップされるようになったからだ

（三田村蕗子　二〇〇五『夢と欲望のコスメ戦争』新潮社、二六頁）

一九六七年、女性は前田美波里を、男性は村田秀雄（団次郎）をモデルとして起用した資生堂は「太陽に愛されよう」というキャッチフレーズのもと、サンオイルをテーマに広告宣伝をおこなった。前田美波里の小麦色に日焼けした肉体が、紺碧の空と透き通る青い海のもと太陽の光に輝いたポスターは、レジャーブームを象徴するとともに、それまでの日本的な美しさの観念を変えた。白い肌から日焼けした小麦色の肌への志向である。このキャンペーンは、新しい化粧品市場の創出としての苦肉の策でもあった。日本の夏は蒸し暑いため化粧には適しておらず、夏は化粧品の売り上げが激減していた。そのため、夏場の需要を創出するために考え出されたのが、日焼けした肌に合わせた化粧品であった。

だがこれも、一九八〇年代に入ると南極でオゾンホールが発見され、紫外線の弊害が大きく報道されるようになると、日焼けした肌にあわせた化粧品は急速にその市場を縮小させていった。シミやソバカス、皮膚がんの原因であり、たるみやしわなどの原因にもなる紫外線を避けるようになる。

だがこれは、日焼けした肌のための化粧品市場を縮小させたものの、結果としては日焼けしないための肌へ

の化粧品市場を、化粧品業界は新たに創出していくことになる。

さて、一九八四年にコーセーが発売した「コーセーダモン」、そして一九八七年の資生堂ギアによってふたたびメイクアップに関する男性化粧品が登場した。コーセーダモンはタモリと日野皓正を起用し、資生堂ギアは陣内孝則を起用して宣伝した。

いずれも、日焼け色のファンデーションや太めに眉を描くアイブロウマスカラといった、凛々しさを強調することを意図した化粧品であった。

テレビなどで話題になりましたが、流行りませんでした。当時は男女雇用機会均等法が施行されるなど、男女差別が社会問題となり、眉が太くて胸毛が濃いという従来型の古い男性像が崩壊しはじめたころです

（村澤博人　二〇〇一「化粧の文化誌」『化粧行動の社会心理学』北大路書房、五四頁）

コーセーダモンが発売された翌年、一九八五年の六月に東京有楽町の西武百貨店では約三〇〇名の男性社員が化粧をして売り場に立つというキャンペーンをおこなっている。

化粧文化研究家の村澤博人は、「コーセーダモン」はテレビなどで報道され話題にはなったものの、売れなかったと指摘する。その理由を、女性の社会進出が活発になるにつれ、男女の性役割があいまいになり、従来の男らしさや女らしさの概念が崩れたため、「凛々しい男らしさ」を表現する化粧品が受け入れられなかったからだとする。

しかし、本当に男らしさの概念が変わったために受け入れられなかったのだろうか。

発売後三ヵ月で東京、横浜などを中心に四八万個と「予想の二倍半の売れ行き」（小林コーセー＝本社・東京）。すでに数回品切れになり、追加生産。外資系のファンデーションの方も品切れになった。小林コーセーが、購入した男性五〇〇人を対象にアンケート調査（三月）した結果によれば、買ったのは二〇代が五九％、一〇代二五％、三〇代九％、四〇代も七％いる。学生（三五％）とサラリーマン（四〇％）が中心で、自営・自由業も一六％。動機は「健康的になりたい」「男のメークに興味があった」「変わった気分」「人より目立ちたい」など「変身願望」が圧倒的。使い道は（一）ディスコやパーティーに行く（四〇％）（二）学校や職場に行く（三九％）（三）デート（三四％）（四）二日酔いの翌日や病後などに顔色をよくする（一二％）（五）商談、入社の面接用（七％）など＝重複回答＝だった

（朝日新聞社　一九八五『朝日新聞：四月二二日』）

図53　資生堂ビューティーケイク

一九八五年四月二二日の『朝日新聞』によると、「予想の二倍半」売れ、しかも「品切れになり、追加生産」するまでにいたっている。つまり、「売れなかった」わけではない。

もともと「顔じゃない、心だよ」と外見を軽視してきたはずなのに、メイクという手段で外見を変えて、外見が従来型の男らしさになれば、りりしい内面が得られるというまさに

「涙ぐましい努力」がこの男性メイクには欠かせなかった

（村澤博人　二〇〇七『顔の文化誌』講談社、二一三頁）

ここまで化粧の歴史を概観してきたなかで、村澤博人の指摘するような「男は顔ではない」という言説は確認できない。戦時中の戦場の最前線でさえ、化粧をしていたのである。まさに「男は顔」だった。また、「従来型の男らしさ」がいつ、失われたのか。女性が社会進出することと、男らしさが失われることは別の話である。

かりに、従来型の男らしさが失われていたとしよう。しかしながら、従来型の男らしさの存在するなかで、男性は化粧をしていた。この点からも、村澤博人の指摘は妥当ではない。そして、コーセーのアンケート調査から、購入した男性が男らしさを表現するために購入したわけではないことはあきらかだ。

男性化粧品が日本で発売され、メイクアップがなされるようになるのは一九八〇年代半ばである

（村澤博人　二〇〇七『顔の文化誌』講談社、二〇九頁）

村澤博人は著書『顔の文化誌』のなかで、一九六〇年代の男性化粧に触れていない。いや、女性の化粧についても、一般的な色や化粧法の流行史にとどまっている。村澤博人は、元はポーラ化粧品本舗の社員だった。したがって、ポーラ化粧品本舗以外の化粧品に関する内容にふれることができなかったのかもしれない。

ただ、一九六五年の『読売新聞』に、次のような記事が掲載されている。

クリームはもちろん、化粧水、頭髪用ローションなどにも女性ホルモン入が多かったのです。この女性ホルモンが、男性にどんな影響を与えるか、当時、ある化粧品会社の技術部で実験したことがあります。技術部の男性技師全員が、高単位の女性ホルモン入りクリームを毎日つけたところ、一週間から十日間で、全員が男性としての意欲を失ったというのです

（読売新聞社　一九六五『読売新聞社：一〇月三〇日』）

化粧品の多くに、女性ホルモンが含まれていた。そのため、多量に使用し続けた結果、男性は性欲を失ったのだという。「高単位」が日常的に使用される量と、どの程度ことなるのかはわからない。だが、人によっては実際に、性欲を減退させるだけでなく、女性ホルモンの影響で、外見的にも女性化がおこった者もいたかもしれない。

だとすると、男らしさを失った男性が化粧をするのではなく、化粧をよくする男性ほど女性化し、周囲からは男らしさを失ったとうつった可能性も、少なからずはある。

さて一九八〇年代は、化粧に一つのキーワードが生まれる。「ナチュラル」つまり、自然である。

この訴訟の意義はむしろ、化粧品会社に安全対策の強化を促すと同時に、消費者に対しては化粧品が時として害をもたらすことがあるので、化粧品の使用には十分な注意が必要だという意識を喚起した点にあった。消費者運動的な役割を果たしただけではなく、有害性の低い、できるだけ肌に優しい自然素材の化粧品を使いたいという志向を生み出す契機となったのだ

（三田村蕗子　二〇〇五『夢と欲望のコスメ戦争』新潮社、八六頁）

「この訴訟」とは黒皮症訴訟であるが、これをきっかけに安全な化粧品を消費者は求めるようになる。つまり、自然由来の成分による化粧品の要求である。化粧品はさまざまな成分からなっている。安全面では差がないにもかかわらず、消費者は石油系の合成物を嫌い、植物や海藻由来の成分を好む。

動物由来の成分についても、二〇〇〇年ごろからは狂牛病騒動を受け、嫌われるようになる。化粧品メーカーも動物性のコラーゲンはイメージが悪いと使用を控え、乳化剤も牛脂の代わりに植物から抽出した脂を使うようになった。

この自然を求める動きは、化粧品それ自体だけではなく、化粧の方法にも影響を与える。いわゆる「ナチュラルメイク」である。

「ナチュラルメイク」は、アイカラーや口紅をしっかり入れ、つけまつげを用いるといった誰からみても化粧をしているという方法ではない。化粧をしていないような「自然な」仕上がりで、よくみると化粧をしているという方法。戦後、宮城タマヨらが批判した派手な化粧とは異なる、化粧をしているのに化粧をしていないような顔が、人々に好まれるようになった。

このナチュラルメイクが、一九八〇年代半ばの男性用化粧品の不人気の理由であるともいえる。

その後の化粧動向をみると、若い男性は黒いパック剤やスクラブ入りの洗顔料をはじめとする基礎化粧品を購入し、素肌の手入れに重点を置きはじめたのです。清潔志向の始まりです

（村澤博人　二〇〇一「化粧の文化誌」『化粧行動の社会心理学』北大路書房、五四頁）

一九八〇年代後半に登場した化粧は、日焼け色のファンデーションや太めに眉を描くアイブロウマスカラで

あり、いかにも化粧をしたとわかる化粧品であった。しかしながら、村澤博人も指摘するように、スキンケアに関する基礎化粧品は、メイクアップに関する化粧品にくらべ売れていた。つまり、男性は化粧したとはみた目ではわからないものの、化粧品による肌の手入れはおこなっていた。

ナチュラル志向は、同じ自然であっても一九七〇年代のヒッピーのときとは異なるものである。何も手を加えないことが自然であった一九七〇年代と異なり、一九八〇年代のナチュラルは手を加えることで自然を粧っている。

ナチュラル化粧品は、ＰＲ戦略に長けている。「ナチュラルな私」「ナチュラルなライフスタイル」を提案し、おしゃれなイメージをまとっている
（三田村蕗子　二〇〇五『夢と欲望のコスメ戦争』新潮社、九〇頁）

この志向を端的に表しているのが、女性誌が作り出した「すっぴんメイク」なる造語であろう。すっぴんとは、化粧をしていない顔のこと。つまり、メイクをした上でノーメイクに見せるという、なんとも屈折した不思議な化粧法だ
（三田村蕗子　二〇〇五『夢と欲望のコスメ戦争』新潮社、八二〜八三頁）

化粧をしていても、化粧をしていないようにみえる。しかも素顔以上に、きれいな素顔を粧う。これが、おしゃれなのだ。それは、男性にとってもあてはまるだろう。いかにも化粧をしたというつくりあげられた粧いではなく、自然な化粧が男性に求められたと考えるほうが妥当だ。

村澤博人は「外見が従来型の男らしさになれば」と、当時の男性の外見が男らしくないことを指摘した。「従来型」ではない新しい男らしさがあったはずだと。しかし、男らしさの意味が変わったのだとすれば、日焼け色の肌や太い眉は男らしくなく、手入れされた肌は男らしいといわれるはずだ。

無臭無毛ですべすべの肌をもった「かわいい」男性が支持されるようになった
（村澤博人　二〇〇一「化粧の文化誌」『化粧行動の社会心理学』北大路書房、五四頁）

だが実際は、男性の女性化や化粧のボーダレス化などといわれた。「無臭無毛ですべすべの肌をもった」男性を、男らしいと評価することはなかった。

従来の男らしさが崩れたと指摘しながらも、だれも新しい男らしさとは何かについて指摘していない。それは、なぜ男性がメイクアップに関する化粧品を敬遠し、スキンケアに関する化粧品をよく購入したのか。その理由について男性化粧の背景を検討せず、その時点での行動のみに焦点があてられたため、だれしもが納得できる理由として男らしさが求められたせいかもしれない。

この男性のナチュラル志向は、その後も続く。

最近「メトロセクシュアル」という言葉を耳にするようになった。都会（メトロポリス）に住み、高収入で、ライフスタイルやファッションなどにこだわりを持つ洗練された男性、例えて言うならサッカーのデービット・ベッカム
（朝日新聞社　二〇〇四『朝日新聞：一月三〇日』）

メトロセクシャル（Metrosexual）とは一九九四年に、イギリスの作家マーク・シンプソン（Mark Simpson）が雑誌 *The Independent* に発表した「Here come the mirror men」のなかで生みだした造語である。

Metrosexual man, the single young man with a high disposable income, living or working in the city (because that's where all the best shops are), is perhaps the most promising consumer market of the decade. In the Eighties he was only to be found inside fashion magazines such as GQ, in television advertisements for Levis jeans or in gay bars. In the Nineties, he's everywhere and he's going shopping.

(Mark Simpson 1994 Here come the mirror men, *The Independent*：November 15, Independent News & Media)

そのなかでメトロセクシャルとは、都市に住み、自由に使えるお金の多い若い独身男性であり、一九八〇年代はファッション雑誌ＧＱやリバーイストラウス社のジーンズの広告のなかに存在したと、表現されている。そんなメトロセクシャルな男性が、一九九〇年代に入ると現実に増加していった。二〇〇三年以降、アメリカでは化粧品やアパレル業界で「メトロセクシャル現象」が新聞や雑誌で大きく取りあげられた。そして、日本でもメトロセクシャル現象が社会に浸透しはじめ、二〇代から三〇代の若手ビジネスマンを対象に使用されはじめた。

メトロセクシャルの定義は多岐にわたる。ファッション、ショッピング、グルメ、ワインに興味を抱くだけでなく、定期的にエステティックサロンやジムに通うことで体型管理をおこない、日常的にスキンケアなどの男性用化粧品を利用する男性でもある。

おしゃれや美容にお金をかける男性が、ファッション業界から新たな市場として注目されている。男らしさを失わず、かつ、とらわれず、女性的センスも採り入れる

（朝日新聞社　二〇〇五『朝日新聞：一月一二日』）

このような男性像の台頭をメディアは、かつてのような「女性的」という言葉を用いて表現せず、新世代男性のスタイルであると指摘する。

資生堂のクリエイティブディレクターの梶田渉さん（四八）は「リストラが当たり前の時代。男性の自己表現が変わってきた。業界としては、女性化粧品が頭打ちとなり、新たな市場を開拓する必要もあった」と話す

（朝日新聞社　二〇〇五『朝日新聞：一月一二日』）

一九六〇年代の男性化粧品と同じく、女性化粧品の市場が飽和状況にあるなかでのメトロセクシャル現象は、化粧品業界を活性化させることになった。いずれも顔に張りや潤いを与えるという売り込みのもと、資生堂は化粧水や美容液が主体の高級化粧品ブランド「シセイドウ　メン」を販売し、マンダムも従来からあった男性用化粧品ブランド「ルシード」にフェイスクリームなどを追加した。

爪（つめ）を磨く男性が増えている。といっても、今どきの一〇代の若者の話ではない。ビジネスの第

一線で活躍する三〇代以上の男性なのだ。身だしなみとして、癒やしとして爪の手入れに余念がない。「男のくせにネイルサロンに通うのか」などとまゆをひそめていては厳しい競争社会で生き残れない。きれいに整えられた爪は今や立派な商売道具になりつつある

（日本経済新聞社　二〇〇四『日経流通新聞：一一月二三日』）

一般的に欧米、とくにアメリカでは外見管理も能力の一つだといわれている。一九九〇年代後半から二〇〇〇年にかけての日本経済の低迷は、深刻な不況をもたらした。企業の倒産、リストラなどが日常的であった。また、社会や経済構造の変化により、これまでの終身雇用、年功序列型の賃金体系は崩れ、能力主義、成果主義による賃金体系、また企業も労働者もより良い条件を求めるようになった。そのようななかで、メトロセクシャルは登場した。すなわち、日本においても欧米同様に外見を能力の一つとみなすようになった。

横浜市在住で健康食品のセールスマン、高橋哲さん（四〇）が外見を気にし始めたのは二年前。営業先に女性が多いが、あいさつの時から「冷めた視線」を感じることが多くなったため。商談も盛り上がらない。「第一印象で損してるのかな」顔つきが暗い印象を与えるのか、洋服の趣味が悪いのか

（朝日新聞社　二〇〇五『朝日新聞：五月五日』）

外見を能力の一つとして考える。そこには支配層と被支配層という構図が読み取れる。すなわち、雇用者と就労者、購買者と販売者という関係。そこでの化粧は、上位に位置する雇用者や購買者に対して粧うことで、

下位にいる就労者や販売者が優位になることを図ることである。

化粧は不良のはじまり

一九六〇年代後半、MG5が男子中学生にまで消費されていた。では、女子中学生の場合はどうだったのか。一〇代の女性を対象とした化粧品は、大人向けのそれとは別にあった。吉永小百合を起用して一九六〇年に発売された「資生堂ティーンズ化粧品」である。

当時の一五～一八歳のお小遣いの平均は一カ月に七〇〇円～一〇〇〇円、ティーンズ達もなかなかのお金持ちで、話題性から言っても十分に注目すべき市場となっていました

（資生堂企業資料館　一九九六　『資生堂ものがたり資生堂企業資料館収蔵カタログ（一九四六～一九七二）』資生堂企業資料館、三二頁）

これは、その購入対象を一五歳から一八歳としており、子ども向けとはいいがたい。「話題性から」という言葉から、従来の化粧品が一九歳以上を対象としていたことがわかる。最初に販売された年が、一九六〇年であることから、特別美容講座で化粧を学んだ女学生を対象としていたのかもしれない。もちろん、ティーンズ化粧品を一五歳より若い女性が買うこともある。

ティーンズ化粧品は五種類が販売された。クリーム（二〇〇円）、スキントニック（二〇〇円）、スキンミルク（二〇〇円）、ヘアトニック（三〇〇円）、ヘアクリームオイル（二〇〇円）である。スキンケアやヘアケア

など、手入れに関する化粧品である。ファンデーション、マスカラ、口紅などメイクアップに関する化粧品は販売されなかった。

その理由は、販売価格にある。一カ月に自由に使用できる金額の平均が七〇〇円から一〇〇〇円だとすると、スキンケア中心のティーンズ化粧品の二〇〇円から三〇〇円という価格帯はけっして安くはない。

だが、それがメイクアップ化粧になると、その価格帯はさらに跳ねあがる。同時期に発売されていた口紅、資生堂メイクアップ・トウキョウの価格は六〇〇円であった。つまり、一五歳から一八歳の女性は化粧品消費の対象としては十分に成熟しているとはいえない。

しかしながら、彼女たちは消費予備軍であることも間違いない。はやくから、自社の製品を使用させ、将来の購買層として確保する必要がある。その意味では、「おやすみ前」や「外出前」と毎日使用でき、販売価格を抑えることのできるスキンケア化粧品を提供したのだろう。なお、一九六〇年の二〇〇円といえば、映画館の入場券と同額である。

図54　資生堂ティーンズ化粧品

つい先日、小学生向け化粧セットの発売を知った。こういうモノは親のおもちゃになって終わるのではないかとおもうし、肌への負担を考えると首をかしげざるを得ない。昨今はなくなりつつあるガングロ女子高生。いくら後で高価な化粧品で直そうとしても限界がある。ましてや小学生の肌はもっと敏感だろう。時代とともに物事の価値観は変わっていく。子どもが良くも悪くも賢くなっている今、「きれいになりたい」という願望の低年齢化も不思議ではない。でも、私が「小学生に化粧なんて……」と思っても、世の大人から見れば中高生も大して変わらず「化粧はダメ」なのだろう。私はおもう。「自分をより美しく見せるため」なら、庭先で、服が汚れると怒られつつ土遊びをする子どもの顔の、そこに付いた泥以上にステキな化粧はない

（朝日新聞社　二〇〇一『朝日新聞：三月二四日』）

ここでいう「小学生向け化粧セット」とは、スキンケアだけではなくメイクアップ化粧品も含んでいる。二〇〇三年三月二日、玩具メーカーのバンダイは小学生を対象とした化粧品「メゾピアノコスメ（MEZZO PIANO COSME）」を発売した（現在は、店頭販売をおこなっていない）。これは、小学生に人気のアパレルブランドであるナルミヤ・インターナショナルの「MEZZO PIANO」のイメージを踏襲し、お菓子をモチーフとした化粧品である。その主な内容をみると、オードトワレ（五二五〇円）、リップグロス（一三一三円）、ネイルカラー（一〇五〇円）、リップカラー（一八九〇円）、マスカラ（一七三三円）、チーク（一八九〇円）、アイブロウ（一〇五〇円）、アイカラー（二四一五円）、オイルコントロールパウダー（二四一五円）。ティーンズ化粧品とは異なり、スキンケアやヘアケアに関する化粧品ではなくメイクアップに関する化粧品が商品化されている。

バンダイだけではない。タカラは、一九九一年に三歳から四歳の幼児向けの化粧品「ピンキッシュ」を、二〇〇一年よりローティーン向けのシリーズ「スイートバンビーニ」をすでに商品化している。日本トイザらスは、二〇〇一年一一月末より〇歳から一五歳を対象に独自ブランド「ガールスタッフ・メイクアップシリーズ」を展開している。

メーカーは異なるものの、その内容は口紅やマニキュアなど商品内容に大きな違いはなく、大人向けの化粧品と差はない。また価格も、若干の大人向けより安さはあるものの、オードトワレ（五二五〇円）、アイカラー（二四一五円）など、大人向けと変わらないものもある。

『朝日新聞』の記事に戻ろう。これは、愛知県の一四歳の女子中学生の投書である。本当に一四歳の女子中学生による投書かは、わからない。大人が一四歳の女子として投書している可能性も、十分にある。いずれにしても、この記事が投稿される一〇年前から子ども向け化粧品はあった。

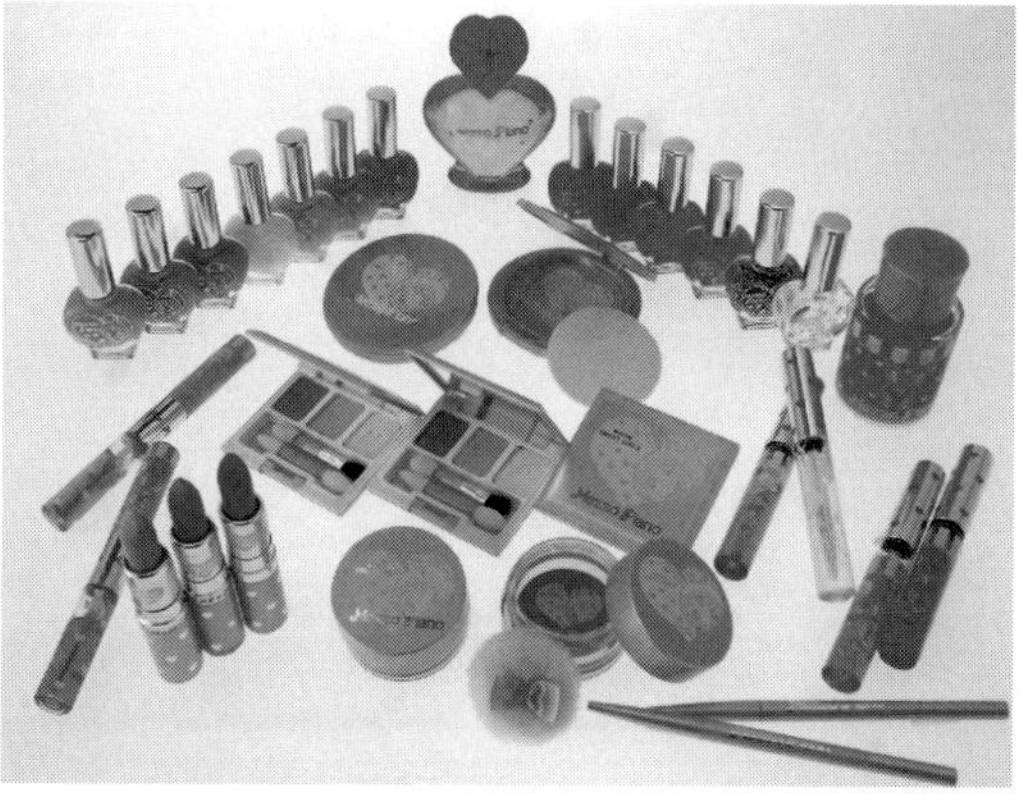

図 *55*　MEZZO PIANO COSME

にもかかわらず、一九九〇年代に子どもが化粧をすることに対して批判的な投書を、大人からか子どもからかを問わず、みつけることはできない。その理由は、タカラのピンキッシュをはじめとして、当時の子ども向け化粧品が、玩具の域を超えていない商品であったからだろう。

大人の女性が使用するのと変わらないような化粧品が登場しだすのは、二〇〇〇年頃からだ。ちょうど、それに合わせたかのように子ども向け化粧品に対する批判があらわれる。この投書から、三つの批判理由をみてみたい。

一つめは「肌への負担」である。これは、子ども向け化粧品についてまわる批判の代表である。『朝日新聞』の記事にある「小学生の肌はもっと敏感」という指摘は、広く一般のなかで受け入れられている。

黒皮症騒動以来、消費者意識の高まりから自然由来の原料による化粧品が求められてきた。つまり、大人でも化粧によって肌に害をおよぼすことがあるのだから、子どもならなおのこと肌によくないという主張だ。しかし、これは適切ではない。現在においてはむしろ、大人用の化粧品以上に品質確認とアレルギーテストがおこなわれている。大人向け化粧品が肌に合わない女性が、子ども向け化粧品を使用することも少なくない。ただ、子ども向け化粧品が玩具の一部であった時代、その品質に問題があったこともたしかだ。

チークやアイカラーなどは石鹸で落とすことができるなど、子どもの肌にやさしい仕様になっています
（株式会社バンダイ　http://www.bandai.co.jp/releases/J2004030201.html　（二〇〇七年九月一五日確認））

玩具メーカーは「子どもの肌にやさしい」ことを強調することを忘れない。玩具メーカーが販売している化粧品だからといって、その品質が化粧品メーカーのものより劣るということは、必ずしもない。じつは、化粧品メーカーであっても自社で化粧品を製造している企業は少ない。下請け企業などへの外注、すなわちＯＥＭ（Original Equipment Manufacturing）により製造している。そのため、玩具メーカーと化粧品メーカーが販売している異なる化粧品の製造元が、同じこともある。

二つめは「こういうモノは親のおもちゃになって終わる」である。

今の小中学生の母親はバブルを体験した世代で、子供に少々の背伸びをしたオシャレを楽しませることに積極的であり、キッズコスメの最大の理解者といえる。また、少子化で子供一人にかける経済的ゆとりも大きくなってきているため、母子が一緒にスーパーや玩具店に出向き、娘の化粧品を選ぶ姿も頻繁

に見られるようになった

（日本商工経済研究所　http://www.shokoken.co.jp/p36/p36_02_10.htm　（二〇〇七年九月一五日確認））

小学生から中学生にあたる今の世代が生まれたのは、一九九二年から二〇〇一年である。この世代の子どもたちの両親はバブル世代が中心であることから、小学生から中学生の世代が「バブルジュニア」ともよばれる。母親であるバブル世代の女性は、好景気を背景に青春を過ごし、ファッションにもこだわりをもっている。バブルジュニアのファッション市場には、こうした母親層の価値観が大きく影響している。子のおしゃれに理解をしめし、母子で服や化粧品を買うという関係が成立する。そうでなければ、小学生が二〇〇〇円近い、ときには五〇〇〇円を超える化粧品を購入することは難しいだろう。ある程度の化粧品をそろえるとなると、数万円にも達することになる。

「欲しい」子どもに、「売られる」化粧品、「反対しない」親という条件が整備され、低年齢化は進むばかりだ。ただしほとんどの化粧品メーカーは、「成長途上にある子どもが化粧品を使うことは望ましくない」とキッズコスメへの参入には二の足を踏み、正面切って取り組んではいない。これは社会的な反発を考慮してのおよび腰とも言えるが、化粧品を本業としてきたメーカーの矜持だと解釈したい。大人向けに開発された商品でも現実には子どもが購入していることは多いし、子どもが化粧品に興味を持つことを禁止できるわけでもない。だからといって、大人の肌を相手にしてきた化粧品会社が一線を踏み越えてはならない。そんなプライドを感じるのである

（三田村蕗子　二〇〇五『夢と欲望のコスメ戦争』新潮社、三六頁）

美容ライターである三田村蕗子は、化粧品メーカーは子ども向け化粧品に参入していないことを指摘する。たしかにタカラ、バンダイ、トイザらスなど、これらは玩具メーカーもしくは玩具小売店である。

バンダイ広報の中西さんは「今、おもちゃ離れの低年齢化が進んでいる」と話す。つまり、早めにおもちゃを「卒業する」ジュニアを攻略するための商材のひとつがコスメでもあるのだ

（シブヤ経済新聞社　http://www.shibukei.com/special/14/index.html　（二〇〇七年九月一五日確認））

子どもが、玩具を必要としなくなった。つまり、売れなくなった。そこで、子どもが興味をもっているおしゃれに参入しよう、ということだ。玩具メーカーが服をつくることは難しい。だが、化粧品なら、従来のおままごとセットにあった化粧品をもとに製品開発をおこなえばよい。また、そもそも自社で製造しなくとも、ＯＥＭで外注すればよい。

小学校低学年を対象とした「キッズコスメ」はおおむね三〇億〜四〇億円ほどの市場規模になり、小学校高学年、中学生を対象としたローティーンコスメ市場を含めた全体市場は、この数値をはるかに上回ると考えられる

（日本商工経済研究所　http://www.shokoken.co.jp/p36/p36_02_10.htm　（二〇〇七年九月一五日確認））

これは、女性向け化粧品市場が飽和となったため、男性化粧品市場が創出されたのとよく似ている。

数十億円以上の市場規模が見込まれるにもかかわらず、化粧品メーカーは子ども向け市場に参入しない。三田村蕗子は「大人の肌を相手にしてきた化粧品会社が一線を踏み越えてはならない」と指摘する。だが、すでに「一線を踏み越えている」ことを忘れている。一九六〇年、資生堂はティーンズ化粧品で子どもの肌を相手にしていた。

長谷川泰夫バラエティ部課長は「新しいマーケットをいち早く開拓したい。この世代の消費者がカネボウのファンに育ってくれるのが理想」と言う

（日本経済新聞社　二〇〇〇『日経流通新聞』一〇月一九日）

化粧品メーカーであるカネボウは、子ども向け化粧品に参入したがっている。だが、「マーケット」の開拓からはじめないといけないのだという。

玩具メーカーが参入し、化粧品メーカーは参入しない。おそらくそれは、販売チャネルに問題があるのだろう。すなわち、玩具販売店にすでに販売チャネルを確保している玩具メーカーが、新商品として子ども向け化粧品を流通させることは簡単だ。だが、新規参入者である化粧品メーカーが、新たに販売市場を開拓することは難しい。

また、化粧品メーカーはブランドイメージを重要視する。たとえば資生堂であるが、商品の内容によって、また販売する場所によってブランド名を変えている。資生堂を冠するものでも、「資生堂化粧品」「資生堂コスメニティ」「FT資生堂」、また資生堂と一見わからないものには「イプサ」「アユーラ」「エデュセ」などがある。それぞれについての詳細な説明は省くが、コンビニエンスストアなどで提供されるシャンプーはFT資生

堂で販売され、百貨店向けのブランドである資生堂化粧品から販売されることはない。子ども向け化粧品を販売するためには、新たに子ども専用のブランドを立ちあげる必要がある。

子ども向け化粧品市場は数十億円にのぼる。だが、子どもたちは成長するに合わせて、子ども向け化粧品から大人向け化粧品へと将来的に必ず移動する。化粧品メーカーにとって、わざわざ子ども向け化粧品市場にリスクとコストを背負い参入しなくとも、玩具メーカーが育てあげた消費者を将来的に受け入れればよい。したがって、「成長途上にある子どもが化粧品を使うことは望ましくない」という理由で、化粧品メーカーが参入しないとは考えにくい。

最後は「子どもの顔の、そこに付いた泥以上にステキな化粧はない」である。つまり、子どもが化粧をすること自体への批判である。小学生だけではない。「世の大人から見れば中高生も大して変わらず『化粧はダメ』なのだろう」とあるのは、中学生や高校生が化粧をおこなうことにも社会からの批判が存在していることを意味している。化粧がたしなみと考えられていたころであれば、むしろ化粧をすることは、ほめられるべきことだ。

過去においても、学生の化粧への批判がなかったわけではない。一九二四年五月に日本精神医学会の発行した『変態心理』という雑誌のなかで「現代女学生の心理傾向」（一九二四、日本精神医学会）と題して座談会が開催されている。それによると、情操教育として学生演劇に力を入れていた東京渋谷の九頭龍刺繍女学校が学校内だけではなく帝国ホテルの演芸場を借りて興行をおこなったところ、文部省から注意を受けたという話が登場する。

この注意の真意は、演芸場を借りたというところにあるのではなく、学生演劇の流行が女学生の華美を生み、軽佻浮薄《けいちょうふはく》を煽る危険性があったところにある。すなわち、華美は誘惑を招き、不良のはじまりであるため危険だというのだ。

また、古くは一九〇五年に、「中学校のハイカラ罰則」として、中学生が停学となった記事が『読売新聞』にある。

武学生を養成する本意に従ひ学生に不相當な服装を為し又ハ化粧を為す者（即ち制服の下にハイカラを着け又ハ香水コスメチック筆を持ちひ、華奢淫靡に亘るもの）の一週間以上の停学を命じ

（読売新聞社　一九〇五『読売新聞：五月二七日』）

中学といっても、「日比谷中学及び海城学校」（現在の海城中学校・高等学校）での出来事だ。当時の海城学校は、海軍兵学校への予備校として創設され、それに併設される形で日比谷中学校が設置されていた。つまり、女子学生に対する停学処分ではなく、男子学生に対して処分がされている。海軍士官を目指す者が不相当な服装や化粧をし、華奢淫靡になったことが問題となった。記事が「中学校の化粧罰則」ではなく、「中学校のハイカラ罰則」とあることから、化粧よりもハイカラ（high collar：高襟）のシャツを着ていることの方が読者への衝撃が大きかったのだろう。ハイカラを着け、華奢淫靡となったことが問題であった。

一九〇八年の同じく『読売新聞』には、「現代の男女は如何に美顔術に苦心しつゝあるか」という記事がある。

美顔術を受けるのは男ばかりの中でも學生と軍人が多い

（読売新聞社　一九〇八『読売新聞：一一月二六日』）

「中学校のハイカラ罰則」が掲載されたのと同じ時期に、東京では美顔術が流行していた。いまでいう、フェイシャル・マッサージやエステティックに近いものだった。記事に登場する美顔術の顧客には、早稲田大学の

講師や学習院の学生、そして軍人が多い。

つまり、学校関係者や軍部が外見に対して美容や整容をおこなうことは、全く問題ではなかった。あくまで華美となりすぎ、学生が不良となるところに問題があった。

この時期、暑いのは皆同じ、なのに何故セーターを着たり、だらしなくシャツ出したり、見ただけで暑くなります。「服装の乱れは心の乱れ」につながります

（大田区立志茂田中学校　http://homepage3.nifty.com/shimoda-jhs/dayori/d2004-6.html　（二〇〇七年九月一五日確認））

服装のみならず頭髪の乱れは心の乱れともいいます

（愛知県立一宮北高等学校　http://www.ichinomiyakita-h.aichi-c.ed.jp/07gakunentuusin2-9.htm（二〇〇七年九月一五日確認））

東京都大田区の志茂田中学校の学校だよりや愛知県立一宮北高等学校の学年通信にある「服装の乱れは心の乱れ」という言葉は、一般的には「外見をしっかりさせれば中身もしっかりしてくる」という意味で使われることが多い。戦前であれば、化粧をしていなければむしろ、心の乱れといわれていたことが、現代では化粧をすると心の乱れだといわれるようになる。

受験も近付いて来たので、そろそろ落ち着こうと思い、二学期に入ってから「まじめ」になろうと努力しました。私は肌をかなり黒く焼いていたので、美白するのにかなり時間がかかりました

（朝日新聞社　一九九九『朝日新聞：一二月一〇日』）

これは、一八歳の女子高生による投書である。もちろん、大人が投稿したという可能性はあるのだが、肌が黒いだけで「まじめ」ではないという意識がある。

一九八〇年ごろをさかいに、紫外線やオゾンホールなどが話題になるにあわせ、日に焼けることはよくないという意識は広がった。しかし、だからといって日に焼けることや日に焼けたような肌の色は不真面目なのだろうか。

一九九七年までの母子手帳には、「子どもに「外気浴や日光浴をさせているか」という項目があった。これは、紫外線は体の中でビタミンDをつくるのを助ける働きがあるために、日光浴がすすめられてきたのだ。それが栄養改善と紫外線の悪影響を考慮し、一九九八年以降、母子手帳からこの項目が削除された。

日に焼けた肌は健康の象徴であった。それがいつしか、不真面目とされるようになる。じつは、肌が黒いことが不真面目であるという意識は、一九九〇年代後半に登場したガングロの影響でもある。

ガングロとは、諸説あるが、ガン（顔）・グロ（黒）、すなわち顔を黒くした若者をさす。渋谷系ファッション雑誌『egg』（大洋図書）の読者モデルであったブリテリが最初に、ガングロをしたといわれている。通常は日焼けサロンで黒く焼き、髪は茶髪が多い。ガングロの大半は高校生であった。

ガングロがさらに過激になったものにヤマンバがある。ヤマンバは、爆発した白髪、より黒い顔、白く塗った目元と唇に特徴があった。

ガングロの男性版も出現し、渋谷センター街でよくみかけられたことから「センターGUY」とよばれた。彼らが、道端やコンビニエンスストアの前で座りおしゃべりをする、鏡を取り出して化粧をする、雑誌を広げるといった光景も、よくみかけられた。

渋谷にたむろする「ヤマンバギャル」の一人だった。真っ黒の顔に白色の口紅とアイライン。ほとんど毎日、この街をさまよっていた。「初めて渋谷に来たのは小学校低学年のとき」と振り返る。目標は「１０９」。でも、ハチ公前の交差点を渡ってすぐ、怖くなって引き返した。翌日、学校で「渋谷デビュー」を友達に話した。「すごい」。クラスの人気者になった。渋谷署は正月三が日、四人を喫煙などで補導し、家出してきた二人を保護した

（朝日新聞社　二〇〇四『朝日新聞：一月五日』）

道やコンビニの前などでたむろする若者。彼らにガングロが多い。それまで肌が白かった若者が、急に肌を黒く焼き、ガングロになると何かあったのではないかと周囲の大人は心配する。また、ガングロで渋谷の街を歩くと誘惑が多い。ガングロの若者が犯罪に巻き込まれる場合もある。それを避けるためには、ガングロをやめさせなければならない、ということである。だが、現実としてガングロだから不良なのではなく、またガングロにすることで不良化するわけではない。

大阪市社会部調査課は、モダンガールが社会的話題となったころの一九二七年に「本市に於ける不良少年少女」（一九九六、近現代資料刊行会）という学生の不良行動について調査をおこなっている。それによると不良少女の数は、「登校又は通学を装いて登校せず」、あるいは「公園・百貨店にて遊惰《ゆうだ》に耽る」、「所々に徘徊し・遊惰・悪戯をなせる」などについて、わずか五五人いるのみである。なお、この調査における不良男子の数は一〇五〇人であった。不良女子の数は不良男子の数にくらべて、圧倒的に少ない。

モダンガールが不良少女であるとする批判は、モダンガールが社会の関心と注目を集めるにつれ、一部の問題行動に焦点があてられ、教育者や知識人の感情や気分を映し出す表象として注目された結果、誇大したイメー

図 56　ギャル男

図 57　ギャルとギャル男

ジとしてつくりだされたものにすぎない。

茶髪にガングロの「ヤマンバ」姉妹も、そんな渋谷で「目立ちたい」と思っている女の子たちだ。姉は主婦、妹は印刷工場で働いている。記事を見た外務省の担当者が、海外向けのテレビ番組で彼女たちを紹介したいと言ってきた。同省海外広報課の井上信宏課長補佐は「見た目は派手だけれど、まじめに生きている若者に焦点を当てたかった」と話す。「同じ番組でパラパラ踊りを老人ホームで教える厚底ブーツのギャルも取材したんです」

（朝日新聞社　二〇〇一『朝日新聞：一月二三日』）

ガングロの場合も同様である。現実がどうであれ、ガングロであることが不良というイメージと結びつき、批判される。

女子高校生という言葉を聞いて何を連想するかと、今の大人たちが問われれば、大体、「ルーズソックス」「茶髪」「ピアス」「ガングロ」を思い浮かべるのではないだろうか

（朝日新聞社　二〇〇〇『朝日新聞：一〇月五日』）

日本全国の女子高生が、ガングロであるわけがない。しかしながら、ガングロが女子高生全体を表象する記号となり、ガングロであることが不良の兆候とされる。ガングロだけではない。そのほかの若者がおこなう化粧にも同じことがいえる。

化粧をする、華美になる、誘惑が多い、不良になる。だから、化粧を禁じる。これは、「現代女学生の心理傾向」と同じ理由だ。

大阪市が調査をした一〇年後の一九三七年八月、教育学者の中西敬二郎は「女学校に於ける不良傾向の早期発見と其の予防法」（一九三七、『児童保護』）と題して、家庭の職業、交友関係、住所区域、作文の点検、服装、登校状況、学業成績、授業時間・休憩時間の態度、所持品など多角的に不良化傾向の早期発見の手がかりについて検討している。

それによると、所持品が奢侈《しゃし》になる、身だしなみの域を超えて急におしゃれになると、成績が下がる傾向があるという。中西敬二郎だけではない。同じく教育学者の渡部一高もまた、「中学校に於ける不良傾向の早期発見」（一九三七、『児童保護』）と題して、ほぼ同様な指摘をしている。

所持品の奢侈やおしゃれになることが、成績の低下や不良化とどのような因果関係があるのか、客観的には証明されてはいない。しかしながら、これらを機に、学校関係者のあいだで、華美であることが不良化の一因とみなされはじめたのだろう。

教育学者の稲垣恭子の『女学校と女学生』（二〇〇七、中央公論新社）によると、一九〇〇年頃は恋愛小説が男女学生の風儀を乱すため、女学生の小説読書が禁じられていたという。これについて、教育社会学者高橋一郎は「明治期における『小説』イメージの転換」（一九九二、雑誌『思想』）のなかで、学生風紀問題の責任を新興メディアである小説に押し付けることで学校批判を回避しようとする学校関係者の戦略という側面があったと指摘している。現代では学業において良いこととしてすすめられる読書が、時代が変われば悪として扱われていた。そして今日では、化粧が学校批判を回避する戦略となっている。

夏休みと聞いて、真っ黒に日焼けした子供たちを連想したのは昔の話。今では紫外線を浴びすぎるのは体に悪いと、プールサイドにテントが張られ、日焼け止めクリームが奨励される。一方、街にはガングロボーイ、ガングロギャルが大勢いて、理由を聞くと「健康的に見える」と口をそろえる。その常識をつくってきたのはわれわれ自身。それを棚に上げて彼らの無知ばかり責めるのは、大人の身勝手といわれても仕方がない

（日本経済新聞社　二〇〇〇『日経流通新聞：八月一五日』）

数年前までは、日焼けした肌は健康的な証拠であった。それが紫外線の害が広く知られるようになり、日焼けが、しみ、そばかすなどの原因になるだけでなく、皮膚がんを引き起こすなど評価が変わる。健康維持のために不可欠といわれた日光浴が、栄養事情も変わり母子手帳からも消えた。それどころか、幼稚園や小学校では夏休みの注意事項に、なるべく紫外線を浴びないようにとある。夏休みあけの日焼けコンテストなど過去のものとなっている。

男性向け月刊誌『BiDaN』（インデックス・コミュニケーションズ）が二〇〇〇年九月に「真夏のガングロ白書」と題して、「ガングロにして良かったことは」という質問を若者にしている。

それによると「健康的に見える」という回答が、「モテる」を抑えて一位を占めた。若者は意外にも日焼けが従来もっていた健康的という意識によりおこなっている。

あのようなスタイルをすると、娘らしい可愛さや健康美がかえって失せてしまうように、私には思える。知的な自己主張とも思えない。なにもわざわざ顔に墨を塗ることもあるまい。他人に迷惑をかけなければだれにも文句を言われない社会である。だが若さをスポーツや習いごと読書などに向けたらどうかとおもう

（朝日新聞社　二〇〇〇『朝日新聞：三月二三日』）

六七歳無職の男性のガングロに対する投書である。肌が黒いことで、「健康美」が損なわれているという。そして、おしゃれをするくらいなら「スポーツや習いごと読書」をしたほうがいいという。

この男性が生まれたころであれば、女学生が読書をすると不良にみられ、日焼けした肌は健康の象徴といわれていたはずだ。学生風紀問題の矛先が小説から化粧に変わったのだ。社会や文化の雰囲気が、同一の対象でも異なる評価をくだす。そしてそれは、その雰囲気のなかで生きた人々のあいだで共有される。しかし、逆をいえば、同じ雰囲気を共有しなければ、異なる意識や行動がおこなわれてしまう。

今日の化粧は、その行動も意識も細分化している。男性と女性、子どもと大人、それぞれで異なる化粧が存在する。それは、化粧品業界により飽和となった市場拡大のため、つぎつぎと隙間が狙われ埋め尽くされるために生じた。

だが、それ以上に、誰のために化粧するのかという関係性が変わったことが大きな一因である。支配層と被支配層といった関係のなかで、支配層のために、そして会社のなかでも有利に物事をすすめるために化粧がおこなわれていた時代は、少なくとも若者のあいだではすぎ去った。

先日TVをみていたら、ガングロ（顔をガンガンに焼いた）派と、新勢力のビハク派の女子高生たちが激論を交わしていた

（朝日新聞社　一九九九『朝日新聞：五月二一日』）

女子高生。性別も年齢も同じであるにもかかわらず、ガングロをおこなう者もいれば、その反対で顔を白く美白する者もいる。彼女たちがガングロにするか美白をするかは、より細分化された所属集団のもつ社会や文化の雰囲気により影響を受けている。

化粧の細分化された意識や行動は、多様な化粧品や文化や社会によりその存在を可能としている。だが、それも個人の選択に委ねられている。どのような化粧の意識や行動を選択するかは、文化や社会からの影響だけではなく、個人の志向や属性により構造化され、決定されている。

そこで、つぎの章では、現在の若者の化粧を対象とすることで「化粧行動」や「化粧意識」を中心に考察したい。性格特性といった個人差要因が、いかに化粧と関連しているのかを統計的手法を用いて考察することで、化粧を構造的にみてみたい。

第三章

化粧するこころ——その構造的理解

本章では、若者を対象に統計学的な手法を用いることで、化粧の構造的理解を試みたい。とりわけ男性と女性といった性差や、いくつかの性格特性といった個人差要因が、どのように化粧と関連しているのかを統計的手法を用いて考察することで、化粧を構造的に理解することを目指したい。

そして、同じ社会や文化に生きる者であっても、化粧をよくおこなう者とそうでない者といった行動の違いが、どのような要因によって規定されているのかをあきらかにしようとおもう。

従来の研究には、化粧をおこなうのが主に女性であったことから、女性のみを対象にして考察しているという大きな問題がある。そこで、男女を含めた若者を対象とし、「化粧行動」や「化粧意識」を中心に、「現在」の化粧を切り取ったかたちで具体的な分析をおこなう。

外見がもたらす自信

その前に、まず人にとって化粧をほどこす外見が、心理的にどのような意味をもっているのかについて考えておきたい。

人は、社会を通して自己に関する知識を蓄積し、自己の能力、行動、性格などを評価し自己の存在を受け入れている。一般的に、自己に関する概念は自己概念（self-concept）とよばれる。

この自己概念は、自己認知（self- perception）と自己評価（self-evaluation）に大別される。山本真理子・松井豊・山成由紀子（一九八二、『教育心理学研究』）によると、自己認知とは、「スポーツが得意だ」「社交的だ」などといったさまざまな要素から構成される自己の認知的側面である。他方、自己評価とは、「自分に満足している」「自信がある」などといった自己に対する評価的側面である。

人は、他者との相互作用のなかで形成した自己認知を、どの程度のものであるか評価している。評価は、ある基準における優劣だけが問題になるのではなく、自己にとってそれが満足できるものか否かが重要となる。

自己認知と自己評価の関係について、心理学者の沢崎達夫は「自己受容に関する文献的研究（一）」（一九八四、『教育相談研究』）のなかで、適切な自己評価がおこなわれるためには正確な自己認知が必要であり、両者は相互依存的な関係であると指摘する。つまり、自己への自信、満足度を高めるためには、正しい自己の認知が必要になる。

それができなければ、問題が生じる。精神科医の白波瀬丈一郎が「美と思春期」（二〇〇四、『こころの科学』）で指摘しているように、醜形恐怖症、自傷、摂食障害などの多くは、極端に低くまたは不適切に自己の外見を認知することにより、自己評価が低くなり自己を受け入れることができず精神病理として発症している。

これらをふまえると、自分自身をどのように受け入れ、また安定した自己像が形成されているかについては、自己の適切な認知が重要であることは間違いない。もちろん、人は自己について一つの側面だけを認知しているわけではない。地位や名誉、経済力や運動能力、学校の成績や友人関係などさまざまな要素の卓越さを他人に認められ、また自分自身も肯定的に認知することで精神的な安定、すなわち自己評価を高めている。では、自己認知と自己評価の関係について、実際にどのような関係になっているのだろうか。

調査は、男性四一四人（平均年齢＝一九・一九歳、標準偏差＝一・四〇）、女性三四八人（平均年齢＝一八・九五歳、標準偏差＝一・四二）を対象におこなった。

質問は、自己認知と自己評価の関係についてである。自己について多面的にとらえているスーザン・ハーター（Susan Harter）の自己認知的側面に関する三〇項目と自己評価的側面に関する六項目からなる、Self-Perception

Profile for Children（SPPC）（一九八五 *Manual of the Self-Perception Profile for Children*, University of Denver）を用いて、自分自身の意識のあり方について、「あてはまらない（一）」から「あてはまる（五）」までの五件法で回答させた。

自己認知的側面とは、「スポーツならなんでもよくできる」「したことのないスポーツでもうまくできるとおもう」などからなる『運動能力』、「自分の姿に満足している」「自分はハンサム・美人だとおもう」などからなる『容姿』、「たくさんの友達がいる」「友達をつくることが難しいとは思わない」などからなる『友人関係』、「いつも正しいことをする」「とても行儀がよい」などからなる『品行』、「宿題やリポートなどの学習課題をおこなうことは困難だ」「学校の勉強やリポートなどの課題を終わらせるのが遅い」などからなる『学業能力』である。自己評価的側面とは、「今のままの自分に満足している」「一人の人として自分に満足している」などからなる『自己価値』である。

さて、『自己価値』の形成要因について性別の観点から検討するため、男女別にステップワイズ（stepwise）の変数選択法を用いた重回帰分析をおこなった。

重回帰分析とは、原因と結果のつながりの解析であり、一方から他方を推定するための二者間の関係をあらわしている。また、ステップワイズによる変数選択法とは、原因と結果のつながりの解析において、有効な変数と不要な変数を振り分ける方法である。

その結果、男性では『容姿』『友人関係』『品行』『学業能力』が、女性では『容姿』『友人関係』『品行』『学業能力』が『自己価値』を規定していた。そのなかでも、男女とも『容姿』が『自己価値』をもっとも強く規定していた。

つまり、自分自身に満足し自信をえるためには、男女とも『容姿』『友人関係』『品行』『学業能力』が優れ

	男性	女性
運動能力		
容姿	0.40 ***	0.48 ***
友人関係	0.21 ***	0.28 ***
品行	0.19 ***	0.09 *
学業能力	0.18 ***	0.17 ***
R^2	0.42 ***	0.49 ***

***$p < .001$, *$p < .05$

表 *8*　自己価値を規定する自己認知的側面（*Stepwise*：β と R^2）

ていると意識する必要がある。とくに、『容姿』が『自己価値』に強く影響しているという事実は、大学生にとって多くの友人がいることや学校の成績が良いことよりも、自分の容姿や外見に満足していなければ、自分に自信がもてないということを意味している。

だがこれは、大学生に限ったことではない。心理学者の眞榮城和美が「児童・思春期における自己評価の構造」（二〇〇〇、『応用社会学研究』）のなかで、小学生と中学生を対象にＳＰＰＣを用いて、自己認知と自己評価の関係を検討しているが、大学生と同じように容姿がもっとも強く影響を与えていた。

年齢や性別に関係なく、人は自分自身の容姿や外見への満足によって自分を価値あるものととらえている。「人は見かけじゃないよ、心だよ」とよくいわれるが、その見かけによって、自分自身の満足や自信といった心の充足を維持している。容姿や外見を否定して良いとはいえない。

では、そんな容姿や外見と密接に関係する化粧について、構造的にみていこう。

異性の化粧行動に対する期待

化粧は女性だけのものとおもわれ、女性だけに期待されていた時期は過ぎ、今日ではふたたび、男性も女性と同様に化粧を採用しはじめた。

化粧品も、ポマードやシェービングローションだけでなく、ファンデーションやリップクリームなどを利用する男性が増えている。コンビニやドラッグストアなどには男性用化粧品の専門コーナーができ、その種類は年々、増加している。

雑誌では、男性向けファッション誌だけでなく一般誌までもが衣服の特集だけでなく、ヘアスタイルや眉の手入れなど、女性誌以上に化粧に関する特集を組んでいる。

男性が、ふたたび化粧をおこないはじめた心理学的な理由には、いくつかの仮説が立てられる。たとえば、「女性からの化粧期待にともなう採用」、「被服のクロス・セックス化（その服を異性のものと認識したうえで、それを着用すること）のように、化粧を女性のものと認識したうえで、自分らしさの演出のための採用」、「多様な種類の男性用化粧品などの登場による、化粧に対する関心の高まりによる採用」などである。

しかしながら、これまでの化粧行動に関する研究は、女性が中心であり、男性の化粧行動の研究についてはまったくないため、先行研究から仮説の立証をおこなうことはできない。

クロス・セックス化に関しても、土肥伊都子が「被服行動におけるクロス・セックス化」（一九九八、『繊維製品消費科学』）で、被服行動について扱っているだけで、化粧行動に関するものはない。

ここで、化粧行動についての先行研究を少し思い出してみたい。

飽戸弘は『経済心理学：マーケティングと広告のための心理学』（一九八二、朝倉書店）で、化粧行動の起因として「対自的機能」と「対他的機能」の二つの機能を指摘していた。「対自的機能」とは、化粧の行動者自身の効果をめぐる化粧の機能のことであり、自己満足や気分などであった。また「対他的機能」とは、同性・異性にかかわらず他者や社会を意識することによって生じる化粧の機能のことであり、個性化、美化欲求、身だしなみなどであった。

つまり、「化粧をすることが楽しい」や「気分がよくなる」という化粧行動の主体的な楽しみとしての側面と、

「男性からも女性からも、きれいだと思われたい」という他者からの目を意識しての、自己管理の側面を指摘していた。

さらに、松井豊・山本真理子・岩男寿美子は「化粧の心理学的効用」(一九八三、『マーケティングリサーチ』)で、「人に良い印象を与えたい」「肌の色などの欠点カバー」「肌を守るため」などをあげ、化粧の役割を他者への印象管理と自己補完と指摘していた。

これらの指摘をふまえると、男性であっても女性であっても化粧をおこなう起因として、化粧をおこなうことへの主体的な楽しみや他者からの評価懸念が存在していると考えられる。だとすると、化粧を実際におこなうことには化粧への関心の高さが関連しているのではないだろうか。

大坊郁夫・小西啓史の「化粧行動スタイルと社会的スキル」(一九九三、『日本応用心理学会第六〇回大会発表論文集』)によると、化粧への関心や態度の構造は独立した「メイクアップ重視・実践」と「化粧・美容への関心」の二つによって構成され、化粧への関心と実際の行動が別次元であるとされている。

つまり、化粧を実際におこなうことと化粧への関心の高さに関連はないということである。しかしながら、自分自身の関心と行動について、何も関係がないということが、はたして本当にありえるのだろうか。

そこで、まずはこれら女性の化粧に関する先行研究の結果を参考に、化粧関心、化粧行動、異性への化粧行動に対する期待について調査をおこない、男女を比較しながら、それぞれの構造と関連をあきらかにしてみたい。

調査は男性一四五名(平均年齢＝一九・五二歳、標準偏差＝一・四〇)、女性一八四名(平均年齢＝一九・二六歳、標準偏差＝一・〇五)を対象におこなった。

質問は、化粧への関心、実際の化粧行動、そして異性への化粧期待についてである。化粧行動には、洗顔や

<table>
<tr><th colspan="2"></th><th>ヘア</th><th>フェイス</th><th>ボディ</th></tr>
<tr><td colspan="2">ケア</td><td>髪トリートメント
頭皮クレンジング</td><td>ピーリング／スクラブ
パック（顔・鼻）
日焼け予防
肌の保湿
唇の保湿
顔クレンジング</td><td>エステ
脱毛</td></tr>
<tr><td rowspan="2">メイク</td><td>可逆メイク</td><td>髪カラーリング
髪スタイリング</td><td>歯のホワイトニング
整眉
アイメイク
ベースメイク</td><td>マニキュア／スカルプチュア</td></tr>
<tr><td>不可逆メイク</td><td>パーマ</td><td>ピアス
美容（プチ）整形</td><td>タトゥ（刺青）</td></tr>
<tr><td colspan="2">フレグランス</td><td>ヘアコロン</td><td>無香料化粧品</td><td>決まった香りをもつ
デオドラント
香水</td></tr>
</table>

表9　化粧行動の項目

保湿など皮膚を手入れするケアと、香水などの香り、メイクアップ化粧品による装飾の意味が含まれる。また、化粧による変化として、可逆的（すぐにもとに戻せる）なものと不可逆的（すぐにもとに戻せない）なものが存在する。

そこでまず、化粧をほどこす部分をヘア、フェイス、ボディに分類した。また、日常的におこなっていると考えられる化粧品の種類としてケア、メイク（可逆／不可逆）、フレグランスに分類した。そして、それぞれの項目から特徴的な二六の化粧行動項目を設定した。

すなわち、ヘアに対するケアには「頭皮クレンジング」「髪トリートメント」、フェイスには「顔クレンジング」「肌保湿」「日焼け止め」「ピーリング／スクラブ」など、ボディには「脱毛」「エステ」などである。

可逆メイクに対するヘアには「髪カラーリング」「髪スタイリング」、フェイスには「整眉」「歯のホワイトニング」、ボディには「マニキュア／スカルプチュア」である。

不可逆メイクに対するヘアには「髪パーマ」、フェイスには「ピアス」、ボディには「タトゥ（刺青）」である。

フレグランスに対しては、ヘアには「ヘアコロン」、フェイスには「無香料化粧品」、ボディには「デオドラント」「香水」などである。

そして、この二六の化粧行動それぞれに対する関心を「関心がない（一）」から「関心がある（五）」までの五件法で回答させた。実際の化粧行動について、日常どのくらいの頻度でおこなっているかを「しない（一）」から「よくする（五）」までの五件法で回答させた。異性の化粧行動に対する期待について、異性の恋人や友人などにそれをして欲しいかを「して欲しくない（一）」から「して欲しい（五）」までの五件法で回答させた。

さて、化粧関心、化粧行動、異性への化粧期待について、男女の違いをみていこう。男女の平均値の差については、ｔ検定という手法を用いて検定をおこなった。

ｔ検定とは、ある量的変数を二つの値をとる質的変数（男性・女性など）でわけ、その平均値の差を検定することで二群間の関連を調べる方法である。ｔ検定は仮説を前提として検定をおこなうため、先に仮説を立てる必要がある。

たとえば「男女間で平均年収に差があるか」という問題について検定をおこなう場合、「男性の平均年収と女性の平均年収には差がある」という仮説と、「男性の平均年収と女性の平均年収には差がない」という仮説の二つをたてる。ｔ検定は帰無仮説（間違っているとおもう仮説）を対象におこない、その帰無仮説を棄却（間違ってると証明）することで対立仮説（正しいとおもう仮説）が正しいことを証明する。

では、化粧関心についてみてみよう。男性は「髪スタイリング」「髪カラーリング」「歯ホワイトニング」などに関心がある。逆に、「ベースメイク」「アイメイク」「無香料化粧品」などに関心がなかった。女性は「顔クレンジング」「日焼け予防」「髪スタイリング」などに関心がある。逆に、「タトゥ（刺青）」「美容（プチ）整形」「ヘアコロン」などに関心がなかった。

「タトゥ（刺青）」以外で、男女に差があったことから、一般に男性の化粧関心が非常に高まっているようにいわれるが、女性のほうが日常の化粧行動への関心が高いことがわかる。

男性では、「歯のホワイトニング」「顔クレンジング」など汚れ除去に関するもの、「髪スタイリング」「髪トリートメント」など頭髪に関する化粧行動で高い関心をしめしている。女性では、「タトゥ（刺青）」を除いてほとんどの項目で高い関心をしめしているが、とくに、「顔クレンジング」「日焼け予防」「肌保湿」「唇保湿」などケアに関するもの、「アイメイク」「ベースメイク」「髪カラーリング」などメイクアップに関するもので高い関心をしめしている。

つぎに、化粧行動である。男性は「髪スタイリング」「顔クレンジング」「髪トリートメント」などをおこなっていた。逆に、「タトゥ（刺青）」「美容（プチ）整形」「ベースメイク」などをおこなっていなかった。女性は「顔クレンジング」「肌保湿」「整眉」などをおこなっていた。逆に、「タトゥ（刺青）」「美容（プチ）整形」「エステ」などをおこなっていなかった。

「歯のホワイトニング」「ピーリング／スクラブ」「タトゥ（刺青）」「美容整形」では男女に差はなかったものの、これらを除いて男性が女性よりもおこなう化粧行動はなかった。そのため、実際に男性が女性と同様に化粧行動をおこなっているわけではないことがわかる。とくに、女性では、顔クレンジングや肌の保湿というケアに関するものは男性と共通し、加えて整眉やベースメイクなどメイクアップに関するものはよくおこなっている。

しかしながら、男性は「髪スタイリング」「髪トリートメント」などの頭髪に関する化粧行動、「顔クレンジング」「歯のホワイトニング」などの顔に関する化粧行動では、ほかの化粧行動にくらべおこなっている。女性は、多くの化粧行動をおこなっているものの、「ヘアコロン」「決まった香り」「香水」といった香りに関する化粧行動は、ほかの化粧行動にくらべておこなっていない。

そして、異性への化粧期待である。男性は「髪スタイリング」「髪トリートメント」「顔クレンジング」など

	男性		女性		男女差	
	M	SD	M	SD	t 値	
歯ホワイトニング	3.26	1.21	3.62	1.03	-2.91	**
髪カラーリング	3.43	1.34	4.31	0.97	-6.63	***
ピーリング／スクラブ	2.43	1.21	2.87	1.25	-3.18	**
パック（顔・鼻）	2.48	1.24	3.60	1.13	-8.50	***
整眉	2.80	1.35	4.38	0.87	-12.10	***
ピアス	2.01	1.26	3.72	1.32	-11.96	***
エステ	1.66	0.95	3.49	1.28	-14.86	***
脱毛	1.94	1.21	4.22	0.91	-18.88	***
髪スタイリング	3.55	1.31	4.40	0.84	-6.82	***
タトゥ（刺青）	1.76	1.26	1.79	1.11	-0.18	
デオドラント	2.99	1.38	4.19	0.99	-8.80	***
香水	2.56	1.39	3.47	1.31	-6.04	***
美容（プチ）整形	1.61	1.06	2.20	1.30	-4.50	***
髪トリートメント	3.18	1.32	4.36	0.89	-9.16	***
マニキュア／スカルプチュア	1.54	1.01	3.89	1.15	-19.34	***
決まった香りをもつ	2.10	1.38	3.35	1.37	-8.25	***
日焼け予防	1.95	1.20	4.46	0.83	-21.43	***
頭皮クレンジング	2.26	1.31	3.07	1.21	-5.71	***
ヘアコロン	1.83	1.06	2.49	1.27	-5.16	***
肌保湿	2.09	1.21	4.37	0.94	-18.69	***
パーマ	2.25	1.37	4.02	1.19	-12.34	***
唇保湿	2.53	1.28	4.31	0.90	-14.22	***
顔クレンジング	3.14	1.34	4.58	0.79	-11.44	***
アイメイク	1.35	0.79	4.29	1.04	-29.08	***
ベースメイク	1.34	0.77	4.28	1.09	-28.61	***
無香料化粧品	1.41	0.83	3.43	1.22	-17.82	***

表 *10-1*　化粧関心　　***$p<.001$, **$p<.01$

	男性		女性		男女差	
	M	SD	M	SD	t 値	
歯ホワイトニング	2.28	1.29	2.22	1.22	0.37	
髪カラーリング	2.79	1.62	3.73	1.42	-5.49	***
ピーリング/スクラブ	1.85	1.15	2.07	1.21	-1.60	
パック（顔・鼻）	1.91	1.21	2.72	1.27	-5.87	***
整眉	2.67	1.46	4.34	0.96	-11.91	***
ピアス	1.43	1.06	2.66	1.85	-7.51	***
エステ	1.16	0.63	1.34	0.87	-2.14	*
脱毛	1.45	0.97	3.28	1.58	-12.92	***
髪スタイリング	3.32	1.38	4.14	0.99	-5.92	***
タトゥ（刺青）	1.12	0.63	1.02	0.29	1.69	
デオドラント	2.51	1.46	3.95	1.17	-9.62	***
香水	2.12	1.40	2.81	1.62	-4.14	***
美容（プチ）整形	1.13	0.63	1.08	0.47	0.91	
髪トリートメント	2.86	1.49	3.93	1.12	-7.20	***
マニキュア/スカルプチュア	1.23	0.77	3.21	1.36	-16.68	***
決まった香りをもつ	1.76	1.30	2.46	1.60	-4.36	***
日焼け予防	1.46	0.92	4.19	1.03	-25.06	***
頭皮クレンジング	1.75	1.15	2.33	1.38	-4.11	***
ヘアコロン	1.34	0.82	1.63	1.05	-2.87	**
肌保湿	1.64	1.13	4.38	1.00	-23.23	***
パーマ	1.53	1.06	2.66	1.81	-7.00	***
唇保湿	2.22	1.31	4.22	1.10	-14.64	***
顔クレンジング	2.90	1.50	4.56	0.93	-11.67	***
アイメイク	1.16	0.63	3.97	1.39	-24.47	***
ベースメイク	1.14	0.58	4.07	1.39	-25.79	***
無香料化粧品	1.20	0.69	3.08	1.46	-15.39	***

表 *10-2*　化粧行動　　***$p<.001$, **$p<.01$, *$p<.0.5$

	男性		女性		男女差	
	M	SD	M	SD	t 値	
歯ホワイトニング	3.65	0.90	3.44	0.90	2.08	*
髪カラーリング	3.32	0.94	3.44	0.91	-1.13	
ピーリング／スクラブ	2.99	0.93	2.58	0.94	3.92	***
パック（顔・鼻）	3.50	0.84	2.71	0.92	7.97	***
整眉	3.72	0.98	3.37	1.04	3.15	**
ピアス	2.63	1.08	2.64	1.04	-0.05	
エステ	2.94	0.98	1.74	0.90	11.28	***
脱毛	3.60	1.17	1.95	1.02	13.50	***
髪スタイリング	4.08	0.96	4.13	0.83	-0.56	
タトゥ（刺青）	1.63	1.00	1.63	0.99	-0.03	
デオドラント	3.64	1.07	3.60	1.05	0.33	
香水	3.08	1.12	2.81	1.19	2.02	*
美容（プチ）整形	1.84	1.03	1.33	0.70	5.12	***
髪トリートメント	3.78	0.97	3.16	0.92	5.81	***
マニキュア／スカルプチュア	3.01	1.03	1.62	0.98	12.26	***
決まった香りをもつ	2.97	1.09	2.60	1.25	2.87	**
日焼け予防	3.43	0.96	2.48	1.00	8.64	***
頭皮クレンジング	3.13	0.96	3.04	1.05	0.75	
ヘアコロン	2.90	0.99	2.21	1.00	6.11	***
肌保湿	3.51	1.01	2.82	1.02	6.03	***
パーマ	2.68	1.06	2.75	0.90	-0.64	
唇保湿	3.57	0.91	3.22	0.98	3.28	**
顔クレンジング	3.76	1.02	3.65	1.29	0.86	
アイメイク	3.14	1.00	1.43	0.81	16.98	***
ベースメイク	3.29	0.94	1.43	0.79	19.26	***
無香料化粧品	3.24	0.96	1.85	1.09	11.94	***

表 *10-3*　異性への化粧期待　　***$p<.001$, **$p<.01$ *$p<.05$

を期待していた。逆に、「タトゥ（刺青）」「美容（プチ）整形」「ピアス」などを期待していなかった。女性は「髪スタイリング」「顔クレンジング」「デオドラント」などを期待していた。逆に、「美容（プチ）整形」「アイメイク」「ベースメイク」などを期待していなかった。

異性への化粧期待では、「髪カラーリング」「ピアス」「髪スタイリング」「タトゥ（刺青）」「デオドラント」「頭皮クレンジング」「パーマ」「顔クレンジング」は、男女に差がなかったことから、これらについては異性への期待が男女で変わらない化粧行動であるといえる。そのなかでも、男女とも最も期待しているものは、共通して「髪スタイリング」である。男女とも頭髪に関するもの、香りに関するもので異性に期待している。しかしながら、多くの化粧行動については、男性が女性よりも期待している。

さて、化粧関心、化粧行動、異性への化粧期待が男女でどのような構造になっているのだろうか。化粧関心、化粧行動、異性への化粧期待のそれぞれとも、男女で顕著な差があることがわかったため、男女別で化粧関心、化粧行動、異性への化粧期待のそれぞれの、化粧行動二六項目の評定点をもとに主成分分析（Promax 回転）という手法を用いて、構造化を試みた。

主成分分析とは、変数（質問項目）を合成し、まとめあげて因子（総合指標）をつくり、それによって要約的に記述する方法である。ほぼ同一の方法には因子分析という手法がある。これは、それぞれの変数の背後に潜むと仮定される、共通して潜んでいる要因を抽出し、それで事態を簡潔に理解する方法である。両者の違いは、各変数が因子によって説明される部分の割合の推定値が異なるだけで、因子を求める手順はほぼ同じとされている。

また、因子をながめていても、何を表現しているのか解釈に迷う場合、因子の軸を回転する。その回転方法の代表として、バリマックス（Varimax）回転とプロマックス（Promax）回転などがあり、バリマックス回転は因子間の相関関係（一方が変化すると、他方もそれにつれて変化する関係）を前提としないものの、プロマックス回転では因子間の相関関係を前提とするという違いがある。

では、男性からみてみよう。化粧関心は、「アイメイク」「ベースメイク」などの項目からなる『メイクアップ』、「脱毛」「パック（顔・鼻）」などの項目からなる『スキンケア・技術者加工』、「歯のホワイトニング」「デオドラント」などの項目からなる『クレンジング・整髪』、「ピアス」「パーマ」などの項目からなる『髪加工・香り』の四因子で構造化された。

化粧行動は、「ベースメイク」「アイメイク」などの項目からなる『メイクアップ・技術者加工』、「顔クレンジング」「歯のホワイトニング」などの項目からなる『オーラルケア・整髪』、「香水」「決まった香り」などの項目からなる『香り』、「肌保湿」「パック（顔・鼻）」などの項目からなる『スキンケア』の四因子で構造化された。

異性への化粧期待の構造では、「唇保湿」「髪スタイリング」などの項目からなる『ケア・整髪』、「無香料化粧品」「日焼け予防」などの項目からなる『メイクアップ』、「ピーリング／スクラブ」「パック（顔・鼻）」などの項目からなる『スキンケア』、「タトゥ（刺青）」「ピアス」などの項目からなる『身体加工』、「ヘアコロン」「決まった香り」などの項目からなる『香り』の五因子で構造化された。

つぎに、女性である。化粧関心は、「顔クレンジング」「ベースメイク」などの項目からなる『ケア・メイクアップ』、「ピーリング／スクラブ」「パック（顔・鼻）」などの項目からなる『クレンジング』、「決まった香り」「香水」などの項目からなる『香り』、「髪カラーリング」「ピアス」などの項目からなる『髪加工』の四因子で構造化された。

化粧行動は、「肌保湿」「顔クレンジング」などの項目からなる『ケア・メイクアップ』、「香水」「決まった香り」の項目からなる『香り』、「ピアス」「髪カラーリング」の項目からなる『髪加工』、「歯のホワイトニング」「頭皮クレンジング」の項目からなる『クレンジング』、「エステ」「美容（プチ）整形」の項目からなる『技術者加工』の五因子で構造化された。

異性への化粧期待の構造は、「肌保湿」「唇保湿」などの項目からなる『ケア・クレンジング』、「タトゥ（刺青）」「美容（プチ）整形」などの項目からなる『身体加工』、「アイメイク」「ベースメイク」などの項目からなる『メイクアップ』、「ピアス」「髪カラーリング」などの項目からなる『髪加工』、「決まった香り」「香水」の項目からなる『香り』の五因子で構造化された。

男女それぞれの、化粧関心、化粧行動、異性への化粧期待の構造をみてみると、男女とも「ピアス」は髪に関する化粧行動、「タトゥ（刺青）」は身体に関する化粧行動と関係がある。ケアに関する化粧行動は、男性では施す部位により、「唇保湿」や「歯のホワイトニング」といった口元に対するオーラルケア、「肌保湿」や「パック（顔・鼻）」といった肌に対するスキンケアと構造が異なるのに対し、女性では素肌全体に関するケアとして両者をとらえている傾向にある。「髪スタイリング」は、女性では『メイクアップ』を構成する項目であるが、男性では『整髪』を構成する化粧行動である。異性への化粧期待は、女性では化粧行動の目的や効果による構造であるが、男性では化粧行動そのものではなく、素肌や髪の美しさと結びつく「肌保湿」や「唇保湿」や「髪トリートメント」、また装飾的なメイクアップと結びつく「アイメイク」など、つくりだされる美のイメージによる構造である。

あきらかとなった男女それぞれの化粧関心、化粧行動、異性への化粧期待について、簡便因子得点という因子ごとに高く負荷する項目の得点を合計し、それをその項目数で除する方法であらためて得点化した。そして、男女別に化粧関心、化粧行動、異性への化粧期待のそれぞれがどのような関係にあるのかをピアソン（Pearson）の相関係数を算出して調べてみた。

	メイクアップ	スキンケア・技術者加工	クレンジング・整髪	髪加工・香り
アイメイク	***0.88***	0.01	-0.14	0.09
ベースメイク	***0.87***	-0.01	-0.05	-0.06
無香料化粧品	***0.84***	-0.09	0.11	-0.11
マニキュア／スカルプチュア	***0.62***	0.23	0.02	0.06
唇保湿	***0.40***	0.02	0.35	0.02
ヘアコロン	***0.40***	0.35	0.08	0.13
脱毛	-0.05	***0.81***	0.05	-0.16
パック（顔・鼻）	-0.15	***0.76***	0.15	0.08
美容（プチ）整形	0.00	***0.70***	-0.29	0.15
肌保湿	0.20	***0.67***	0.12	-0.13
エステ	0.12	***0.62***	-0.14	0.20
日焼け予防	0.19	***0.47***	0.15	-0.18
ピーリング／スクラブ	-0.04	***0.43***	0.36	0.07
歯のホワイトニング	-0.10	0.14	***0.77***	-0.07
デオドラント	0.17	-0.30	***0.75***	0.09
髪スタイリング	-0.11	0.01	***0.72***	0.14
顔クレンジング	-0.07	0.22	***0.60***	-0.07
頭皮クレンジング	0.31	0.12	***0.52***	-0.07
髪トリートメント	-0.02	-0.14	***0.49***	0.36
ピアス	0.10	0.01	-0.14	***0.71***
髪パーマ	0.10	-0.16	0.15	***0.68***
髪カラーリング	-0.30	-0.14	0.23	***0.68***
香水	0.02	0.08	0.17	***0.64***
整眉	-0.23	0.41	-0.06	***0.57***
タトゥ（刺青）	0.46	-0.05	-0.11	***0.52***
決まった香り	0.18	0.22	0.02	***0.45***
固有値	8.45	2.98	1.54	1.24
累積寄与率	32.51	43.96	49.90	54.91

表 *11*　男性　化粧関心の構造（主成分分析・Promax 回転）

	メイクアップ・技術者加工	オーラルケア・整髪	香り	スキンケア
ベースメイク	***0.92***	-0.07	0.04	-0.07
アイメイク	***0.88***	-0.18	0.03	0.15
無香料化粧品	***0.76***	0.11	0.00	-0.22
美容（プチ）整形	***0.73***	-0.16	-0.03	0.12
エステ	***0.63***	-0.05	0.11	0.13
日焼け予防	***0.55***	0.22	-0.17	0.15
ヘアコロン	***0.55***	0.25	0.22	-0.15
マニキュア/スカルプチュア	***0.53***	-0.05	0.04	0.41
タトゥ（刺青）	***0.39***	-0.13	0.05	0.39
脱毛	***0.31***	0.24	0.09	0.09
顔クレンジング	-0.05	***0.70***	-0.17	0.09
歯のホワイトニング	-0.04	***0.61***	-0.16	0.05
デオドラント	0.09	***0.56***	0.12	-0.03
髪トリートメント	-0.11	***0.53***	0.35	-0.08
髪スタイリング	-0.21	***0.50***	0.26	0.15
頭皮クレンジング	0.34	***0.45***	0.06	0.15
香水	0.05	0.06	***0.82***	-0.04
決まった香り	0.26	0.04	***0.81***	-0.21
髪カラーリング	-0.24	-0.23	***0.59***	0.47
整眉	-0.22	0.12	***0.50***	0.34
ピアス	0.21	-0.14	***0.47***	0.03
肌保湿	0.18	0.15	-0.24	***0.68***
パック（顔・鼻）	-0.00	0.14	-0.01	***0.64***
髪パーマ	0.08	-0.11	0.20	***0.57***
ピーリング/スクラブ	0.01	0.40	-0.04	***0.53***
唇保湿	0.05	0.20	0.05	***0.28***
固有値	7.29	2.93	1.66	1.30
累積寄与率	28.03	39.30	45.67	50.65

表 *12*　男性　化粧行動の構造（主成分分析・Promax 回転）

	ケア・整髪	メイクアップ	スキンケア	身体加工	香り
唇保湿	***0.70***	0.06	-0.05	-0.07	0.17
髪スタイリング	***0.68***	0.28	-0.08	0.02	-0.16
髪トリートメント	***0.67***	-0.02	0.13	-0.25	0.08
肌保湿	***0.67***	0.30	-0.15	0.03	0.06
デオドラント	***0.66***	-0.18	0.16	0.35	-0.25
脱毛	***0.60***	-0.32	0.37	0.27	-0.04
頭皮クレンジング	***0.58***	0.08	-0.20	0.06	0.32
顔クレンジング	***0.39***	0.22	0.19	-0.23	0.19
無香料化粧品	0.00	***0.79***	-0.13	-0.10	0.11
日焼け予防	0.35	***0.67***	-0.20	-0.07	0.03
髪カラーリング	-0.03	***0.66***	0.19	0.24	-0.34
ベースメイク	0.09	***0.66***	0.13	-0.01	0.13
アイメイク	0.03	***0.60***	0.16	0.18	0.06
マニキュア／スカルプチュア	0.10	***0.41***	0.04	0.09	0.18
ピーリング／スクラブ	-0.15	0.03	***0.81***	-0.01	-0.03
パック（顔・鼻）	0.05	-0.07	***0.80***	-0.34	0.19
整眉	0.18	0.09	***0.59***	-0.10	0.10
歯のホワイトニング	0.03	-0.01	***0.58***	0.05	0.11
エステ	-0.27	0.32	***0.35***	0.30	0.25
タトゥ（刺青）	0.01	-0.20	-0.14	***0.73***	0.37
ピアス	-0.10	0.24	0.02	***0.67***	-0.14
美容（プチ）整形	-0.09	-0.02	-0.18	***0.66***	0.47
髪パーマ	0.14	0.06	-0.04	***0.63***	0.11
ヘアコロン	0.10	0.04	-0.02	0.20	***0.75***
決まった香り	0.03	0.08	0.20	0.11	***0.71***
香水	-0.01	0.05	0.24	0.15	***0.57***
固有値	8.29	2.58	1.62	1.42	1.29
累積寄与率	31.87	41.77	47.99	53.45	58.41

表 *13*　男性　異性への化粧期待の構造（主成分分析・Promax 回転）

	ケア・メイクアップ	クレンジング	香り	髪加工
顔クレンジング	***0.82***	0.04	-0.13	0.12
ベースメイク	***0.71***	0.07	0.10	0.01
肌保湿	***0.68***	0.21	-0.14	-0.03
アイメイク	***0.65***	-0.18	0.34	0.14
日焼け予防	***0.62***	-0.10	0.22	-0.19
唇保湿	***0.61***	-0.01	0.02	0.06
髪スタイリング	***0.60***	-0.12	-0.11	0.23
髪トリートメント	***0.58***	0.13	0.05	0.09
整眉	***0.57***	0.11	-0.05	0.31
無香料化粧品	***0.41***	0.40	-0.01	-0.40
タトゥ（刺青）	***-0.38***	0.20	0.30	0.25
マニキュア／スカルプチュア	***0.34***	0.10	0.33	0.11
脱毛	***0.27***	0.13	0.06	0.23
ピーリング／スクラブ	-0.20	***0.73***	-0.02	0.25
パック（顔・鼻）	0.08	***0.61***	-0.16	0.30
頭皮クレンジング	0.14	***0.56***	0.13	-0.17
歯のホワイトニング	0.15	***0.56***	-0.11	-0.09
美容（プチ）整形	-0.23	***0.42***	0.36	0.17
エステ	0.20	***0.42***	0.11	0.16
決まった香り	0.07	-0.02	***0.84***	0.09
香水	0.08	-0.16	***0.83***	0.12
ヘアコロン	0.00	0.39	***0.56***	-0.27
髪カラーリング	0.27	0.11	-0.13	***0.64***
ピアス	-0.09	0.15	0.22	***0.60***
髪パーマ	0.35	-0.05	-0.03	***0.50***
デオドラント	0.15	-0.19	0.29	***0.44***
固有値	7.53	2.27	1.58	1.36
累積寄与率	28.95	37.68	43.77	49.01

表 *14*　女性　化粧関心の構造（主成分分析・Promax 回転）

	ケア・メイクアップ	香り	髪加工	クレンジング	技術者加工
肌保湿	***0.79***	-0.10	-0.00	0.01	0.16
顔クレンジング	***0.75***	-0.08	0.15	-0.16	0.08
髪スタイリング	***0.68***	-0.14	0.03	0.17	-0.22
日焼け予防	***0.68***	0.09	-0.17	0.10	0.08
ベースメイク	***0.67***	0.09	0.16	-0.08	0.19
唇保湿	***0.67***	0.11	-0.25	-0.07	0.15
アイメイク	***0.59***	0.28	0.18	-0.20	0.10
整眉	***0.55***	-0.11	0.19	-0.02	-0.30
無香料化粧品	***0.50***	-0.18	-0.17	0.14	0.45
髪トリートメント	***0.49***	-0.02	-0.08	0.22	-0.17
マニキュア／スカルプチュア	***0.36***	0.21	0.11	0.10	-0.08
脱毛	***0.33***	-0.12	-0.03	0.32	-0.11
香水	0.02	***0.89***	0.12	-0.03	-0.06
決まった香り	0.05	***0.89***	0.03	-0.04	0.04
ヘアコロン	-0.18	***0.55***	-0.23	0.40	0.05
ピアス	-0.11	0.14	***0.74***	0.04	-0.07
髪カラーリング	0.11	0.02	***0.66***	-0.08	-0.09
髪パーマ	0.01	-0.07	***0.64***	0.13	0.10
歯のホワイトニング	-0.09	-0.06	0.02	***0.70***	0.02
頭皮クレンジング	0.22	0.09	-0.07	***0.55***	-0.26
ピーリング / スクラブ	-0.04	-0.03	0.44	***0.53***	-0.02
タトゥ（刺青）	-0.03	0.01	0.18	***0.48***	0.25
パック（顔・鼻）	0.21	0.13	-0.10	***0.30***	0.09
エステ	0.04	0.08	0.22	0.29	***0.62***
美容（プチ）整形	0.06	0.04	-0.12	-0.17	***0.53***
デオドラント	0.39	0.21	-0.06	-0.00	***-0.42***
固有値	5.66	2.27	1.69	1.55	1.45
累積寄与率	21.77	30.52	37.00	42.96	48.53

表 *15*　女性　化粧行動の構造（主成分分析・Promax 回転）

	ケア・クレンジング	身体加工	メイクアップ	髪加工	香り
肌保湿	***0.73***	0.18	-0.01	-0.03	0.02
唇保湿	***0.72***	0.19	-0.17	-0.30	-0.03
顔クレンジング	***0.58***	-0.09	-0.02	0.04	-0.11
頭皮クレンジング	***0.58***	0.08	0.00	-0.05	0.00
日焼け予防	***0.49***	0.34	0.22	-0.26	-0.08
髪トリートメント	***0.47***	-0.27	0.24	0.07	0.13
デオドラント	***0.45***	-0.02	-0.14	-0.04	0.35
髪スタイリング	***0.44***	-0.42	-0.04	0.41	-0.00
タトゥ（刺青）	-0.03	***0.81***	-0.21	0.05	0.08
美容（プチ）整形	-0.02	***0.71***	0.12	0.03	0.03
エステ	0.03	***0.60***	0.22	0.18	-0.03
脱毛	0.11	***0.50***	0.22	-0.13	0.08
ピーリング／スクラブ	0.34	***0.40***	0.03	0.28	-0.20
アイメイク	-0.10	0.05	***0.91***	0.07	-0.01
ベースメイク	-0.11	0.09	***0.90***	0.03	0.02
無香料化粧品	0.21	-0.10	***0.73***	-0.19	0.04
マニキュア／スカルプチュア	-0.11	0.30	***0.46***	0.15	0.06
ピアス	-0.19	0.34	-0.04	***0.74***	0.03
髪カラーリング	-0.02	-0.06	0.01	***0.73***	0.10
髪パーマ	-0.22	0.02	0.10	***0.61***	-0.14
整眉	0.21	0.14	-0.31	***0.59***	0.11
歯のホワイトニング	0.35	-0.30	0.23	***0.39***	-0.04
パック（顔・鼻）	0.31	0.33	0.00	***0.38***	-0.03
決まった香り	-0.04	0.05	0.02	-0.03	***0.91***
香水	-0.06	0.01	0.01	0.05	***0.86***
ヘアコロン	0.09	0.13	0.21	0.00	***0.45***
固有値	5.77	2.94	2.09	1.62	1.50
累積寄与率	22.20	33.50	41.54	47.77	53.52

表 *16*　女性　異性への化粧期待の構造（主成分分析・Promax 回転）

相関係数とは、二つの変数同士の共変関係をあらわす係数であり、一方が増加すれば他方も増加し、それとも一方が減少すれば他方も減少するといった方向関係の程度をしめしている。そして、ピアソンの相関係数とは、そのような直線的関係が、どのくらいあるかをしめす指標である。

男性の場合、多くの組合せで相関関係が認められた。とくに『メイクアップ』に関心の高い者ほど『メイクアップ・技術者加工』を、『スキンケア・技術者加工』に関心の高い者ほど『スキンケア』を、『クレンジング・整髪』に関心の高い者ほど『オーラルケア・整髪』を、『髪加工・香り』に関心の高い者ほど『香り』をよりおこなう傾向にあった。また、『スキンケア』をおこなう者ほど『スキンケア』を異性により期待する傾向にあった。

女性の場合、男性にくらべ相関関係のみられた組合せは少なかった。しかしながら『ケア・メイクアップ』に関心の高い者ほど『ケア・メイクアップ』を、『香り』に関心の高い者ほど『香り』を、『髪加工』に関心の高い者ほど『髪加工』をよりおこなう傾向にあった。また、『香り』をおこなう者や関心のある者ほど『香り』を異性により期待する傾向にあった。

興味深い組合せは、女性における化粧関心の『ケア・メイクアップ』と化粧期待の『メイクアップ』、化粧関心の『髪加工』と化粧期待の『メイクアップ』、化粧行動の『髪加工』と化粧期待の『メイクアップ』である。これらは、関心や行動の高い者ほど、男性への『メイクアップ』の期待が低い傾向にあるという関係である。

大坊郁夫・小西啓史の「化粧行動スタイルと社会的スキル」(一九九三、『日本応用心理学会第六〇回大会発表論文集』)では、化粧関心と実際の化粧行動は別次元であるとされていた。たしかに、女性においては、化粧への関心の有無にかかわらず、化粧をすることへの他者からの期待から、化粧がされてきた側面もある。

しかし、男性においては、女性が多くの化粧行動において男性に期待することは少なく、男性の場合、自らの関心の高まりにともなって化粧行動を採用している。そして、女性においても、化粧関心と化粧行動の関連

		化粧関心			
		メイクアップ	スキンケア・技術者加工	クレンジング・整髪	髪加工・香り
化粧行動	メイクアップ・技術者加工	0.68 ***	0.31 ***	0.10	0.11
	オーラルケア・整髪	0.15	0.33 ***	0.74 ***	0.44 ***
	香り	0.24 **	0.35 ***	0.36 ***	0.69 ***
	スキンケア	0.43 ***	0.58 ***	0.39 ***	0.43 ***
化粧期待	ケア・整髪	0.16	0.23 **	0.34 ***	0.30 ***
	メイクアップ	0.33 ***	0.24 **	0.28 **	0.31 ***
	スキンケア	0.29 **	0.44 ***	0.35 ***	0.36 ***
	身体加工	0.26 **	-0.11	0.05	0.19 *
	香り	0.35 ***	0.19 *	0.23 **	0.31 ***

表 *17-1*　男性　化粧関心との相関関係

$^{***}p < .001$,　$^{**}p < .01$,　$^{*}p < .05$

		化粧関心			
		ケア・メイクアップ	クレンジング	香り	髪加工
化粧行動	ケア・メイクアップ	0.77 ***	0.28 ***	0.27 ***	0.34 ***
	香り	0.23 **	0.25 **	0.69 ***	0.15 *
	髪加工	0.30 ***	0.21 **	0.16 *	0.60 ***
	クレンジング	0.16 *	0.42 ***	0.21 **	0.07
	技術者加工	0.19 **	0.18 *	0.14	0.04
化粧期待	ケア・クレンジング	0.14	0.27 ***	-0.01	0.02
	身体加工	-0.11	0.07	0.08	-0.05
	メイクアップ	-0.22 **	-0.10	-0.06	-0.32 ***
	髪加工	0.16 *	0.14	0.24 **	0.30 ***
	香り	0.07	0.07	0.51 ***	0.09

表 *18-1*　女性　化粧関心との相関関係

$^{***}p < .001$,　$^{*}p < .05$

		化粧行動			
		メイクアップ・技術者加工	オーラルケア・整髪	香り	スキンケア
化粧関心	メイクアップ	0.68 ***	0.15	0.24 **	0.43 ***
	スキンケア・技術者加工	0.31 ***	0.33 ***	0.35 ***	0.58 ***
	クレンジング・整髪	0.10	0.74 ***	0.36 ***	0.39 ***
	髪加工・香り	0.11	0.44 ***	0.69 ***	0.43 ***
化粧期待	ケア・整髪	0.16	0.37 ***	0.30 ***	0.29 ***
	メイクアップ	0.28 **	0.27 **	0.35 ***	0.31 ***
	スキンケア	0.21 *	0.36 ***	0.40 ***	0.51 ***
	身体加工	0.29 **	-0.03	0.09	0.06
	香り	0.30 ***	0.29 **	0.39 ***	0.25 **

表 *17-2*　男性　化粧行動との相関関係

$^{***}p$ < .001,　$^{**}p$ < .01

		化粧行動				
		ケア・メイクアップ	香り	髪加工	クレンジング	技術者加工
化粧関心	ケア・メイクアップ	0.77 ***	0.23 **	0.30 ***	0.16 *	0.19 **
	クレンジング	0.28 ***	0.25 **	0.21 **	0.42 ***	0.18 *
	香り	0.27 ***	0.69 ***	0.16 *	0.21 **	0.14
	髪加工	0.34 ***	0.15 *	0.60 ***	0.07	0.04
化粧期待	ケア・クレンジング	0.18 *	-0.01	0.02	0.27 ***	-0.02
	身体加工	-0.06	-0.05	-0.02	0.06	0.03
	メイクアップ	-0.11	-0.06	-0.32 ***	0.09	0.02
	髪加工	0.14	0.14	0.17 *	0.11	0.07
	香り	0.15 *	0.54 ***	0.09	0.11	-0.05

$^{**}p$ < .01,　$^{*}p$ < .05

表 *18-2*　女性　化粧行動との相関関係

		異性への化粧期待				
		ケア・整髪	メイクアップ	スキンケア	身体加工	香り
化粧関心	メイクアップ	0.16	0.33 ***	0.29 **	0.26 **	0.35 ***
	スキンケア・技術者加工	0.23 **	0.24 **	0.44 ***	0.11	0.19 *
	クレンジング・整髪	0.34 ***	0.28 **	0.35 ***	0.05	0.23 **
	髪加工・香り	0.30 ***	0.31 ***	0.36 ***	0.19 *	0.31 ***
化粧行動	メイクアップ・技術者加工	0.16	0.28 **	0.21 *	0.29 **	0.30 ***
	オーラルケア・整髪	0.37 ***	0.27 **	0.36 ***	-0.30	0.29 ***
	香り	0.30 ***	0.35 ***	0.40 ***	0.09	0.39 ***
	スキンケア	0.29 **	0.31 ***	0.51 ***	0.06	0.25 **

表 *17-3*　男性　異性への化粧期待との相関関係　　　$^{***}p < .001$,　$^{**}p < .01$,　$^{*}p < .05$

		異性への化粧期待				
		ケア・クレンジング	身体加工	メイクアップ	髪加工	香り
化粧関心	ケア・メイクアップ	0.14	-0.11	-0.23 **	0.16 *	0.07
	クレンジング	0.27 ***	0.07	-0.10	0.14	0.07
	香り	-0.01	0.08	-0.06	0.24 **	0.51 ***
	髪加工	0.02	-0.50	-0.32 ***	0.30 ***	0.09
化粧行動	ケア・メイクアップ	0.18 *	-0.58	-0.12	0.14	0.15 *
	香り	-0.01	-0.05	-0.06	0.14	0.54 ***
	髪加工	0.02	-0.02	-0.32 ***	0.17 *	0.09
	クレンジング	0.27 ***	0.06	0.09	0.12	0.11
	技術者加工	-0.02	0.04	0.02	0.07	-0.05

表 *18-3*　女性　異性への化粧期待との相関関係　　　$^{***}p < .001$,　$^{**}p < .01$,　$^{*}p < .05$

性から、男性と同様に化粧への関心の高まりにともない、化粧行動をおこなっている。しかしながら、調査対象者が大学生であったという点を考慮するならば、社会からの化粧をすることへの期待が低いことを考慮しなければならない。

まとめると、化粧関心は男性よりも女性のほうが高く、実際に日常の化粧行動をおこなう頻度も男性よりも女性のほうがまだまだ高い。また、異性への化粧期待は、男性の化粧関心や化粧行動を高める要因であるのではないかと考えたが、女性は男性が化粧行動をおこなうことをあまり期待していなかった。しかし、男性は女性が化粧をおこなうことについては、強い期待をもっている。

異性の化粧行動に対する期待と個人差要因

このように男女で化粧関心、化粧行動、異性への化粧期待で差がみられた理由の一つに、性に関する役割期待があげられる。

われわれの性は、大きく分けて生物学的性（男性・女性）と社会的性（男性性・女性性）とに大別される。だが、この二つは必ずしも一致しない。

生物学的性は、生まれた瞬間から決定されるが、社会的性は、社会生活のなかから社会的・文化的に期待される性に合致する役割であり、女性もしくは男性はどのようにふるまうべきかを学ぶことで形成される。

伝統的には、女性は家庭生活に関連した技能が期待され、男性は運動能力、知的能力に関連した技能が期待される。しかしながら、この男らしさに由来する男性性や女らしさに由来する女性性は対極にあるものではない。男性でも女性でも、男性性と女性性の両方が高い（両性的）、男性性が高く女性性が低い（男性的）、女性性が高く男性性が低い（女性的）、男性性と女性性の両方が低い（未分化）などのタイプが存在する。

トーマス・キャッシュとジョン・リッシとリーズ・チャップマン（Thomas Cash, John Rissi & Rees Chapman）は、「Not just another pretty face: Sex roles, locus of control, and cosmetic use」（一九八五、*Personality and Social Psychology Bulletin*）で、女性の化粧の利用度と性役割との関係について検討している。それによると、女性性が高い者ほど化粧をよく利用するという。

また小林茂雄は、「男子大学生の着装行動とユニセックス観に関する一考察」（一九八九、『共立女子大学家政学部紀要』）で、化粧ではないものの男子大学生を対象とした性役割と被服の着装態度との関連性について検討している。そして、女性的および両性的男性は男性的男性にくらべ、ファッションや外見に高い関心をしめすと指摘した。

すなわち、性役割において女性性もしくは両性性の高い者はファッションや外見に関心があり、男性性の高い者はあまり関心をしめさない。その一因としては、伝統的性役割のなかで男性が化粧や衣服に関心をもつことが、敬遠されてきたことに由来していると考えられている。

また、これまでの研究から、他者と自己に起因しておこなわれる化粧行動には、自意識も関係する。アーロン・フェニングスタインとマイケル・シャイヤーとアーノルド・バス（Alon Fenigstein, Michael Scheier & Arnold Buss）の「Public and private self-consciousness: Assessment and Theory」（一九七五、*Journal of Con-sulting and Clinical Psychology*）によると、自己に対する意識には、二つの側面がある。一つは、顔や身体、服装や化粧など他者から容易にみることが可能な自己の身体や行動に関する意識であり公的自意識とよばれる。他方は、感情や身体感覚、思考など主観に由来する意識であり私的自意識とよばれる。

公的自意識の高い者は、自己の身体的外見が他者からいかにみられているかということに高い関心をしめし、私的自意識の高い者は、あまり他者からの目に対して関心をもたず、内省的とされる。
トーマス・キャッシュとディアン・キャッシュ（Thomas Cash & Diane Cash）は「Women's use of cosmetics: Psychosocial correlates and consequences」（一九八二、*International Journal of Cosmetic Science*）で、公的自意識の高い女性ほど化粧をよく利用すると報告し、リン・ミラーとキャサリン・コックス（Lynn Carol Miller & Cathryn Leigh Cox）も「For appearance's sake：Public Self-consciousness and makeup use」（一九八二、*Personality and Social Psychology Bulletin*）で、公的自意識の高い女性ほど化粧の利用度や程度が高いことを指摘した。つまり、公的自意識の高い者ほど化粧行動をよりおこなう。

また松井豊は「化粧と性格」（一九八六、『性格の心理』）で、自意識にともなう外向性と内向性によって化粧行動が相違するかを検討した。すると、公的自意識と化粧利用の程度とのあいだに、必ずしも単純な関係があるとはいい切れるわけではないと前置きをしながら、外向性の高い女性ほどメイクアップ化粧品利用率が高く、内向性の高い女性ほど基礎化粧品利用率が高いことを指摘した。

他者とのかかわりが高く、他者からの視線に多く触れる機会のある公的自意識の高い者ほど、他者の目を意識したメイクアップ化粧をおこない、自己中心的で他者の目をあまり気にせず内省的な私的自意識の強い者ほど、自己のための基礎化粧もしくは化粧自体をおこなわない傾向にあるという。

そこで、あきらかとなった男女大学生の化粧関心、化粧行動、異性への化粧期待の構造をもとに、それらが自意識や性役割といった個人差要因によっていかに規定されているかを検討したい。

調査は化粧関心、化粧行動、異性への化粧期待の構造に関する調査と同時に実施した。質問内容は、自意識や性役割と、化粧関心、化粧行動、異性への化粧期待との関連についてである。

自意識とは、自分自身にどの程度注意を向けやすいかに関する性格特性である。自分の外見や他者に対する行動など外からみえる自己の側面に対する注意を向ける程度の公的自意識、自分の内面や気分など外からみえない自分の側面に注意を向ける程度の私的自意識の二次元で構成されている。

なお、マイケル・シャイヤー（Michael Scheier）の「Effects of public and private self-consciousness on the public expression of personal beliefs」（一九八〇、*Journal of Personality and Social Psychology*）によれば、私的自意識の高い者は態度と行動の一貫性が高いこと、アーロン・フェニングスタイン（Alon Fenigstein）の「Self-consciousness, self-attention, and interaction」（一九七九、*Journal of Personality and Social Psychology*）によれば、公的自意識の高い者は他者からの評価的態度に敏感であることがあきらかとなっている。

ここでは、菅原健介の「自意識尺度日本語版作成の試み」（一九八四、『心理学研究』）から、自意識尺度二一項目を用いて「あてはまらない（一）」から「あてはまる（五）」までの五件法で回答させた。

この自意識尺度二一項目とは、「自分の容姿を気にするほうだ」「他人からの評価を考えながら行動する」からなる公的自意識と、「つねに自分自身を見つめる目を忘れない」「自分がどんな人間か自意しようと努めている」からなる私的自意識を測定する項目である。

性役割とは、社会的性が含有する認知的枠組みにおける男女それぞれが、どのように行動するべきかという社会からの期待において、男女にそれぞれふさわしいとみなされる行動やパーソナリティに関する社会的期待・規範およびそれらにもとづく行動であり、性役割に関する自己概念において男性的であるとする男性性、女性的であるとする女性性の二次元で構成されている。

性役割を測定する尺度はいくつか存在する。なかでも、サンドラ・ベム（Sandra Bem）が「The measurement of psychological androgyny」（一九七四、*Journal of Consulting and Clinical Psychology*）で使用した Bem Sex Role

Inventory（ＢＳＲＩ）は有名である。

日本では東清和《あずま》によって「心理的両性具有Ⅰ―ＢＳＲＩによる心理的両性具有の測定」（一九九〇、『早稲田大学教育学部学術研究』）と「心理的両性具有Ⅱ―ＢＳＲＩ日本語版の検討」（一九九一、『早稲田大学教育学部学術研究』）のなかで、翻訳・再構成と日本での妥当性が検討されている。この、ＢＳＲＩから四〇項目を用いて「あてはまらない（一）」から「あてはまる（五）」までの五件法で回答させた。

ＢＳＲＩの四〇項目とは、「自己主張的な人間である」「分析的な人間である」などからなる男性性と、「従順な人間である」「温和な人間である」などからなる女性性を測定する項目である。

さて、若者の化粧関心、化粧行動、異性への化粧期待が自意識や性役割によってどのように規定されているのかを、ステップワイズの変数選択法による重回帰分析によって調べてみた。

男性では、公的自意識が化粧関心の『クレンジング・整髪』、化粧行動の『オーラルケア・整髪』、異性への化粧期待の『ケア・整髪』『スキンケア』を規定し、男性性が化粧関心の『髪加工・香り』、化粧行動の『香り』を規定していた。

男性の場合、自分の外見などに注意を向けやすい者ほど、化粧関心が高く、異性に対しても化粧を期待している。また、社会的に男らしいとみなされる行動をよくおこなう者ほど化粧に関心をしめし、化粧行動をおこなっていた。

これまでの女性を対象とした化粧行動の研究では、女性性の高い者ほど外見やファッションに関心をもち、化粧行動を採用しやすく、男性性の高い者ほどあまり関心をしめさないとされてきた。だが、今回の調査では、男性においては、むしろ男性性の高い者ほど化粧関心をしめし、積極的に化粧行動をおこなう結果となっている。すなわち、男性においては、男性性が化粧行動の起因として存在する。

	メイクアップ	スキンケア・技術者加工	クレンジング・整髪	髪加工・香り
公的自意識			0.28 **	
私的自意識				
男性性				0.18 *
女性性				
R^2			0.08 **	0.03 *

表 *19-1*　男性　化粧関心を規定する個人差要因（*Stepwise:* βと R^2）　**$p<.01$, *$p<.05$

	メイクアップ・技術者加工	オーラルケア・整髪	香り	スキンケア
公的自意識		0.29 **		
私的自意識				
男性性			0.19 *	
女性性				
R^2		0.08 **	0.03 *	

表 *19-2*　男性　化粧行動を規定する個人差要因（*Stepwise:* βと R^2）　**$p<.01$, *$p<.05$

	ケア・整髪	メイクアップ	スキンケア	身体加工	香り
公的自意識	0.17 *		0.18 *		
私的自意識					
男性性					
女性性					
R^2	0.03 *		0.03 *		

表 *19-3*　男性　異性への化粧期待を規定する個人差要因（*Stepwise:* βと R^2）　*$p<.05$

	ケア・メイクアップ	クレンジング	香り	髪加工
公的自意識	0.27 ***	0.35 ***	0.28 ***	0.23 **
私的自意識				
男性性				
女性性				
R^2	0.07 ***	0.12 ***	0.08 ***	0.05 **

表 *20-1*　女性　化粧関心を規定する個人差要因（*Stepwise:* βと R^2）　***$p<.001$, **$p<.01$

	ケア・メイクアップ	香り	髪加工	クレンジング	技術者加工
公的自意識	0.16 *				
私的自意識					
男性性					
女性性	0.17 *	0.19 *	0.16 *	0.21 **	
R^2	0.07 **	0.04 *	0.03 *	0.04 **	

表 *20-2*　女性　化粧行動を規定する個人差要因（*Stepwise:* βと R^2）　**$p<.01$, *$p<.05$

	ケア・クレンジング	身体加工	メイクアップ	髪加工	香り
公的自意識					0.15 *
私的自意識					
男性性					
女性性				0.25 **	
R^2				0.06 **	0.02 *

表 *20-3*　女性　異性への化粧期待を規定する個人差要因（*Stepwise:* βと R^2）**$p<.01$, *$p<.05$

男性の化粧を、社会的な男らしさである男性性が規定している。このことからも、化粧をおこなう男性に対して、従来型の男らしさが失われたとする指摘は誤りである。むしろ男らしい者ほど、すなわち男性性が高い者ほど化粧をおこなっている。

つぎに、女性では、公的自意識が化粧関心の『ケア・メイクアップ』『クレンジング』『香り』『髪加工』、化粧行動の『ケア・メイクアップ』、異性への化粧期待の『香り』を規定し、女性性が化粧行動の『ケア・メイクアップ』『香り』『髪加工』『クレンジング』、異性への化粧期待の『髪加工』を規定していた。

女性の場合、自分の外見に注意を向けやすい者ほど、化粧関心が高く、実際の化粧行動もおこない、異性に対しても化粧を期待している。また、社会的に女らしいとみなされる行動をよくおこなう者ほど実際に化粧行動をおこない、異性に期待している。この結果は、先行研究を裏付けるものである。

化粧関心、化粧行動、異性への化粧期待と個人差要因についての検討から、自意識については公的自意識の高い者ほど化粧に関心と行動を示すという先行研究と同様の結果を導き出した。しかしながら、男性については、男性性の高い者ほど化粧関心と化粧行動をしめすという、新たな結果があきらかとなった。

化粧意識

医療行為、宗教儀礼、性の強調、所属集団の表象としてはじまった化粧の歴史的変遷は、すでにみてきたとおりである。では、今日における化粧にはどのような意味があるのか、もう一度整理してみよう。

松井豊・山本真理子・岩男寿美子は「化粧の心理的効用」(一九八三『マーケティングリサーチ』)で、化粧が変身願望、心身の充足、ストレス解消、創造的楽しみなどの対自的な「化粧行為自体の満足感」や、外見的欠陥の補償、周囲への同調、期待への対応、社会的役割の適合などの対他的な「対人的効用」によりおこなわれると指摘していた。

笹山郁生・永松亜矢は「化粧行動を規定する諸要因の関連性の検討」(一九九九『福岡教育大学紀要』)で、化粧に対する意識を分析し、化粧は自分にとって必需品であるといった「必需品としての化粧」、改まった席にでるときはきちんとした化粧をしないとおかしいといった「身だしなみとしての化粧」、他人に見劣りしたくないといった「他人に見せるための化粧」という三点を指摘していた。

しかしながら、これらの研究は女性の化粧意識に対する知見であり、男性の化粧意識に関する研究はこれまでおこなわれてこなかった。

そこで、若者がどのような意識をもって実際の化粧行動をおこなっているかをあきらかにするため、彼らの化粧意識の構造を解明し、それらが実際の化粧行動といかに関連するかについてみていきたい。

調査は、男性一四九名(平均年齢=二〇・三歳、標準偏差=一・三一)、女性二二九名(平均年齢=一九・五九歳、標準偏差=〇・八八)を対象におこなった。

質問は、化粧意識と化粧行動についてである。先行研究を参考に、化粧意識に関する計三四の質問項目を作成した。そして、化粧意識に関する三四項目それぞれに対する自分自身の意識のあり方(自己化粧意識)と同性同世代の意識のあり方(同性同世代化粧意識)について、「あてはまらない(一)」から「あてはまる(五)」までの五件法で回答させた。

化粧意識との関連を検討する化粧行動については、化粧関心、化粧行動、異性への化粧期待で用いた化粧行動項目を参考に、男女でほぼ共通すると考えられる化粧行動として、計二三項目を選定した。そして、それらの行動を日常どのくらいおこなっているかを「しない（〇）」から「毎日する（三六五）」までの年間の行動回数で回答させた。

化粧行動の構造をあきらかにするため、主成分分析（Varimax 回転）をおこなった。その結果、「アイメイク」「ベースメイク」などの項目からなる『メイクアップ・スキンケア』、「パーマ」「エクステンション」などの項目からなる『技術者加工』、「頭皮クレンジング」「歯のホワイトニング」などの項目からなる『汚れ除去』の三因子で構造化された。あきらかとなった化粧行動の構造について、標準因子得点を算出した。

標準因子得点とは、各項目の得点に異なる重み付けを与え、すべての項目の得点を加算する方法である。簡便因子得点が、各因子に高く負荷量（影響）を示す項目だけを集めて合計すれば、その因子の性質とおおむね対応した得点がえられるだろうと考えるのに対して、標準因子得点は低い負荷量を示す項目であっても、何らかの影響を各因子に対してもっていると考える。そのため標準因子得点では、小さい負荷量の項目もそれなりの重みで得点に影響するため、もとの因子の性質をそのまま伝えることとなる。

さて、あきらかとなった化粧行動因子の男女差をt検定で確認した。すると、『メイクアップ・スキンケア』でのみ男女に差が認められ、女性のほうが男性よりも高い値をしめした。

では、化粧意識のあり方を平均値と標準偏差から、みていくことにしよう。自己化粧意識のあり方として、男性は「化粧をしなくても平気だ」「男性らしく／女性らしくありたい」「化粧は面倒だ」などを意識していた。逆に、「化粧のノリが悪いと一日中気分が悪い」「化粧は自分にとっての必需品である」「化粧をせずに知人に会うと恥ずかしい」「化粧は毎日の習慣である」などを意識していなかった。

女性は「化粧はおしゃれの一部である」「自分らしい化粧をしたい」「化粧で顔や体の欠点をカバーしたい」などを意識していた。逆に、「学生のうちは化粧をすべきではない」「化粧をしても効果がないとおもう」「化

	メイクアップ・スキンケア	技術者加工	汚れ除去
アイメイク	*0.85*	*0.15*	*-0.00*
ベースメイク	*0.84*	*0.11*	*0.08*
顔保湿	*0.77*	*0.07*	*0.09*
UV 予防	*0.71*	*0.10*	*0.15*
顔クレンジン	*0.70*	*0.02*	*0.15*
唇保湿	*0.67*	*0.04*	*0.18*
ピアス／イヤリング	*0.58*	*0.18*	*-0.21*
手・足・肘・膝保湿	*0.55*	*0.23*	*0.17*
髪スタイリング	*0.54*	*-0.05*	*0.14*
オイルコントロール	*0.52*	*0.07*	*0.34*
整眉	*0.52*	*0.22*	*0.18*
脱毛	*0.42*	*0.30*	*0.30*
髪トリートメント	*0.38*	*0.03*	*0.26*
パーマ	*0.04*	*0.81*	*0.15*
エクステンション	*0.01*	*0.80*	*0.12*
カラーリング	*0.00*	*0.65*	*-0.02*
パック	*0.11*	*0.65*	*0.34*
マニキュア	*0.33*	*0.55*	*-0.14*
アイトリートメント	*0.19*	*0.47*	*0.27*
頭皮クレンジング	*0.10*	*0.16*	*0.69*
歯のホワイトニング	*0.04*	*0.11*	*0.64*
デオドラン	*0.35*	*0.04*	*0.48*
香水	*0.27*	*0.22*	*0.30*
固有値	*6.78*	*2.52*	*1.30*
累積寄与率	*29.46*	*40.40*	*46.04*

表 *21*　化粧行動の構造　（主成分分析・*Varimax* 回転）

	男　性		女　性		男女差	
	M	SD	M	SD	t 値	
メイクアップ・スキンケア	-0.95	0.40	0.68	0.71	-26.51	***
技術者加工	-0.11	0.34	0.08	1.27	-1.95	
汚れ除去	-0.08	0.85	0.06	1.10	-1.26	

***$p < .001$

表 *22*　化粧行動の男女差　（*t* 検定）

粧をする必要がない」などを意識していなかった。

つぎに、自己化粧意識の男女差をt検定で調べてみた。「若いときは化粧をしないほうがきれいだとおもう」「男性／女性らしくありたい」「化粧は面倒だ」については男女に差が認められず、男女とも、どちらともいえないと考えていた。しかしながら、そのほかの項目については男女に差があり、男性の方が女性にくらべ「学生のうちは化粧をするべきでない」「化粧をする必要がない」「化粧をしても効果がないとおもう」「化粧をしなくても平気だ」を意識していた。

多くの化粧意識に男女差がある。とくに「自分らしい化粧をしたい」「化粧で顔や体の欠点をカバーしたい」「化粧は毎日の習慣である」「化粧をして人にいい印象を与えたい」といった意識項目では男女差が大きい。また化粧に対して、男性は「化粧しなくても平気だ」「化粧は面倒だ」などの消極的な意識を、女性は「化粧はおしゃれの一部だ」「自分らしい化粧をしたい」などの積極的な意識をもっている。

同性同世代化粧意識のあり方として、男性は「男性／女性らしくありたい」「学生のうちは化粧をすべきではない」「化粧は身だしなみだとおもう」などを意識していた。逆に、「化粧のノリが悪いと一日中気分が悪い」「化粧は自分にとって必需品である」「化粧をすると気分転換になる」などを意識していなかった。女性は「化粧はおしゃれの一部だとおもう」「学生のうちは化粧をすべきではない」「化粧をして人にいい印象を与えたい」などを意識していた。逆に、「若いときは化粧をしないほうがきれいだとおもう」「化粧は面倒だ」「自分の顔や肌を触っていると気持ちがいい」などを意識していなかった。

つぎに、同性同世代化粧意識の男女差をt検定で調べてみた。「若いときは化粧をしないほうがきれいだとおもう」「化粧は面倒だ」については男女に差が認められず、男女とも、あまり意識していないと考えていた。しかしながら、そのほかの項目については男女に差があり、男女とも程度の差はあれ、「学生のうちは化粧をすべきではない」と意識している。男性では「化粧は身だしなみだとおもう」と意識し、女性では「化粧はおしゃれの一部だとおもう」と意識している。しかしながら、男性は「化粧は自分にとって必需品である」とは意識していない。これは化粧に対する身だしなみの意識と必需品の意識がさだまっていないことを意味している。

さて、化粧意識の構造をあきらかにするため、男女別に自己と同性同世代の化粧意識のそれぞれについて因子分析をおこなったところ、すべてにおいて同様の構造があきらかとなった。そのため、自己化粧意識と同性同世代化粧意識の評定点を合わせての主成分分析（over-all・Promax 回転）をおこなった。

すると、「自分らしい化粧をしたい」「化粧はおしゃれの一部だとおもう」などの項目による『魅力向上・気分高揚』、「化粧をせずに他人に見劣りしたくない」「化粧をしなくても平気だ」などの項目による『必需品・身だしなみ』、「化粧をする必要がない」「学生のうちは化粧をするべきではない」などの項目による『効果不安』の三因子で構造化された。あきらかとなった化粧意識の構造について、簡便因子得点を算出し、得点化した。

自己化粧意識と同性同世代化粧意識のそれぞれの男女差をみるため、自己化粧意識と同性同世代化粧意識別にt検定をおこなった。自己化粧意識では、『魅力向上・気分高揚』『必需品・身だしなみ』『効果不安』のすべてで男女に差が認められた。また、同性同世代化粧意識でも『魅力向上・気分高揚』『必需品・身だしなみ』『効果不安』のすべてで男女に差が認められた。

自己化粧意識と同性同世代化粧意識とも顕著な男女差があった。自己化粧意識と同性同世代化粧意識とも、女性が男性を上回っており、男性にくらべ女性のほうが化粧についての意識が高かった。自己化粧意識と同性同世代化粧意識のそれぞれについて、『魅力向上・気分高揚』では男女差が大きく、『効果不安』では男女差が小さかった。

さらに、自己と同性同世代との意識差をみるために男女別にt検定をおこなった。男女とも『魅力向上・気

	自己の化粧意識				
	男　性		女　性		男女差
	M	SD	M	SD	t 値
学生のうちは化粧をするべきでない	2.49	1.52	1.77	0.93	5.13 ***
化粧は身だしなみだとおもう	3.28	1.38	3.84	1.14	-4.02 ***
化粧をせずに他人に見劣りしたくない	2.53	1.27	3.01	1.19	-3.60 ***
化粧をする必要がない	3.29	1.52	2.37	1.04	6.20 ***
改まった場所ではきちんと化粧をしないと、おかしい	2.72	1.41	3.64	1.19	-6.41 ***
化粧をして周りの人に綺麗／かっこいいと思われたい	2.48	1.36	3.71	1.08	-9.07 ***
化粧は自分にとって必需品である	1.80	1.15	3.35	1.29	-11.44 ***
化粧をしないと相手に失礼だとおもう	2.02	1.16	2.70	1.14	-5.44 ***
化粧のノリが悪いと一日中気分が悪い	1.78	1.12	2.70	1.45	-6.79 ***
化粧をしても効果がないとおもう	2.66	1.39	2.24	1.03	3.07 **
化粧が好きだ	2.05	1.19	3.37	1.17	-10.42 ***
化粧をした時の異性の反応が気になる	2.28	1.32	3.09	1.13	-6.01 ***
若いときは化粧をしないほうがきれいだとおもう	3.11	1.32	3.27	1.00	-1.25
男性 / 女性らしくありたい	3.77	1.21	3.86	1.10	-0.71
化粧をせずに知人に会うと恥ずかしい	1.84	1.13	3.05	1.29	-9.07 ***
化粧は毎日の習慣である	1.84	1.24	3.45	1.41	-11.46 ***
化粧をすると気分転換になる	2.11	1.26	3.61	1.24	-11.19 ***
自分らしい化粧をしたい	2.29	1.38	4.17	0.97	-14.14 ***
化粧をして人にいい印象を与えたい	2.39	1.42	3.95	1.06	-11.25 ***
化粧をすると自信がもてる	2.19	1.32	3.29	1.05	-8.28 ***
化粧はおしゃれの一部だとおもう	3.28	1.51	4.42	0.78	-8.19 ***
会う人や場所によって化粧を変える	2.16	1.33	3.20	1.39	-7.06 ***
化粧をすることで注目されたい	2.06	1.26	2.32	1.01	-2.06 ***
普段と違う化粧は恥ずかしい	1.98	1.18	3.28	1.15	-10.41 ***
化粧は面倒だ	3.47	1.51	3.72	1.12	-1.70
化粧で自分のイメージを変えたい	2.27	1.40	3.38	1.16	-7.87 ***
自分の顔や肌を触っていると気持ちいい	2.22	1.26	2.48	1.07	-2.10 *
流行の化粧をしたい	2.01	1.22	2.91	1.19	-6.91 ***
いろいろな化粧をしてみたい	2.11	1.28	3.54	1.17	-10.65 ***
化粧をすると気分が良い	2.20	1.33	3.40	1.01	-9.14 ***
化粧で顔や体の欠点をカバーしたい	2.28	1.37	4.01	1.01	-12.89 ***
化粧することが楽しい	2.06	1.27	3.50	1.15	-10.88 ***
化粧をしなくても平気だ	3.80	1.45	3.20	1.26	4.06 ***
化粧によって肌を守りたい	2.09	1.27	2.98	1.20	-6.71 ***

表 *23-1*　自己の化粧意識の男女差

***$p < .001$, **$p < .01$, *$p < .05$

	同性同世代の化粧意識				
	男 性		女 性		男女差
	M	SD	M	SD	t値
学生のうちは化粧をするべきでない	3.50	1.46	4.26	0.96	-5.24 ***
化粧は身だしなみだとおもう	3.30	1.33	3.92	1.03	-4.42 ***
化粧をせずに他人に見劣りしたくない	2.77	1.25	3.32	1.02	-4.05 ***
化粧をする必要がない	3.01	1.37	3.52	1.00	-3.55 ***
改まった場所ではきちんと化粧をしないと、おかしい	2.92	1.32	3.67	1.11	-5.53 ***
化粧をして周りの人に綺麗／かっこいいと思われたい	2.86	1.36	3.91	0.97	-7.43 ***
化粧は自分にとって必需品である	2.32	1.25	3.76	1.00	-10.62 ***
化粧をしないと相手に失礼だとおもう	2.26	1.22	2.98	1.01	-5.45 ***
化粧のノリが悪いと一日中気分が悪い	2.23	1.26	3.18	1.12	-6.81 ***
化粧をしても効果がないとおもう	3.23	1.27	3.76	0.97	-3.92 ***
化粧が好きだ	2.44	1.20	3.58	0.90	-8.98 ***
化粧をした時の異性の反応が気になる	2.61	1.27	3.54	0.93	-6.97 ***
若いときは化粧をしないほうがきれいだとおもう	2.96	1.16	2.79	0.93	1.44
男性 / 女性らしくありたい	3.61	1.21	3.89	1.00	-2.09 *
化粧をせずに知人に会うと恥ずかしい	2.31	1.17	3.55	0.98	-9.75 ***
化粧は毎日の習慣である	2.40	1.36	3.94	0.95	-10.86 ***
化粧をすると気分転換になる	2.38	1.13	3.57	0.89	-9.89 ***
自分らしい化粧をしたい	2.60	1.27	3.92	0.86	-10.09 ***
化粧をして人にいい印象を与えたい	2.70	1.31	4.06	0.86	-10.16 ***
化粧をすると自信がもてる	2.68	1.24	3.55	0.83	-6.88 ***
化粧はおしゃれの一部だとおもう	3.36	1.32	4.35	0.80	-7.37 ***
会う人や場所によって化粧を変える	2.47	1.18	3.57	1.03	-8.49 ***
化粧をすることで注目されたい	2.54	1.22	3.14	0.87	-4.72 ***
普段と違う化粧は恥ずかしい	2.48	1.17	3.24	0.80	-6.30 ***
化粧は面倒だ	2.94	1.35	2.87	0.89	0.55
化粧で自分のイメージを変えたい	2.55	1.21	3.44	0.86	-7.08 ***
自分の顔や肌を触っていると気持ちいい	2.45	1.10	2.96	0.80	-4.38 ***
流行の化粧をしたい	2.47	1.22	3.59	0.93	-8.69 ***
いろいろな化粧をしてみたい	2.50	1.19	3.69	0.90	-9.50 ***
化粧をすると気分が良い	2.57	1.22	3.61	0.77	-8.44 ***
化粧で顔や体の欠点をカバーしたい	2.70	1.31	3.94	0.90	-9.19 ***
化粧することが楽しい	2.44	1.20	3.67	0.83	-9.87 ***
化粧をしなくても平気だ	2.76	1.35	3.37	1.00	-4.28 ***
化粧によって肌を守りたい	2.42	1.20	3.23	0.97	-6.29 ***

表 *23-2* 同性同世代の化粧意識の男女差

*** $p < .001$, * $p < .05$

分高揚』『必需品・身だしなみ』で意識に差が認められ、『効果不安』については意識に差が認められなかった。男女別での自己と同性同世代の意識差では、女性は『必需品・身だしなみ』において意識に差が大きく、また、男女とも『効果不安』については意識差がなく同程度に意識していた。

山本純子・加藤雪枝は「化粧に対する意識と被服行動」（一九九一、『椙山女学園大学研究論集』）で、化粧は周囲の他者と同調するために重要であることを指摘している。しかし、女性を対象としたポーラ文化研究所の約一〇年にわたる継続調査である「データから見た女性のおしゃれ意識の一〇年」（一九九一、ポーラ文化研究所）によれば、「自分がよいとおもう化粧なら他人がどう思おうとかまわない」と答える者が増加傾向にある。そして化粧をする理由には、「化粧を楽しみたい」や「気分が引きしまる」という対自的な意識が増加し、「社会的エチケット」という対他的な意識が減少する傾向がみられる。

自己においては『魅力向上・気分高揚』という自分自身に対する対自的な意識が増加傾向にあり、『必需品・身だしなみ』という他者に対する対他的な意識が減少傾向にある。だが、同性同世代では社会からの同調を目的とした化粧期待などと関連し、化粧意識に自己のような大きな変化はなく、自己と同性同世代の化粧意識に差が生じたと考えられる。とくに、自己において対他的な意識が減少傾向にあるため、『必需品・身だしなみ』が自己と同性同世代とのあいだでもっとも差が大きくあらわれたと考えられる。

さて、自己化粧意識と化粧行動の関係をみるために、ピアソンの相関係数を算出した。男性は、『魅力向上・気分高揚』の意識の高い者ほど『メイクアップ・スキンケア』をよりおこなう傾向にあった。女性は、『魅力向上・気分高揚』『必需品・身だしなみ』『効果不安』の意識の高い者ほど『メイクアップ・スキンケア』をよりおこなう傾向にあった。

ポーラ文化研究所の「データから見た女性のおしゃれ意識の一〇年」（一九九一、ポーラ文化研究所）によ

	魅力向上・気分高揚	必需品・身だしなみ	効果不安
自分らしい化粧をしたい	***0.92***	-0.12	0.07
化粧はおしゃれの一部だとおもう	***0.90***	-0.26	0.07
いろいろな化粧をしてみたい	***0.81***	-0.01	0.03
化粧をして人にいい印象を与えたい	***0.80***	0.11	0.06
化粧で自分のイメージを変えたい	***0.74***	0.01	-0.13
化粧をすると気分転換になる	***0.74***	0.09	0.12
化粧をすると気分が良い	***0.73***	0.18	0.07
化粧で顔や体の欠点をカバーしたい	***0.71***	0.14	0.05
化粧することが楽しい	***0.68***	0.16	0.15
化粧をして周りの人に綺麗／かっこいいと思われたい	***0.60***	0.23	-0.06
化粧によって肌を守りたい	***0.60***	-0.02	-0.05
普段と違う化粧は恥ずかしい	***0.58***	0.16	-0.11
会う人や場所によって化粧を変える	***0.54***	0.22	0.01
化粧をすると自信がもてる	***0.54***	0.37	-0.03
化粧が好きだ	***0.52***	0.33	0.13
流行の化粧をしたい	***0.49***	0.34	-0.05
化粧は面倒だ	***-0.47***	0.44	0.41
化粧をした時の異性の反応が気になる	***0.46***	0.34	-0.20
化粧は身だしなみだとおもう	***0.43***	0.18	0.00
改まった場所ではきちんと化粧をしないと、おかしい	***0.41***	0.29	-0.06
自分の顔や肌を触っていると気持ちいい	***0.34***	0.19	-0.34
化粧をせずに他人に見劣りしたくない	0.03	***0.72***	-0.22
化粧をしなくても平気だ	-0.30	***0.69***	0.44
化粧のノリが悪いと一日中気分が悪い	0.12	***0.68***	0.01
化粧をせずに知人に会うと恥ずかしい	0.23	***0.67***	0.09
化粧をしないと相手に失礼だとおもう	0.17	***0.59***	-0.04
化粧をすることで注目されたい	0.27	***0.57***	-0.21
化粧は自分にとって必需品である	0.41	***0.51***	0.13
化粧は毎日の習慣である	0.38	***0.49***	0.19
化粧をする必要がない	0.19	0.03	***0.73***
学生のうちは化粧をするべきでない	0.36	-0.31	***0.65***
化粧をしても効果がないとおもう	0.25	-0.14	***0.65***
若いときは化粧をしないほうがきれいだとおもう	-0.35	0.08	***0.53***
男性／女性らしくありたい	0.24	0.21	***-0.33***
固有値	14.67	2.56	1.51
累積寄与率	43.14	50.66	55.10

表 *24*　化粧意識の構造（主成分分析・Promax 回転）

ると、メイクアップに関する化粧行動は対自的な化粧意識と関係していると考えられる。男女の『メイクアップ・スキンケア』と『魅力向上・気分高揚』に関連がみられたことは、これを裏づけている。また、分析の結果、女性のメイクアップに関する化粧行動は『魅力向上・気分高揚』だけではなく、対他的な意識の『必需品・身だしなみ』や『効果不安』とも関連がみられた。

メイクアップに関する化粧行動は『魅力向上・気分高揚』を意識した、自己の身体的・精神的向上を目的とした化粧行動である。だが実際は、周囲や社会からの期待などと関係して『必需品・身だしなみ』を意識し、また化粧に対する身体的・精神的なリスクやコストといったものから『効果不安』を意識する化粧行動であると考えられる。

化粧意識と個人差要因

化粧意識と化粧行動とのあいだに、男女ともいくつかの相関関係が認められた。これら化粧行動に関係する化粧意識の違いには、個人差要因の影響があるだろう。

笹山郁生・永松亜矢は「化粧行動を規定する諸要因の関連性の検討」（一九九九、『福岡教育大学紀要』）で、女性の化粧意識として「必需品としての化粧」「身だしなみとしての化粧」「他人に見せるための化粧」の三つの構造をあきらかにしたうえで、個人差要因との関連を検討している。

それによれば、「必需品としての化粧」は自己の存在やあり様を尊重する自尊心や女性性の高さと、「身だしなみとしての化粧」は社会的外向性の高さと、「他人に見せるための化粧」は男性性の受容の低さと関連をしめしている。

	自己化粧意識					同性同世代化粧意識				
	男性		女性		男女差	男性		女性		男女差
	M	SD	M	SD	t 値	M	SD	M	SD	t 値
魅力向上・気分高揚	2.26	1.03	3.58	0.66	-13.15 ***	2.59	1.01	3.68	0.50	-10.73 ***
必需品・身だしなみ	2.01	0.85	2.86	0.87	-8.78 ***	2.46	0.92	3.32	0.63	-8.55 ***
効果不安	3.14	1.06	3.59	0.66	-4.40 ***	3.19	0.95	3.59	0.63	-4.02 ***

表 *25*　自己と同性同世代別化粧意識の男女差　　***$p < .001$

	男性					女性				
	自己化粧意識		同性同世代化粧意識		意識差	自己化粧意識		同性同世代化粧意識		意識差
	M	SD	M	SD	t 値	M	SD	M	SD	t 値
魅力向上・気分高揚	2.24	1.03	2.58	1.01	-4.26 ***	3.58	0.65	3.68	0.50	-1.99 *
必需品・身だしなみ	2.03	0.87	2.45	0.93	-5.22 ***	2.82	0.87	3.32	0.64	-7.24 ***
効果不安	3.08	1.07	3.21	0.95	-1.79	3.58	0.64	3.59	0.63	-0.34

表 *26*　男女別自己と同性同世代別化粧意識差　　***$p < .001$,　*$p < .05$

	メイクアップ・スキンケア	技術者加工	汚れ除去
魅力向上・気分高揚	0.19 *	0.05	0.14
必需品・身だしなみ	0.17	0.09	0.05
効果不安	0.06	-0.01	0.18

表 *27-1*　男性　化粧意識と化粧行動の相関関係　　*$p < .05$

	メイクアップ・スキンケア	技術者加工	汚れ除去
魅力向上・気分高揚	0.39 ***	-0.02	-0.07
必需品・身だしなみ	0.50 ***	0.14	0.01
効果不安	0.46 ***	0.02	0.02

表 *27-2*　女性　化粧意識と化粧行動の相関関係　　***$p < .001$

また、すでにみてきた大坊郁夫・小西啓史の「化粧行動スタイルと社会的スキル」（一九九三、『日本応用心理学会第六〇回大会発表論文集』）や化粧関心、化粧行動、異性への化粧期待と個人差要因との関連では、社会的スキルや自意識や性役割などが検討された。それらでは、対人関係が円滑な者ほど化粧をよくおこない、男女とも公的自意識が化粧関心、化粧行動、異性への化粧期待に影響し、男性は男性性、女性は女性性が化粧関心や化粧行動に影響していた。このことから、個人差要因が化粧意識に影響を与え、さらにそれらが化粧行動に影響をおよぼしていると考えられる。
そこで、あきらかになった化粧意識の構造をふまえ、化粧意識が社会的スキル、性役割、自意識、他者意識といった個人差要因によって、どのような影響を受けているのか検討してみたい。

調査は化粧意識の構造と化粧行動との関連性に関する調査と同時に実施した。質問内容は、社会的スキル、他者意識、性役割、自意識と化粧意識との関連についてである。

社会的スキルとは、日常生活における問題や課題に自分で、創造的に効果的に対処する能力であり、対人関係を円滑に運ぶために役立つスキルのことであり、一次元で構成されている。

ここでは、菊池章夫の『思いやりを科学する』(一九八八、川島書店)から、Kikuchi's Social Skill Scale-18(KiSS-18)の一八項目を用いて「あてはまらない(一)」から「あてはまる(五)」までの五件法で回答させた。

KiSS-18の十八項目とは、「他人と話をしていて、あまり会話がとぎれない」「気まずいことがあった相手と、上手に和解ができる」などからなる社会的スキルを測定する項目である。

他者意識とは他者への注意、関心、意識が向けられた状態をいい、他者への注意の向けやすさに関する性格特性のことである。他者の気持ちや感情などの内面情報を敏感にキャッチし理解しようとする意識や関心である内的他者意識、他者の化粧、服装、体形、スタイルなどの外面にあらわれた特徴への注意や関心である外的他者意識、他者について考え、空想をめぐらせその空想的イメージに注意を焦点付けそれを追いかける傾向である空想的他者意識の三次元で構成されている。

ここでは、辻平治郎の『自己意識と他者意識』(一九九三、北大路書房)から、他者意識尺度の一五項目を用いて「あてはまらない(一)」から「あてはまる(五)」までの五件法で回答させた。

	男性化粧意識			女性化粧意識		
	魅力向上・気分高揚	必需品・身だしなみ	効果不安	魅力向上・気分高揚	必需品・身だしなみ	効果不安
社会的スキル	0.14	0.04	-0.02	0.02	0.10	0.09
男性性	-0.10	0.07	0.01	0.03	0.00	-0.05
女性性	0.04	-0.11	-0.09	0.17	0.03	0.07
公的自意識	-0.23	-0.09	0.16	0.25 *	0.08	0.07
私的自意識	-0.06	0.02	-0.06	0.09	-0.02	-0.10
内的他者意識	0.23	0.13	-0.05	-0.16	-0.18	-0.04
外的他者意識	0.42 **	0.26	0.04	0.22 *	0.34 **	0.16
空想的他者意識	-0.00	0.03	-0.20	-0.02	0.06	0.00
R^2	0.17 **	0.08	0.07	0.21 ***	0.15 **	0.05

***$p < .001$,　**$p < .01$,　*$p < .05$

表 *28*　化粧意識を規定する個人差要因（強制投入法：*B* と R^2）

他者意識尺度の一五項目とは、「人の考えを絶えず読みとろうとしている」「他者の心の動きをいつも分析している」などからなる内的他者意識と、「人の外見に気をとられやすい」「他者の服装や化粧が気になる」などからなる外的他者意識と、「人のことをよく空想する」「人のことをあれこれと考えていることが多い」などからなる空想的他者意識を測定する項目である。

性役割尺度は、ここでも東清和の「心理的両性具有Ⅰ―ＢＳＲＩによる心理的両性具有の測定」（一九九〇、『早稲田大学教育学部学術部学術研究』）と「心理的両性具有Ⅱ―ＢＳＲＩ日本語版の検討」（一九九一、『早稲田大学教育学部学術部学術研究』）から、邦訳されたＢＳＲＩの四〇項目を用いて「あてはまらない（一）」から「あてはまる（五）」までの五件法で回答させた。

自意識尺度は、菅原健介の「自意識尺度日本語版作成の試み」（一九八四、『心理学研究』）から自意識尺度の二一項目を用いて「あてはまらない（一）」から「あてはまる（五）」までの五件法で回答させた。

化粧意識を規定する個人差要因をあきらかにするため、重回帰分析を強制投入法によりおこなった。強制投入法とは、ステップワイズによる変数選択法とは異なり、すべての説明変数の組合せについて検討する方法である。

さて、男性の『魅力向上・気分高揚』には、外的他者意識が規定していた。女性の『魅力向上・気分高揚』には、公的自意識や外的他者意識が規定し、『必需品・身だしなみ』には、外的他者意識が規定していた。男性では、他者の外見に注意を向けやすい者ほど『魅力向上・気分高揚』を意識している。女性でも、他者の外見に注意を向けやすい者ほど『必需品・身だしなみ』を意識している。さらに、他者の外見だけではなく自己の外見にも注意を向けやすい者ほど、『魅力向上・気分高揚』を意識している。

化粧や被服などに関連づけて他者意識を扱った先行研究がほとんどないため、今回、化粧意識との関連を調べた。すると、男女とも他者の外面へ注意を向ける程度の高さが化粧意識に規定していることがわかった。外的他者意識における他者とは現前する他者であることから、男女とも身近な同性や異性の友人などの化粧や被服という外面への意識が化粧意識を規定している。

女性の化粧意識は、公的自意識によっても規定されていることがわかった。すなわち、化粧関心、化粧行動、異性への化粧期待で女性は男性からの化粧期待が高いことがわかったが、期待された化粧状態を男性や女性からみられるという意識が化粧意識を規定しているのだろう。

一般的に他者の前で化粧をおこなうことをよしとされないなか、駅など公共の場で化粧をおこなう者は多い。すなわち、期待された化粧状態だけではなく素顔状態から化粧状態に変容する過程をも、女性は男性にみられており、他者からみられるという意識は化粧意識や行動にも関係し規定しているのかもしれない。

日常の行動や意識は、世代から世代へと社会的・文化的に伝達される。その伝達過程は、一般的に社会生活における役割や地位、規範などの習得を「社会化」、社会固有の行動様式の習得を「文化化」とよぶ。

そして化粧行動や化粧意識もまた、社会や他者からの期待のうちに、個人が意識するとしないにかかわらず、日常生活の多様な場面を通して、社会に固有の様式として化粧行動は文化化され、化粧意識は社会化される。

講談社が発行している美容雑誌『VoCE』（一九九八、講談社）による、女性を対象にした化粧に熱中する理由に関する調査によれば、「化粧品の手ごたえが病みつきになって」「雑誌の美容情報に影響されて」「好きな人ができて」「母親からの影響」などの回答が上位にあげられている。

すなわち、男女とも自らの化粧関心の高まりにより、実際の化粧行動をおこなっていることから、化粧に対する直接的な興味や関心が化粧行動に影響している。また、「雑誌の美容情報に影響されて」「母親からの影響」という回答から、雑誌や家族が個人の化粧への興味や関心を高め、間接的に化粧行動に影響している。

リビングくらしＨＯＷ研究所による化粧情報を何から得ているかという調査（二〇〇〇、リビングくらしＨＯＷ研究所）では、その回答の上位項目は「雑誌」「ＴＶ」「友人・家族」「店頭」「カタログ」「店員」であった。このことから、人は化粧情報を必ずしも専門誌や専門家だけではなく、日常的にかかわる「雑誌」「ＴＶ」「家族」「友人」などからも収集し参考にしていることがわかる。

大坊郁夫は「社会的スキルとしての対人的なマナー行動」（一九九〇、『化粧文化』）で、化粧への関心の高い者は「ポップ音楽番組」や「クイズ番組」をみず、「トレンディドラマ」や「ニュース番組」をみることをあきらかにし、化粧行動とマスコミ接触との関連を指摘している。すなわち、化粧行動は周囲の対人関係やマスコミといったメディアとの接触の量や多様性などにより、化粧への関心や興味などが左右され、実際の化粧行動が規定されている。

井上章一が『美人論』（一九九五、朝日文芸文庫）のなかで指摘したように、男性化粧の市場拡大の理由は、今日の化粧産業が市場拡大を目的に女性だけではなく、男性をも主たるターゲットにしはじめたことにあり、企業によるメディア戦略の影響が十分にある。

また、化粧の低年齢化についてもファッションディレクターの小森美穂子は「ファッション予測」（二〇〇三、『ファッションカラー』）のなかで、学習研究社の発行する『ピチレモン』や小学館の発行する『小学六年生』といった漫画誌や学習誌などが提供する化粧・ファッション情報の影響に加え、子どもの代理購買者というだけではなく、行動そのものに影響を与えるという意味において「モーニング娘。」などに代表されるジュニア・アイドルやブランドでおしゃれを吸収した世代である母親といった人物の影響を指摘している。

この人物やメディアとの接触の影響は、化粧行動だけではなく、化粧意識についても同様にあてはまる。笹山郁夫・永松亜矢は「化粧行動を規定する諸要因の関連性の検討」（一九九九、『福岡教育大学紀要』）で、母親との接触と「身だしなみとしての化粧」意識の関連性を示唆している。

すなわち、とくに普段から化粧をよくおこなっている母親をもつ者は、母親が化粧をしている姿をいつもみているために、女性として化粧をすることを最低限のルールであるような意識が自然と身につくと指摘している。これは、戦時中に化粧をおこなう母親の姿をみていなかったために、化粧の方法を「特別美容講座」などで伝えなければならなかったことと、まったく逆の現象である。

これまで化粧の構造的理解として、若者を対象として、彼らの化粧行動や化粧意識について検討をおこなってきた。そこで締めくくりとして、男女大学生を対象として、彼らの人物、TV番組、新聞記事、雑誌種別といった人物・メディア接触が化粧行動や化粧意識にいかに影響を与えているかを検討する。

調査は、男性三一九名（平均年齢＝一九・五五歳、標準偏差＝一・七三）、女子四二二名（平均年齢＝一九・一九歳、標準偏差＝一・二七）を対象におこなった。

質問は、化粧行動や化粧意識と人物やメディアとの接触についてである。化粧と人物やメディアとの関連に関する調査や研究は、美容雑誌をはじめとして、すでにあげたリビング生活研究所や大坊郁夫の例がある。そこでこれらを参考に、大学生が日常的に接していると考えられる「父」「母」「兄弟／姉妹」「同性友人」「異性友人」「恋人」などの人物について七項目、「TV番組」「新聞記事」「雑誌」のそれぞれの内容別で、メディアについて一八項目の合計二五項目を選定した。

そして、人物項目については、どの程度日常的に話すかを「話さない（一）」から「よく話す（五）」までの五件法で、メディア項目については、どの程度日常的にみたり読んだりするかを「みない／読まない（一）」から「よくみる／よく読む（五）」までの五件法で回答させた。

化粧行動は、化粧関心、化粧行動、異性への化粧期待で用いた化粧行動項目を参考に、男女でほぼ共通すると考えられる化粧行動を計二〇項目選定した。それらの化粧行動について、日常どのくらいおこなっているかを「しない（〇）」から「毎日する（三六五）」までで、年間行動回数を回答させた。

化粧行動の構造をあきらかにするため、因子分析（Varimax 回転）をおこなった。その結果、「顔保湿」「UV予防」などの項目からなる『スキンケア』、「アイメイク」「マニキュア」などの項目からなる『メイクアップ』、「カラーリング」「パーマ」などの項目からなる『不可逆的髪加工』、「髪トリートメント」「髪スタイリング」などの項目からなる『髪ケア・髪メイク』の四因子で構造化された。あきらかとなった化粧行動の構造について、標準因子得点を算出した。

化粧意識は、『魅力向上・気分高揚』『必需品・身だしなみ』『効果不安』の三因子からなる化粧意識尺度から合計二四項目選定した。

自分自身の意識のあり方について「あてはまらない（一）」から「あてはまる（五）」までの五件法で回答させた。その後、確認のため因子分析（Varimax回転）をおこない、それぞれの標準因子得点を算出した。

では、まず人物・メディア接触の各項目からみていくことにしよう。男性は「同性友人」「母」「TVスポーツ番組」「TVニュース番組」などの接触が高かった。逆に、「化粧品コーナー店員」「女性ファッション誌」「女性週刊誌」「ビジネス誌」などの接触が低かった。

女性は「同性友人」「母」「兄弟／姉妹」「女性ファッション誌」などの接触が高かった。逆に、「ビジネス誌」「男性週刊誌」「男性ファッション誌」などの接触が低かった。

つぎに、男女差をt検定で調べてみた。「父」「異性友人」「恋人」「TVニュース番組」「TV映画番組」「新聞芸能記事」「新聞演劇／アート記事」「情報誌」で男女に差がなく、「TVワイドショウ／バラエティ番組」などのほかの項目では男女に差が認められた。

男性のほうが女性よりも、「TVスポーツ番組」「新聞政治／経済記事」「新聞スポーツ記事」「男性週刊誌」「男性ファッション誌」「ビジネス誌」で接触が高かった。

程度には差があるものの、おおむね男女とも「母」や「同性友人」には接触し、「化粧品コーナー店員」「新聞政治／経済記事」「新聞芸能記事」「新聞美容／ファッション記事」「新聞演劇／アート記事」「男性週刊誌」「女性週刊誌」「情報誌」「男性ファッション誌」「ビジネス誌」には、あまり接触していない。

さて、人物・メディア接触はどのような構造になっているのだろうか。その構造をあきらかにするため因子分析（Varimax回転）をおこなった。

すると、「新聞スポーツ記事」「新聞政治／経済記事」などの項目からなる『新聞』、「TV音楽番組」「TV

	スキンケア	メイクアップ	不可逆的髪加工	髪ケア・髪メイク
顔保湿	0.75	0.17	0.07	0.31
UV 予防	0.63	0.47	0.02	0.15
唇保湿	0.63	0.19	0.09	0.19
ベースメイク	0.59	0.56	-0.01	0.22
手／足／肘／膝保湿	0.54	0.13	0.18	0.05
顔クレンジング	0.43	0.38	0.02	0.41
オイルコントロール	0.38	0.29	0.14	0.25
アイメイク	0.50	0.62	-0.04	0.26
マニキュア	0.18	0.48	0.08	-0.08
脱毛	0.26	0.48	0.39	0.10
ピアス／イヤリング	0.16	0.44	0.02	0.18
整眉	0.25	0.42	0.35	0.10
香水	0.04	0.37	0.09	0.15
デオドラント	0.32	0.37	0.19	0.17
カラーリング	0.06	0.08	0.63	0.04
パーマ	-0.06	0.04	0.61	0.04
パック	0.19	0.08	0.52	0.09
髪トリートメント	0.18	0.04	0.06	0.54
髪スタイリング	0.17	0.33	0.12	0.44
頭皮クレンジング	0.22	0.18	0.11	0.23
固有値	6.42	1.80	1.21	1.09
累積寄与率	32.08	41.07	47.10	52.56

表 *29*　化粧行動の構造（因子分析・*Varimax* 回転）

ドラマ」などの項目からなる『TV』、「男性週刊誌」「ビジネス誌」などの項目からなる『雑誌』、「女性ファッション誌」「TV美容／ファッション番組」などの項目からなる『美容情報』、「母」「兄弟／姉妹」などの項目からなる『家族』、「異性友人」「恋人」の項目からなる『異性』の六因子の構造があきらかとなった。この人物・メディア接触を構成する六因子の簡便因子得点を算出し、得点化した。

ここで、因子分析によりあきらかとなった、人物・メディア接触、化粧行動、化粧意識についての男女差をt検定で確認しておこう。

まず、人物・メディア接触であるが、『新聞』では男女に差が認められなかったものの、『TV』『雑誌』『美容情報』『家族』『異性』では男女に差が認められた。

すなわち、『雑誌』は男性のほうが女

	男性		女性		男女差	
	M	SD	M	SD	t 値	
父	3.31	1.42	3.47	1.30	-1.55	
母	3.94	1.22	4.54	0.89	-7.37	***
兄弟／姉妹	3.58	1.34	4.14	1.16	-5.92	***
同性友人	4.36	1.05	4.80	0.57	-6.71	***
異性友人	3.52	1.26	3.68	1.17	-1.74	
恋人	3.29	1.65	3.49	1.57	-1.61	
化粧品コーナー店員	1.56	1.07	2.47	1.28	-10.24	***
TV ニュース番組	3.68	1.20	3.72	1.13	-0.48	
TV 音楽番組	3.42	1.23	3.84	1.04	-4.75	***
TV ドラマ	3.20	1.30	3.58	1.22	-4.04	***
TV 映画番組	3.34	1.26	3.43	1.19	-0.89	
TV 美容／ファッション番組	2.36	1.28	3.13	1.16	-8.28	***
TV ワイドショウ／バラエティ番組	3.53	1.28	3.81	1.07	-3.10	**
TV スポーツ番組	3.73	1.29	2.87	1.28	8.92	***
新聞政治／経済記事	2.71	1.31	2.28	1.19	4.57	***
新聞スポーツ記事	3.28	1.42	2.43	1.32	8.15	***
新聞芸能記事	2.81	1.31	2.72	1.33	0.92	
新聞美容／ファッション記事	2.31	1.28	2.67	1.31	-3.65	***
新聞演劇／アート記事	2.23	1.23	2.29	1.22	-0.68	
男性週刊誌	2.16	1.23	1.54	0.96	7.33	***
女性週刊誌	1.76	1.08	2.15	1.32	-4.33	***
情報誌	2.50	1.39	2.52	1.37	-0.23	
男性ファッション誌	2.97	1.45	1.67	1.09	13.19	***
女性ファッション誌	1.70	1.10	4.07	1.08	-28.64	***
ビジネス誌	1.83	1.15	1.46	0.93	4.66	***

$^{***}p < .001$,　$^{**}p < .01$

表 *30*　人物・メディア接触の男女差

性よりも、『TV』『美容情報』『家族』『異性』は女性のほうが男性よりも高い値をしめした。

　化粧行動では『不可逆的髪加工』について男女に差が認められたかったものの、『スキンケア』『メイクアップ』『髪ケア・髪メイク』では男女に差が認められた。

　すなわち、『スキンケア』『メイクアップ』『髪ケア・髪メイク』は女性のほうが男性よりも高い値をしめした。

　化粧意識では、『魅力向上・気分高揚』『必需品・身だしなみ』『効果不安』のすべてで男女に差が認められた。

　すなわち、『効果不安』は

	新聞	TV	雑誌	美容情報	家族	異性
新聞スポーツ記事	***0.73***	0.14	0.19	-0.25	0.01	0.11
新聞政治／経済記事	***0.71***	-0.02	0.19	0.00	0.02	0.04
新聞芸能記事	***0.59***	0.23	0.27	0.16	0.03	-0.04
新聞美容／ファッション記事	***0.56***	0.17	0.32	0.50	0.05	-0.01
新聞演劇／アート記事	***0.54***	0.08	0.38	0.33	0.09	-0.11
TV スポーツ番組	***0.43***	0.40	0.15	-0.35	0.01	0.18
TV ニュース番組	***0.39***	0.30	-0.03	-0.05	0.10	0.14
TV 音楽番組	0.11	***0.70***	0.02	0.17	0.11	0.04
TV ドラマ	0.03	***0.68***	0.10	0.15	0.07	-0.03
TV ワイドショウ／バラエティ番組	0.07	***0.65***	0.02	0.07	0.13	0.06
TV 映画番組	0.18	***0.58***	0.14	-0.00	0.10	0.01
男性週刊誌	0.16	0.17	***0.82***	-0.01	0.00	0.00
ビジネス誌	0.28	-0.08	***0.63***	0.12	-0.04	-0.01
女性週刊誌	0.06	0.15	***0.52***	0.40	0.00	0.04
男性ファッション誌	0.22	0.11	***0.50***	-0.13	-0.10	0.18
情報誌	0.21	0.12	***0.40***	0.25	-0.01	0.26
女性ファッション誌	-0.06	0.15	-0.02	***0.76***	0.12	0.06
TV 美容／ファッション番組	0.10	0.51	0.18	***0.51***	0.00	0.07
化粧品コーナー店員	-0.02	0.07	0.08	***0.48***	0.08	0.19
母	0.01	0.09	-0.04	0.10	***0.79***	0.10
兄弟 / 姉妹	0.03	0.10	-0.04	0.08	***0.70***	0.03
父	0.09	0.09	0.05	0.01	***0.61***	0.16
同性友人	-0.02	0.20	-0.14	0.06	***0.53***	0.40
異性友人	0.08	0.03	0.09	0.08	0.30	***0.61***
恋人	0.03	0.01	0.08	0.12	0.12	***0.56***
固有値	5.69	3.05	2.21	1.97	1.33	1.15
累積寄与率	22.77	34.98	43.81	51.69	57.02	61.63

表 *31*　人物・メディア接触の構造 (因子分析・Varimax 回転)

男性のほうが女性よりも、『魅力向上・気分高揚』『必需品・身だしなみ』は女性のほうが男性よりも高い値をしめした。

では、化粧行動や化粧意識は人物・メディア接触によりどのような影響を受けているのだろうか。ステップワイズの変数選択法を用いた重回帰分析により調べてみた。

男性では、化粧行動の『スキンケア』には『TV』が規定し、『メイクアップ』には『美容情報』が規定し、『不可逆的髪加工』には『雑誌』『異性』が規定し、『髪ケア・髪メイク』には『TV』『異性』が規定していた。また、化粧意識の『魅力向上・気分高揚』には『美容情報』『異性』が規定し、『必需品・身だしなみ』には『美容情報』が規定していた。

『TV』は出演者の外見を映し出すメディアであることから、目につきやすい肌の印象や男性において相対的におこなわれている髪スタイリングなどの外貌情報が多い。そのため、『TV』の接触が高い者ほど、俳優や歌手など出演者の外貌情報の影響を受け、『スキンケア』『髪ケア・髪メイク』をよりおこなっている。

また、女性を対象とするものの、「女性ファッション誌」や「TV美容／ファッション番組」などが高く負荷する『美容情報』の接触が高い者は、化粧を促進するような積極的情報の影響を受けるため、『魅力向上・気分高揚』『必需品・身だしなみ』をより意識し、『メイクアップ』をよりおこなっている。

さらに、女性は男性が化粧をおこなうことをあまり期待していないものの、相対的にカラーリングや髪スタイリングなどの髪に関する化粧行動は男性に期待していることが、あきらかになっている。そのため、異性友人や恋人による『異性』の接触が高い者ほど、女性からの化粧期待の影響を受けるため、『魅力向上・気分高揚』をより意識し、『不可逆的髪加工』『髪ケア・髪メイク』をよりおこなっている。

女性では、化粧行動の、『スキンケア』には『美容情報』が規定し、『メイクアップ』には『美容情報』が規定し、『不可逆的髪加工』には『雑誌』『家族』が規定していた。また、化粧意識の、『魅力向上・気分高揚』には『美容情報』『雑誌』が規定し、『必需品・身だしなみ』には『雑誌』『美容情報』が規定し、『効果不安』には『新聞』『美容情報』『家族』が規定していた。

「女性ファッション誌」や「TV美容／ファッション番組」などにおいて、また「化粧品コーナー」においても化粧の情報は多い。そのため、『美容情報』の接触が高い者ほど、化粧を促進するような積極的情報の影響を受けるため、『魅力向上・気分高揚』『必需品・身だしなみ』をより意識し、化粧に対する消極的意識であ

	男性		女性		男女差	
	M	SD	M	SD	t 値	
新聞	1.51	0.95	1.53	0.71	-0.34	
TV	3.38	1.02	3.66	0.81	-0.41	***
雑誌	2.24	0.92	1.86	0.80	5.68	***
美容情報	1.85	0.82	3.46	0.88	-23.69	***
家族	3.80	1.02	4.24	0.70	-6.42	***
異性	1.51	0.98	1.75	1.19	-2.77	**
スキンケア	-0.70	0.51	0.58	0.59	-28.79	***
メイクアップ	-0.49	0.42	0.41	0.84	-17.13	***
不可逆的髪加工	-0.01	0.64	0.01	0.96	-0.23	
髪ケア・髪メイク	-0.23	0.71	0.19	0.62	-7.72	***
魅力向上・気分高揚	-0.70	0.86	0.51	0.64	-20.22	***
必需品・身だしなみ	-0.22	0.74	0.16	0.90	-5.97	***
効果不安	0.17	0.89	-0.13	0.74	4.63	***

$^{***}p < .001$,　$^{**}p < .01$,　$^{*}p < .05$

表 *32*　人物・メディア接触、化粧行動、化粧意識の男女差（t 検定）

る『効果不安』が抑制され、また『スキンケア』『メイクアップ』をよりおこなっている。

化粧は個人の嗜好により自由におこなわれるのではなく、冠婚葬祭やビジネスなどの対人場面の多くでは状況に応じて促進・制約を受けることも少なくない。

カラーリングやパーマなど『不可逆的髪加工』は、今日では一般的なファッションの一部として社会に受容されつつある状況にあるものの、従来は若者の問題行動などと関連して日常的には積極的な印象を与える化粧行動ではなかった。また、社交など一部の限られた場の化粧行動であった。よって、さまざまな対人場面においては、現在でも状況に応じて制約を受け、逆にドレスコードとの関連から一定の化粧行動が求められることも少なくない。

そのため、ライフスタイルやビジネスに関する情報を扱う『雑誌』の接触が高い者ほど、状況に応じてどのような化粧をしたらよいかの情報の影響を受け、対他的な『必需品・身だしなみ』をより意識し、対自的な『魅力向上・気分高揚』が抑制され、さらにTPOに合わせ『不可逆的髪加工』を選択し、おこなっている。

『新聞』接触では、一般的にファッションとしての化粧情報は少なく、若者の問題行動や紫外線など環境問題といった社会ニュースと関連しての化粧情報が多い。装飾的な化粧は消極的情報、肌の保護などの化粧は積極的情報であり、『新聞』の接触の高い者ほど、消極的情報の影響を受けるため、『効果不安』をより意識している。

カラーリングやパーマなどは、すでにのべたように、積極的な印象を与える化粧行動ではなく、また一般的に技術者による施術を必要とする化粧行動であるため経済的コストも高い。そのため、カラーリングやパーマなどへの消極的な印象をもつと考えられる調査対象者の父や母といった『家族』との接触が高い者ほど、『家族』がもつ化粧への否定的情報の影響を受け、『不可逆的髪加工』が抑制されている。また、今回の調査対象者が大学生であったことを考えると、学生のうちは化粧をする必要がないといった大学生への化粧行動の社会的期待の低さがあると考えられ、『家族』との接触の高いものほど、『効果不安』を意識している。

男女で内容は異なるものの、人物・メディア接触が化粧行動や化粧意識を規定していた。すなわち、化粧行動や化粧意識は、人物やメディアがもつ化粧への積極的・消極的情報に規定され、それぞれ促進かつ抑制されている。

新聞やTVや雑誌などは、企業の主要な広告媒体である。メディアは人々が求める情報を提供するのと同時に、その要求とは関係なく、マス（＝大衆）を対象としてさまざまな情報を提供し消費社会化を推進している。人々はメディアとの接触を通し、化粧を社会に固有の行動様式としてだけではなく、高度産業化社会特有の消費行動様式として習得しているといえる。

南千恵子は「象徴的消費としてのブランド消費」（二〇〇三、『化粧文化』）で、消費者集団の相互の会話や観察のなかで消費行動にイメージングや意味づけがなされ、消費行動がよりおこなわれると指摘している。今

	スキンケア	メイクアップ	不可逆的髪加工	髪ケア・髪メイク	魅力向上・気分高揚	必需品・身だしなみ	効果不安
新聞							
TV	0.16 *			0.14 *			
雑誌			0.14 *				
美容情報		0.26 ***			0.23 **	0.31 ***	
家族							
異性			0.21 *	0.20 **	0.17 *		
R^2	0.03 *	0.07 ***	0.08 ***	0.07 **	0.12 ***	0.10 ***	

***$p < .001$,　**$p < .01$,　*$p < .05$

表 *33*　男性　化粧行動と化粧意識を規定する人物・メディア接触（*Stepwise*：*β* と R^2）

	スキンケア	メイクアップ	不可逆的髪加工	髪ケア・髪メイク	魅力向上・気分高揚	必需品・身だしなみ	効果不安
新聞							0.22
TV							
雑誌			0.16 **		-0.18 **	0.28 ***	
美容情報	0.26 ***	0.29 ***			0.24 ***	0.29 ***	-0.25 ***
家族			-0.21 **				0.11 *
異性							
R^2	0.07 ***	0.09 ***	0.07 ***		0.07 ***	0.20 ***	0.08 ***

***$p < .001$,　**$p < .01$,　*$p < .05$

表 *34*　女性　化粧行動と化粧意識を規定する人物・メディア接触（*Stepwise*：*β* と R^2）

回の調査で、メディアだけではなく、人物との接触についても化粧行動や化粧意識を規定していることがあきらかとなったことは、この指摘を裏づける結果となった。

以上、若者を対象として、男女を比較しながら、彼らの化粧行動や化粧意識の構造をみてきた。最後に、整理しておこう。

男性は女性が化粧をおこなうことを強く期待しているものの、女性は男性が化粧をすることを期待していない。また、男女とも自己の化粧への関心が高い者ほど実際の化粧を一層おこなっている。とくに男性は女性にくらべ関心と行動の関連性が高い傾向にあった。

男性の場合は、周囲からの化粧をして欲しいなどの期待によってではなく、自分自身の化粧への関心の高まりにより、実際の化粧をおこなっている。だが、女性の場合は、それだけではなく、周囲からの期待も化粧行動に影響していた。

個人差要因との関連では、男女共通して公的自意識が、性役割では男性は男性性、女性は女性性が、化粧関心、化粧行動、異性への化粧期待を規定していた。

自分の外見や他者に対する行動など、外からみえる自己の側面に対する注意を向ける程度の高い者ほど、化粧関心が高く、実際の化粧行動もよくおこない、異性への化粧期待が高い。そして、男性の場合、男性性が規定していたことから、化粧に関心をもつこと、化粧行動をおこなうこと、異性に期待することが、社会的期待・規範およびそれらにもとづく「男らしい」行動と考えられていることを意味している。だが、女性の場合、女性性が影響していることから、男性とは異なり、化粧に関心をもつこと、化粧行動をおこなうこと、異性に期待することが、社会的期待・規範およびそれらにもとづく「女らしい」行動と考えられていることを意味している。

つぎに、化粧意識であるが、男女とも化粧に対して『魅力向上・気分高揚』『必需品・身だしなみ』『効果不安』の意識をもっていた。

男性では『魅力向上・気分高揚』の意識が、女性では『魅力向上・気分高揚』『必需品・身だしなみ』『効果不安』の意識が化粧行動に関係していた。

男性の化粧行動には、化粧を通じて魅力や気分を高めたいという意識が関係していた。いわばこれは、自分自身に対する対自的な効果を化粧に期待しているあらわれでもある。だが、女性の場合は、それに加えて化粧がなくてはならない必需品であり、化粧をすることが身だしなみといった意識も関係していた。これは、女性の場合、女性への化粧期待の高さが化粧行動に関連していたこととあわせ、化粧意識にも周囲からの化粧期待が影響している。

男女とも外的他者意識が化粧意識に影響し、それに加えて、女性では公的自意識もまた化粧意識を規定していた。

他者の化粧などの外貌にあらわれた特徴への注意や関心の程度が化粧意識に影響していることは、化粧についてどのようにとらえ、考えるかが周囲の他者の影響により決められているともいえる。そして、自分の外見や他者に対する行動など外からみえる自己の側面に対する注意を向ける程度が化粧意識を規定していることは、化粧をすることでの効果、とくに化粧することで魅力が上昇するなどの効果を実感しやすい者ほど『魅力向上・気分高揚』などの意識をもっているといえる。

化粧行動や化粧意識には、自己の外見や他者に対する行動など外からみえる自己の側面に対する程度の高さや、他者の化粧など外貌にあらわれた特徴への注意や関心の高さが、影響を与えている。これは、化粧行動や化粧意識が単純に外貌への意識の高さだけではなく、他者からの評価的態度への敏感さなどと関係していることを意味している。

このような、若者の化粧行動や化粧意識においては、男性では『TV』『雑誌』『美容情報』『異性』が化粧行動を、『美容情報』『異性』が化粧意識を、女性では『雑誌』『美容情報』『家族』が化粧行動を、『新聞』『雑誌』『美容情報』『家族』が化粧意識を形成する要因であった。しかしながら、必ずしも人物やメディアによく接触する者ほど化粧行動や化粧意識が高いわけではなく、男女とも日常的に接する人物やメディアが化粧行動や意識を促進し、かつ抑制していた。すなわち、化粧行動や化粧意識が日常の様々な場面を通じて社会化され、また文化化されていることを意味している。

おわりに

これまでみてきた状況を前提に、化粧を具体的な社会的、文化的現象と考えるならば、日本文化としての化粧とは一体いかなるものなのか。

それは、けっしてとりとめのない雑然とした現象ではなく、その時代の雰囲気に応じて秩序ある発展をしてきた現象であり、化粧は、社会や文化を発展させてきた歴史的原動力の動きに対応している。

基層化粧の時代、人間の生活経済は狩猟採取であり計画的な食糧獲得は難しかった。不測の気象条件や治療方法の不明な病などの外敵環境のなかで生きる人間にとって身を守るには、呪術的な方法に頼るしかない。

また、生活圏が一つの集団の外に出るということも少なく、万が一にも集団から離れ、ほかの集団と遭遇した場合には、戦闘状態になっただろう。自己の所属する集団が、それを構成する個々の成員を保護する唯一の世界であった。そのため、自己の所属する集団への帰属意識と統一をあらわし、ほかの集団から区別するための特徴をつくる化粧がおこなわれた。

性的関係からみた場合、古代においては所属集団以外の者との婚姻または出産は好ましくない。そのため、他の集団と明確に区別するため永久的なイレズミなどの身体加工がおこなわれた。

イレズミをしない人々のあいだでは、肌色が暗色で染料が目立たないなどの理由から、傷痕や穿孔を施した。

呪術的や信仰的な側面からはじまった化粧は、所属集団の表象ともなった。

そこには男性も女性も、化粧に違いはない。等しく、生きるという意味での必然性から化粧をおこなっている。しかしながら、社会が発展し支配する者が生じるとともに、化粧は従属性の象徴となる。

男性が女性に対して優位に位置する社会、すなわち父権社会においては、男性以上に女性が粧う。その逆に、女性が男性に対して優位に位置する社会においては女性以上に男性が粧う。男性が女性を、女性が男性を淘汰し選択する社会において下位に位置する者が、性的、経済的に優位となるべく、社会の上位に位置する者に対して粧う。

むろん、これは男女のあいだだけには限らない。男性と男性、女性と女性とのあいだにおいても成立する。だが、社会が母権から父権へと移行するにしたがい、化粧は主として女性のものとなっていく。

伝統化粧時代、化粧は支配層と被支配層の関係でおこなわれた。男性の化粧は、とりわけ支配層である貴族であっても自己より上位に位置する最高権力者である天皇との関係のなかでおこなわれた。また女性の化粧は男性との関係、とくに家長や夫への従属のなかでおこなわれた。

基層化粧のように、呪術や信仰、所属集団の表象といった直接的に生死にかかわるものではないものの、男女とも自己の所属する集団で成功し、より有利に物事を運ぶ意味で、そのときの社会支配関係において支配者の要求に応じて自らを粧った。それは、表情の消去という形で具現化する。白粉による真っ白な顔に小さく紅をさした口元と黒髪は、身分低く受け身な印象を与えた。

伝統化粧時代、その化粧は男女とも支配層に位置していた貴族の穏和で、豊満で、悠長な志向が反映した。だが、貴族にとって代わった新しい支配層である武士が台頭すると、男性は戦を生業とする者が志向する戦闘的な勇猛で、豪気で、威武なものとなる。そして、女性は「封建社会における忠臣は二君に仕えず貞女は二夫にまみえず」といわれるような武士的道徳な生活規範により、化粧をおこなった。いわば無表情で、人形的であるともいえる濃化粧がおこなわれ、まさしく仮面的であった。

これらには、化粧にそれぞれの美的志向が反映されているだけではなく、社会が好ましくおもう習俗が反映している。いわば、道徳、倫理が化粧に影響を与え、化粧が道徳、倫理に影響を与えている。

モダン化粧時代、化粧は支配者と被支配者という関係を離れ展開した。むろん、それまでの伝統化粧時代のように支配層の影響が全く途切れたわけではないものの、どのような化粧をおこなうかの自由度が広がった。

一七世紀、それまでの濃化粧に対して薄化粧がおこなわれたが、これは支配層である武士からの要求ではない。庶民生活の幅広い主題を扱った浮世草子の代表的著者である井原西鶴は、彼の作品の多くにおいて、伝統化粧の静的、技巧的な特徴でもある厚塗りの白粉や涅歯、置き墨などの化粧が不自然だと否定的に描いている。薄化粧は、被支配層である庶民の支配層に対する忍従の否定、そして自然であり自由な人間性に対する志向を反映して、おこなわれた。

支配層を含め、大半は濃化粧であった。依然として武士の家の女性にとって、表情豊かで自然であることは好ましくないことであった。これは程度の差はあるものの、江戸時代から明治維新後においても支配層が武士もしくは武士出身者であったために二〇世紀前半にいたるまで、化粧をおこなうことが身だしなみであるという意識により残存した。

しかしながら、一部の被支配層のあいだではあったものの、支配層の要求とは異なる化粧がおこなわれたという事実は、人々に自然で流動的な社会や文化が志向しはじめたことをあらわしている。実際、化粧がおこなわれたとしても、しだいにそれは仮面的なものではなくなっていく。そして、その時々の生活様式の変化に合わせ化粧がおこなわれるようになる。とくに、二〇世紀後半においては、細分化された社会や文化のなかで、化粧は多様に、そして質的にも深まりをみせるにいたった。

基層化粧は、その化粧がおこなわれる地域や社会に関係なく共通する部分が多い。それに対して、伝統化粧は特定の社会や文化において共通した化粧行動や化粧意識が存在する。そして、伝統化粧が政治・経済・社会・文化・宗教とのかかわりにおいて発展し定着したのに対し、伝統化粧において存在した規範化され共有された化粧行動や化粧意識から解放され、複数の化粧行動や化粧意識が展開している。モダン化粧は
今の若者は、外見への満足が自分自身の自信や満足につながっている。そんな彼らの化粧をみた場合、彼らが化粧をおこなうのは、男性であれ女性であれ、化粧への関心の高さが関連していた。そして女性の場合は、男性から化粧をすることを期待されていることも、化粧をよくおこなう理由となっていた。

だが、その一方、女性は男性が化粧をおこなうことをあまり期待していなかった。これは、歴史的にみれば化粧は男女に関係なくおこなわれるものであるが、近年では化粧――この場合はメイクアップに関する装飾的な化粧という意味が強くなるが――、をおこなうのは女性であるという社会的な期待や意識が若者にも影響を与えているからだろう。しかしながら、自分は男らしいと考えている男性ほど、化粧をよくおこなっている。

このことは一体何を意味するのか。

「男らしさ」の既成概念から解き放たれた

（日本経済新聞社　一九九〇『日経産業新聞：二月二一日』）

従来、男性が化粧をすると、伝統的な男らしさから外れているとみなされてきた。しかしながら、化粧の歴史的変遷をみてきたなかであきらかなように、戦乱の世であれば男性の化粧は褻から晴へと、戦いという非日

常場面への転換として用いられてきたのである。メトロセクシャルな男性が仕事のために、美容に関心をもち化粧をおこなうのは、ビジネスという晴の場面に臨むためである。

あまりにも、化粧は女性のものであるという期待や意識が高いがために、正しく男性化粧について検討されてこなかった結果が、男性が化粧をすると男らしくないという評価を導き出してしまっている。

若者は、化粧についてどのように考えているのか。それについては、男性も女性も化粧に対して『魅力向上・気分高揚』『必需品・身だしなみ』『効果不安』の三つの意識をもっていた。そして、男性では『魅力向上・気分高揚』の意識が、女性では『魅力向上・気分高揚』『必需品・身だしなみ』『効果不安』の意識が実際の化粧行動と関連をしていた。これは、「化粧」に含まれる意味として、装飾と身だしなみの二つの意味があることと共通している。

男性の場合は、女性からの化粧期待がなかったこと、そして自己の化粧への関心の高さが実際の化粧行動に影響していることからあきらかなように、『必需品・身だしなみ』という社会からの期待よりも、『魅力向上・気分高揚』という化粧をすることで得られる自己や他者への効果を期待して化粧をおこなっている。

女性の場合は、『魅力向上・気分高揚』だけではなく、化粧が『必需品・身だしなみ』であるとする意識も関連している。これは男性とは逆に、男性からの化粧期待、また化粧をおこなうのは女性であるという社会的な期待や意識の影響が存在するためである。

このような、実際の化粧行動や化粧意識を文化化または社会化する要因は、『新聞』『TV』『雑誌』『美容情報』『家族』『異性』と多岐にわたる。

これらの接触を通じて、ある化粧行動や化粧意識はより促進され、また抑制される。もちろんこれは、それぞれの人物やメディアとの接触量に大きく左右されるであろうが、どのような化粧をおこなうのかを、その時々の社会や文化が期待し、また期待していないかを、人物やメディアを媒介として若者に伝達し影響を与えるのである。このことからも、化粧が社会的、文化的現象であることがあきらかである。

化粧は、外見の美や身体への手入れの意味だけにとどまらない。しかも、個人内で完結する行動ではない。個人と個人のあいだ、さらには集団と集団のあいだに広がる複合的で多重的な構造をもっている。化粧をおこなう者も、そしてそれをみる者も、それぞれに暗黙的に社会や個人内で規定された基準をもち、共有している。だからこそ、化粧は人と人とを、人と社会とをつなぐ重要な手がかりなのである。

化粧には、それぞれの時期の社会や文化の内容を反映し、それを代表するものがあらわれている。それぞれの時点における社会や文化との関係において、化粧は変遷してきた。

歴史の流れのなかで、安定し一定化した社会や文化のなかでは、存在する信仰、風習、制度、思想、精神的あり方などとともに人々のなかで、規範的なものとして受け継がれていった。歴史の流れが変化するとき、化粧はそれを反映して新旧の対立と交代がおこなわれ、それがまた、つぎの化粧を生み出す素地となっていく。

化粧は、その社会・文化の雰囲気に適したものとして、要求され、そして人々がおこなった結果なのである。

あとがき

文化には、いうまでもなく、抽象化された言語や概念で形成された部分とならんで、明確な言語化や概念化はされていないものの、あらゆる集団が生活のなかで生み出し、身体性や雰囲気を包み込んだ部分も含まれている。人間は、生まれ落ちた瞬間からその社会の文化を、あたかも空気と同じように吸って、成長することにより、その社会の他の成員と同じように行動できる「文化の担い手」になる術を身につける。そして、自ら属する社会の文化に同化し、それを内面化する過程で社会の文化を継承・維持する能力を獲得する。しかし他方で、人間はその過程で社会の文化を活性化し、創造する能力を発展させることもありえる。

このように、人間が社会のなかで、意識するとしないとにかかわらず、日常的に、しかも生涯にわたって文化を学習する過程を「文化化」という概念でよぶ。化粧も、このような文化化の過程を経て、継承・発展されていく現象である。

本書では、時代・時期の多様な暮らしに目配りし、それぞれの文化の諸相から化粧の時代や時期の固有性を描きだすことを目的に、化粧の文化的変遷の再構成を試みた。その意味では、従来のような化粧品や化粧流行の歴史的研究とは異なる、社会や文化のなかにおいての化粧と人との関係に関する動態的研究ができたのではないかと自負している。しかしそれは、化粧の歴史の表層を概観したにすぎない。今後、それぞれの化粧時代における個別の事象について、より詳しく検討していく必要がある。
将来、この領域の研究の進展により、化粧に対する誤解を解くための、またそれを有効に活用するための豊かな示唆が与えられるきっかけとして、本書が一役を担うであろうことを期待して、筆をおきたい。

平松　隆円

番号	名称	所蔵先
図*30*	景物本　賑式亭福ばなし	（財）吉田秀雄記念事業財団、アド・ミュージアム東京
図*31*	式亭三馬の店	（財）吉田秀雄記念事業財団、アド・ミュージアム東京
図*32*	けいせい大淀市川升之丞（仙女香）	（財）吉田秀雄記念事業財団、アド・ミュージアム東京
図*33*	東海道五十三次　関	（財）吉田秀雄記念事業財団、アド・ミュージアム東京
図*34*	若い侍のグループ・官軍スタイルの侍などいろいろ	国際日本文化研究センター
図*35*	涅歯をする女性	『化粧ものがたり　赤・白・黒の世界』*1997*年、雄山閣
図*36*	輿衆同楽	『化粧ものがたり　赤・白・黒の世界』*1997*年、雄山閣
図*37*	天覧歌舞伎のときの中村歌右衛門	『演芸画報』*1938*年*6*月号，演芸画報社
図*38*	和蘭法	『新撰化粧品製造法』*1914*年、同済號書房
図*39*	大学白粉	『婦人画報』*1910*年*8*月号、株式会社アシェット婦人画報社
図*40*	大日本束髪図解	江戸東京博物館
図*41*	米兵とたわむれるパンパン	毎日新聞社
図*42*	ハリウッドクリーム	『ハリウッド化粧品*70*年の軌跡』*1994*年、ハリウッド化粧品株式会社
図*43*	高校生への美容講座	毎日新聞社
図*44*	ヘプバーン刈り	映画「ローマの休日」
図*45*	カリプソ娘	ビクターエンタテインメント株式会社
図*46*	資生堂 *MG5*	『資生堂百年史』*1972*年、株式会社資生堂
図*47*	*MANDOM*	『マンダム社史』株式会社マンダム
図*48*	男も女も化粧する時代 資生堂主催新卒者美容教室	毎日新聞社
図*49*	沢田研二	ユニバーサル ミュージック合同会社
図*50*	*IZAM*	株式会社ロックチッパーレコード
図*51*	アイビールック	読売新聞社
図*52*	街頭補導される「みゆき族」	毎日新聞社
図*53*	資生堂ビューティケイク	『資生堂ものがたり』*1995*年、株式会社資生堂
図*54*	資生堂ティーンズ化粧品	『資生堂ものがたり』*1995*年、株式会社資生堂
図*55*	*MEZZO PIANO COSME*	株式会社バンダイ
図*56*	ギャル男	『*men's egg*』*2004*年*3*月号、大洋図書
図*57*	ギャルとギャル男	『*men's egg*』*2004*年*5*月号、大洋図書

本文中使用画像出典一覧

番号	名称	所蔵先
図*1*	維新前の日本の衣服	*Japanese costume befor the Restoration,* 1895, K. Ogawa
図*2*	稲こきする農婦・天秤棒で荷を担ぐ農夫	国際日本文化研究センター
図*3*	ムルシ族の女性	*National Geographic Society*
図*4*	メーホンソーンのカヤン女性	ウィキペディア・クリエイティブ・コモンズ
図*5*	土偶形容器	滋賀県教育委員会
図*6*	赤色化した頭蓋骨	福岡市埋蔵文化財センター
図*7*	頬が赤着色されている埴輪	いわき市教育委員会
図*8*	鳥毛立女屏風第六扇	宮内庁正倉院
図*9*	檳榔子	ウィキペディア・クリエイティブ・コモンズ
図*10*	鳥毛立女屏風第六扇	宮内庁正倉院
図*11*	阿弥陀浄土図勢至菩薩像	法隆寺
図*12*	如意輪観音像	観心寺
図*13*	吉祥天女画像	薬師寺
図*14*	蛾の触覚	『かいこ　まゆからまゆまで』*1977*年、あかね書房
図*15*	韓熙載夜宴圖	『韓熙載夜宴圖』*2007*年、天津人民美術出版社
図*16*	源氏物語絵巻「柏木」（一）	徳川美術館
図*17*	源氏物語絵巻「夕霧」	五島美術館
図*18*	源氏物語絵巻「柏木」（三）	徳川美術館
図*19*	はんこたんな	山形県鶴岡市観光物産課
図*20*	チャドル	*National Geographic Society*
図*21*	馬上の武士	『ナープルステク博物館所蔵日本美術品図録』*1994*年，国際日本文化研究センター
図*22*	角前髪	『守貞謾稿図版集成』*1997*年、雄山閣
図*23*	鎧姿の侍	国際日本文化研究センター
図*24*	日本の女性と少女の髪型	*Japan : Skizzen von Land und Leuten : mit besonderer Berücksichtiguung kommerzieller Verhältnisse,* 1891, Leipzig : T.O.Weigel Nachfolger
図*25*	日本人の髪を結う巡回髪結	*Le Japon d'aujourd'hui : extraits du journal intime de M. l'abbé G. Bruley des Varannes,* 1893, Tours : A. Mame
図*26*	女髪結	国際日本文化研究センター
図*27*	浦賀に黒船がきたときの日本の武士の服装	*Sights and Scenes on the Tōkaidō,* 1892, K. Ogawa
図*28*	首筋の白化粧	『守貞謾稿図版集成』*1997*年、雄山閣
図*29*	當世之美女	『守貞謾稿図版集成』*1997*年、雄山閣

平松隆円（ひらまつ・りゅうえん）
1980年滋賀県生まれ。2008年世界でも類をみない化粧研究で博士(教育学)。国際日本文化研究センター機関研究員、京都大学中核機関研究員、タイ国立チュラロンコーン大学専任講師を経て、現在は東亜大学芸術学部准教授／トータルビューティ学科長。専門は、化粧心理学・美容文化論。

新装版
化粧にみる日本文化 ――だれのためによそおうのか？――

発行日　2020年5月18日　初版第1刷発行

著　者　平松隆円
発行人　仙道弘生
発行所　株式会社水曜社
〒160-0022
東京都新宿区新宿1-14-12
TEL03-3351-8768　FAX03-5362-7279
URL suiyosha.hondana.jp/
装　幀　遠藤裕美子
制　作　ディズウィット
印　刷　亜細亜印刷株式会社

ISBN978-4-88065-479-9 C0039